飛脚走り

そうか、こんな走りがあった

田村 雄次

東京図書出版

目次

- 3 　序　章　飛脚走りの世界へようこそ
- 13 　第一章　飛脚走り（理論編）
- 76 　第二章　調身の章（カラダをととのえる）
- 136 　第三章　調息の章（息をととのえる）
- 188 　第四章　調心の章（イメージをととのえる）
- 271 　第五章　そして飛脚走りはつづく
- 288 　第六章　走りとのつきあい方、三題噺
- 340 　第七章　レース参戦日誌（2016年版）
- 379 　あとがき

序章　飛脚走りの世界へようこそ

本書の目的

　飛脚の走りを、現代によみがえらせることはできないものか。
　巨大プロジェクトの開幕です。ちょっと、大きく出すぎですか。
　時は、江戸時代へとタイムスリップします。電車も自動車も、新幹線も高速道路もなかった時代の話です。電話も電報も、もちろんインターネット環境もナニモカモがなかった時代、そんななか、飛脚は1日に100キロメートル以上もひた走り、情報としての手紙や小荷物を運んだとしるされています。そのはやさと正確性は、人間とはそんなふうに移動できるのか、とだれもがビックリ驚愕の歴史のひとこまです。
　江戸時代の飛脚衆がこの世によみがえってきたらどうなることでしょうか。ケニア・エチオピアランナー軍団何するものぞ、という光景さえうかんでくるのです。陸上大国、ニッポンの再興です。
　そうです、そんな時代がたしかにあったのです。

　ところが現実には、あまたの困難がまちうけていました。
　江戸時代の養生の極意をさぐろうとおもえば、筑前福岡藩士の朱子学者、チョー有名人である貝原益軒がひかえています。益軒はみずからの養生のノウハウを『養生訓』という書物にまとめて後世に残してくれました。
　しかるに走りの実践者たる飛脚衆は、走りの極意や心がまえを書物として残してはおらず、YouTubeでも見ることはできません（多分）。
　なにしろ江戸時代には、NHK（日本飛脚業協会の略）という職業団体があり、組織図、就業規定、就業人数、基本料金、平均残業時間、育児休暇取得率、平均年齢、初任給、入職時研修内容、歴代会長氏名、平均走行距離、などといったモロモロの情報を網羅した巻物を残して正倉院に保管してある、というような事実はいっさいなかったからです。

　いきなり大きな山にぶちあたることになります。

山といえば、思いうかぶのは登山家ジョージ・マロリーです。なぜ山に登るのか、と問われたマロリーは「そこに山があるから」と答えました。満足な登山道具もない時代です。山を愛し、山に愛されたマロリーは、1924年にエベレストの山中で消息をたちます。永遠に山に眠るかと思われていましたが、1999年に山頂直下で遺体が発見されたとか。ひとつの生き方でしょうか。
　同じ質問を、ウォレン・ハーディングが受けています。ハーディングは、ヨセミテ渓谷の難攻不落の一枚岩の断崖エル・キャピタンの中でも最難関ルートであるドーン・ウォールを28日かけて最初に登りきったクライマーです。1000メートルの絶壁の斜面に残されたハーケンの列は、天才的なひらめきに裏うちされた美しいルートを描いていた、といわれています。誰もがなしえなかった偉業を達成しおえたハーディングが完登したときに問われて口にした登攀の理由は「イカれているからさ」。うーん、これも好きです。

　目の前の大きな山や絶壁に、登る前からひるんでどうする。
　あきらめたとき、そこから先は、何もはじまりません。
　ふりかえってみると、かつて、わたしにとって史上もっとも困難と思われていた行為は、不二家のパラソルチョコレートの包み紙を、先端のとがった部分まで完璧にのこしてあけることでした。どうしても、ポッキリとおれてしまう。パラソルチョコレートの先端は、わたしにとってエベレストやドーン・ウォールだったのです。なんだか、マロリーやハーディングと肩を並べようとしていいものかどうか、ちょっと恥ずかしいほどのココロザシの次元の差を感じなくもありませんが。
　しかし、あきらめてはいけなかったのです。あきらめたところで、試合は終了する。いまでは、2本に1本は、ほぼちゃんとあけることができるようになりました。わたしの日々の病気の診断率よりもたかい。人生、投げちゃいけません。失敗しても立ちあがる。七転び八起き。人生は演歌です。昭和枯れススキです。いつまでも J-POP のノリでうかれてばかりじゃ、いけません。

　でも、そんなに命をかけて探求するほどの走りを、ほんとうに飛脚はもっていたのでしょうか。
　大変によい疑問です。
　ですから、江戸時代にタイムスリップしてみましょう、って誘っているんで

す。

飛脚がかけていた時代

　時代を、江戸にまきもどします。
　時間にすると、100年ではたりません。100年前は、まだ大正時代です。明治も終わっちゃっています。西洋文明の流入が、これでもか、とはじまっています。もっともっとさかのぼること、200年から300年も前のはなしになります。はい、生きのこっておられる方は、おりません。だから、安心して見てきたように語れます。
　まずは、飛脚の足もとに着目してみましょう。足にはクッション性と反発性の両立した靴底をささえる機能性ゴム、しかも自分の足型にあわせたインソール入り、なんていうランニングシューズがあったでしょうか。もちろん、望むべくもありません。せいぜいが、稲わらであんだ「ワラジ」です。耐久性からみても、現代のゴムゾーリにもおとる、実にちゃちなハキモノです。峠道ですり切れてしまうことさえ、あったでしょう。
　5本指ソックスとか、テーピングテープなんかもありません。
　衣類はどうでしょうか。自分の体や筋肉の動きをサポートしてくれる機能性ウエアがあったでしょうか。吸水性能がバツグンで、肌にはりついたり、冷たさを感じさせない吸湿保温性肌着があったでしょうか。だって、CW-Xはまだ開発されていません。町を歩いても、呉服屋はあっても、ユニクロもしまむらもない時代です。
　そればかりか、紫外線予防効果をかねそなえたアームカバーも、ランニングキャップもありません。おおかたは、すり切れたフンドシに木綿のキモノくらいでしょうか。雨の日には、ミノをかぶります。染みこみます。

　走行中に失われる水分や電解質を効率よくサポートしてくれるドリンク類やゼリーもありません。プロテインって何のこと、という時代です。サプリメントといえば、梅干しにミソくらいでしょうか。
　道だって、舗装された区間は、1メートルたりともありません。石コロ、穴

ボコ、わだち、ぬかるみ、草むら、馬のおとしたフン。ここは障害物競走がおこなわれるコースか、なんていうようなところが普通にあったはずです。

時にはヘビやタヌキが目の前を横切ってゆきます。キツネに化かされることもあったかもしれません。山賊だって、現役でいる時代です。

山あり、谷あり、ないものはトンネルに街路灯。川だって、橋がかかっているのは特別なところだけです。大井川に、橋は御法度でした。

腕時計ない、給水所ない、バナナない、サロンパスない、サングラスない、自販機ない、コンビニない、声援ない。

ないものをあげてゆけば、わたしの未来にかなうものはない、とこれまで信じてまいりましたが、飛脚の世界を探訪するうちに、ひょっとして江戸時代にはわたし以上の不自由さの世界があったのかもしれないという史実におどろいたものです。

今のわたしたちと比べて、唯一恵まれていることといったら、信号待ちと排気ガスがない、ということくらいでしょうか。

そういう中で、1日100キロメートルですよ。

黄門サマの印籠がでなくても、「ハハア、参りましたでございますう」と地面にひれ伏したくなってしまうような状況です。

さらに驚くべき事実の数々

残存する資料をひもといていると、飛脚といっても、決して若い衆ばかりではない、という事実にもぶちあたることになります。あきらかに、中年のオッチャン飛脚が走っています。

今だって、市民ランニング大会には中高年ランナーも大勢、元気に参加されていますよ、なんてノンキなこといわないでください。そこで、時代考証なんです。

現在の日本人の平均寿命は、男女あわせてみますと、なんと80歳をこえています。めでたくも、ありがたき御長寿社会となっています。こんな時代では、60歳をこえてランニングが趣味といっても、格段のおどろきはありませ

ん。
　しかし平均寿命が50歳をこえて延びてきたのは、太平洋戦争を終えてからの、たかだか数十年の歴史でしかないのです。それまでは、ずっと人生50年でした。わたしの敬愛する文豪夏目漱石先生だって、大正時代に49歳でこの世を去っているんです。堀辰雄も48年という生涯でした。

　江戸時代の平均寿命は、40代前半といわれています。
　多くの江戸人は、50を待たずして、40の坂をこえれば、やがてみんなお墓に入っていったということです。そういう時代です。
　江戸落語では、しばしば「40をまえに家督をゆずって隠居生活、仕事をきりもりするのは、あどけなさの残る若旦那」という人物設定がみられますが、これは不自然でも何でもないんです。だって、そうしておかなければ、お家断絶になりかねません。

　そんな時代のなかを、満足な装備ももたない、町民の平均寿命をこえたようなオッサン飛脚も、さっそうと街道を走りぬけていったのです。しかも時計さえ手にすることのできない状況にあっても、走りの「はやさ」と「正確性」は目をみはるものがあった、ようなのです。
　いいですか。「はやさ」と「正確性」ですよ。

　じつは、わたしのような甲斐性もない中高年ランナーにとって、「はやさ」と「正確性」は、レースの「入賞」と同じくまったく縁のないシロモノです。
　まず「はやさ」を語るためには、実際にオノレの走りがある程度以上のスピードをもっていなければ、説得力もあったものではないでしょう。
　最低でもスーパーの商品陳列棚の間を、今晩の夕食の材料をさがしながらカートを押し歩く近所のオバアさん（ヨネさん78歳、仮名）に追いぬかれるようなスピードですと、もはや走っているなんて誰も信じてくれなくなります。
　ところが、わたしの走りは、童謡『春よ来い』で、春がくるのを待ちわびながら赤い鼻緒のジョジョはいて、おんもに出たいと待っている、歩きはじめのミイちゃんか、とまちがわれるようなていたらくです。

くわえて「正確性」も、大雪と信号機故障と停電と運転手の手配がつかない状況が一気に重なった地方のローカル線無人駅で、今か今かときたるべき列車をまちわびているような走りです。いつ来るのか、本当に来るのか、そもそも走っているのか。
　走りの世界では、しばしば「ラップ」といって、1キロメートルを何分何秒くらいで刻んで走るか、という表現がつかわれます。一流ランナーは、1キロごとのラップを数秒とも違わぬ正確さでかけぬけてゆく、といわれています。
　わたしの場合は、先ほどのミイちゃんに再登場してもらうと、ミイちゃんがなれない手つきで遊ぶおままごとで刻んだ菜っ葉みたいに、細切り、大切り、みじん切り、千切りと規則性もあったもんじゃあない、という情けないラップとなります。

　日本昔話のひとつに『ウサギとカメ』さんの一騎打ちのランニング競争の逸話があります。
　ある日、ウサギとカメが駆けっこをします。カメはウサギよりも圧倒的に足がおそかったのですが、ウサギが勝負を甘くみて途中で昼寝をしてサボっている間も必死にコツコツと走りつづけた結果、なんとウサギに勝ってしまいました、めでたしめでたし、というまことに教訓的、教育的、道義的配慮にみちみちたストーリーです。
　昔は、そうかコツコツが大事なのだな、とキツツキにもなった気分で努力の大切さに感動もしましたが、こんな歳にもなると、そうは単純にココロは動かなくなります。だって、今の自分の走りは、カメの走りをするウサギの性格じゃん、とみずから言うのもはばかられるような、身もふたもない現実があるからです。

キラキラの告白

　申しおくれましたが、わたくし、中高年のんびりランナーです。はい、江戸時代の平均寿命をとっくにこえています。
　若いころは、自称文学青年、老いては文学中年。そう、陸上競技に接点をも

つことなどまったくなく、そもそもが田舎の小さな中学校に陸上部なんてありませんでした。いや、陸上部だけではありません。なにしろ小学校と校庭を共有していた学校です。グラウンドを中学生が占有してはいけません。そのためか、あるいは生徒数が少なすぎたためなのか、野球部もサッカー部もありませんでした。でも気になりません。若さでのめり込んでいったのは堀辰雄、川端康成、カミュ、ジイド、ドストエフスキーの世界です。

　くわえて学生時代を終えてからは、仕事づけの毎日です（多少、脚色入ってます）。運動をはじめてみる余地なぞ、これっぽっちもうまれません。昼間1日はたらいた延長で、そのまま当直業務、翌日はまた普通の日勤で夜遅くまで仕事、なんてのがアタリマエでした。受け持ち患者が急変したときには、何日も泊まりこんでの対応。基本的人権が確立するまえの古き時代です。そんな生活をつづけていればどうなるでしょうか。確実にすすむメタボ化です。

　転機は40歳。あるキッカケで近所の田んぼ道を走ってみました。苦しいだけの400メートル。そうです、500メートルは走れませんでした。体育の授業以来の出来事です。でも、何かがかわりました。気づいた、という方が正しいでしょうか。週に数回ですが、朝ランがくらしの中に入ってきました。

　そして50歳。おそるおそる、ハーフマラソン大会に出場。2カ月後にはフルマラソン。その延長といっていいくらしが、いまもつづいています。

　で、なぜ走りなのでしょうか。なぜ走りがつづいているのでしょうか。

　それはズバリ「ときめく」からです。ときめきが走りの原動力であり、燃料です。そうです、ガソリンや電池で走っているわけではありません。
「ときめく」。こんな中高年のパッとしないオッサンが口にするようなコトバではない、ということは重々承知しています。瞳にキラキラ星を輝かせて、なんていう『別冊マーガレット』の世界じゃないんです。陸奥A子じゃ、ないんだってば。目には、星のかわりに老眼や白内障がおしよせているんです。

　胸がドキドキするようなら、それをときめきと診断してはいけません。多分、不整脈でしょう。心電図やっといたほうが、よろしくありませんか。発作性上室性頻拍ですか。そんなお年頃です。

　それでも、です。
　あらためて、これまでの走りをふり返ってみれば、走りを支えてくれていた

のは間違いなく「ときめき」だったと思えるんです。ま、最近はときめきだけじゃすまされなくなって、ヨロメキも入ってきていますが。
　ずっと、ひとりで走ってきました。
　ですから、義務も責任もありません。やめたければ、いつでもやめられます。だれにも迷惑はかけません。でも、つづいていたんです。そこに、ときめきを感じていたんです。

新しい世界へ走りだしませんか

　年を重ね、いろんなものを失ってゆきました。
　なんて考えを、わたしは好みません。背おいすぎてしまったものを、走りながら汗のように流していっただけ、です。汗をかいて、走りおえたときに待っているものは、ソーカイ感です。汗は、失ったものではありません。カラダのために流れ出ていっただけです。できるだけ、身軽になってみる。シンプルに考えてみる。走ってみる。生きてゆく。
　早朝の田舎道を走るとき、必要とするものはほとんどありません。スタイルも装備も、人の目も気になりません。人、いないし。そういう中で、やはり同じように「モノ」のない時代をかけていった飛脚の姿に出逢ったのです。クマさんとの出逢いでなくて、ホントウによかった。偶然というよりは、必然といっていい逢瀬でしょうか。

　そして飛脚との出逢いが、500メートルを走れなかったわたしの「はやさ」や「正確性」となってゆきました。語るも恥ずかしい自己満足世界のはなしですが。くわえて「ときめき」がついてくる。そうです、苦しいだけなら、なんで走らにゃならんのですか。
　それが、飛脚走りなんです。
　1日に100キロメートルですよ。
　はやさですよ（自分なりの）。
　正確性ですよ（あくまで、自分なりのね。しつこいですか）。
　そして、ときめき、です。

序章　飛脚走りの世界へようこそ

　もうこれ以上、何をほしがるものがある、という展開じゃありませんか。いやはや、これ以上はたべられません、満腹です、ゴッチャンです。と、ポンポコ狸のオナカをかかえて、あわてておワンのフタをとじようとする「わんこそば」うち止めのシーン以上の感動場面というものです。
　わが国には、古来、３つがそろうことで完璧という思想があります。松竹梅、上中下、三大温泉、日本三景、三名山、御三家、三バカトリオ。ふりかけだって、丸美屋のふりかけ３色パックが最強選手としてガンバっているじゃないですか。もう少し「のりたま」領域をふやしてもらってもいいんですけど。そしてキャンディーズです。
　走りの三大快感をあげれば「はやさ」「正確性」そして「ときめき」につきてゆきませんか。走りに、これ以上を求めてどうする。
　そのカギをあけるものとして、そして３つが一気に手にはいるものとして、飛脚走りがあったのです。ひらけゴマ。
　大風呂敷、ひろげすぎじゃないか。オマエはガマの油売りか、はたまた風呂敷屋か、といぶかるむきがあるかもしれません。ただしい感性と判断力です。おそれいります。
　でも、です。ちょっとでも共感をおぼえていただけたなら、飛脚走りの世界をのぞいてみませんか。人生、かわるかもしれません。未来は走りのためにある。

第一章　飛脚走り（理論編）

この章の目的

　走るのはしんどい。とくに長距離になればなるほど、しんどい。走るなんて体に毒、走る人は変人。
　文学青年くずれ、非体育会系のわたしの人生前半期は、そういう信条で生きてきました。走ることなんて、体育の授業でイヤイヤ強要される場面以外にはありえませんでした。興味すらわかない。
　ところが、中年のトビラをあける頃、ひょんなことから走りはじめ、それから走りにはまってゆきます。今は、走ることはときめく、です。人生はよめないものです。
　なぜときめくようになったのでしょうか。
　なぜ体力低下の中高年時代に、走りが楽しみになってしまったのでしょうか。
　そんな変化をうみだしていったヒミツを、理論的に考えてゆこうというのが、本章の目的です。てっとり早い実践をご希望の方は、第二章へどうぞ。

ランニングブームって、本当ですか？

　かつてないほどのランニングブームの到来、といわれるようになりました。
　それをうらづける証拠として、あるランニング教室に参加している100人に「最近、走ったことはありますか？」という質問をしたところ、なんと98パーセントの受講生が「走っています」と答えた、というおどろくべきデータも示されました。あまりの高い数値に、各界に信じがたい調査結果が発表されたと衝撃がはしりました。
　もちろん、ひとつの報告だけをとりあげて、うのみにしてしまうのは危険です。今度は、別の調査にも目をむけてみましょう。

こちらは、さる首都圏のテーマパーク内にあるお化け屋敷で、「のっぺらぼう」を担当しているＡさんからの報告です。
　Ａさんは、くちかけた屋敷のやぶれ障子のかげから、ぬっと現れては通行人をおどろかすのが役目です。その時の観客100人の反応を分類してみた、というのですから貴重なデータです。
　Ａさんによりますと、100人のうち、35人は叫んだあとに走りさった、21人は立ちどまったまましばらく凍りついたように動かなかった、5人からは明らかに無視された、8人からは「急におどろかすな」とおこられた、あとは暗くて反応がイマイチつかめなかったです。でもけっこう走って逃げてゆく人が多かったです、という感想をのべています。

　以上、2つの世論調査の結果を解析してみますと、たしかに今の人は思った以上に走っているようですし、またイザとなったら走る能力を秘めているものだ、ということが読みとれます。

　あれ、こういうのを世論調査なんていっていいんですか。どこか、おかしくありませんか。サンプル、かたよりすぎていませんか。ヤラセっぽくありませんか。
　いやはや、鋭くつっこまれそうです。
　でも、注意してみていると、世論調査というのは、こんなふうに出されてくるもんだということがわかってきます。ま、ここでのお話は、ちょっと極端だったかもしれませんが、もう少しビミョーな数値に置きかえますと、グンと説得力をもった内容に変身してゆきます。数値のもつ魔術、といってもよいでしょう。
　ですから「世論調査」の類いをみたときは、ひょっとしたら「世論操作」なのかもしれない、という態度が必要です。
　今後も、しつこくくりかえさせていただくつもりですが、数値や常識ではわりきれないものが、世の中、自分の体、そして男女の仲です。
　大切なことは、人さまの出した主張や結論や数値にふりまわされることなく、自分の五感で見たこと、感じたこと、味わったことをじっくりかみしめてゆくこと。このスタンスにたって、これからの話をすすめさせていただきます。安易にわかったつもりにならない。

なあんだ、だからわたしの文章は、わかりにくいのか。
　いいえ、ちがいます。文才の至らなさの結果です。すみません。

田舎のランニング事情

　わたしのおおかたの休日は、早朝の田舎道をトロトロと走りまわってくるところからはじまります。土地だけは、だだっ広いという田舎の特徴をふまえて、コースはワンウェイコースです。くるくると同じところを何回もめぐる周回式ではありません。
　今は、田んぼ道、畑の中、山沿い、川のほとり、とバラエティーにとんだひとまわり22キロコースが基準です。その日の気候や体調や他の予定などによっては、少し短めにきりあげたり、逆にもうひと山、あるいはふた山をこえたり、という道順ができています。
　わたしにとって決して短い距離ではありませんし、ちょっとの時間で走りきってくるような力ももちあわせてはいません。
　しかし、この距離、これだけの時間を走っているにもかかわらず、ほかのランナーに出会うということはありません。というより、人そのものに会わない。
　ほかのものには出会います。
　スマホや音楽プレーヤーの類いも持っていませんから、季節によっては、耳にカーン、カーンとキジの鳴き声が届きます。たまには、緑色にかがやく美しいキジに直接出会うこともあります。キジって意外に逃げないんです。犬にも時々会います。これって、あとは猿がでてくれば、本物の桃太郎部隊が結成できるんじゃあないか。
　そうしたら鬼ヶ島に出稼ぎにゆけるぞ。
　最近では、腰にきびだんごをさげて走っています（冗談です）。

　コースの一部は、まったく人通りのない荒れた山道で、左手は急峻な崖になっているものですから、ここで気を失って下の茂みまで転落してしまったら、消防団の捜索活動がはじまっても簡単にはみつからないだろうなあ、とい

う所もあります。

　しばらく前の話になりますが、わたしの住む隣町の特別養護老人ホームに入所されていたあるお年寄りが、一人で外に出たまま行方不明になるという事件がありました。地元では大々的な広報活動も展開され、多くの人が捜索に参加されましたが、結局は「神隠し」にあったのでしょう。でてきませんでした。

　どれくらいたったあとでしょうか。入所されていた老人ホームから数キロ先の河原の茂みの中で倒れて亡くなっているのを、たまたま散歩で通りかかった人がみつけました。

　そうです、この一帯はランニングも徘徊も命がけでやらねばならない所なんです。

　よい子は、ひとりでランニングや徘徊をしないように。市役所と地区老人会からの通知が、回覧板でまわっています（ウソです）。

　オマエは、どんだけ辺鄙な土地にくらしておるのか、と思われるかもしれません。

　しかし、ここだって、れっきとした日本です。それどころか、日本は本州のど真ん中、日本の「ヘソ」ともいえる場所です。位置でいえば、日本のセンターです。AKB48だって、センターとるのは大変だっていうじゃありませんか。

　今やランニングの聖地ともうたわれる東京都心の皇居からも、直線距離にすれば、たかだか100キロメートルほどの近さです。

　今どき皇居周辺の土地を手にいれる、なんてことは一般庶民にはかなわない夢でしょうが、わたしの住むあたりは空き家や耕作放棄地も目だちはじめていて、「使ってくれるならうれしいよ、タダでいいからさあ」なんて話がゴロゴロしています。

　皇居周回コースは、ひとまわりがちょうど５キロメートル、しかも信号機で止まらないからランニング向き、という話をよく耳にします。しかしそれがランナーの集中をきたして、週末や夜間の時間帯によっては渋滞を発生させることもあるようですね。

　別に皇居とはりあおう、というわけではありませんが、こっちだって信号はありません。正確にいうなら、信号機そのものがありません。畑の中や、山の坂道に、信号機は不要です。そもそも、信号を点灯させるための電線をひっぱ

る電柱もない。
　そうです、走りをさまたげるものは、何もない。思う存分、走れます。田舎で走ろう。
　いやまてよ、暑い季節はそうとばかりはいえません。
　夏のあぜ道では、カエルが大量発生してピョンピョンとびはねています。雨上がりには、ミミズのホフク前進する光景がいたるところに出現します。
　ヤマカガシやシマヘビも散歩しています。
　どの生き物もひとりにひとつの命、と思えば、無下にふみつけて走りぬくなんてことはできません。しかしこれらが敏捷性や反射神経をみがく秘密兵器になるかもしれません。
　いずれ田舎が「日本のケニア」としてランニング界の活況を呈してゆくのも遠い夢ではないな、と念じながら、今日も人のいないコースをひとりで走っています。

ブームにのった男の悲劇

　日常生活に入りこんだ異国のコトバの中には、時に思いもかけない意味があったことにおどろかされることがあります。
　「ブーム」も、そのうちのひとつといってよいのではないでしょうか。
　なにしろ、辞書をひもといてみると「にわか景気」と訳されているんです。にわか景気ですよ。
　にわか雨が、ザッとふってすぐやんでゆくように、ブームというのは、カゲロウの命のようにはかないものなのでしょうか。ランニングブームは、どうなってゆくのでしょうか。

　こんなオッサンがいます。
　本人の名誉のために、名前はひかえさせていただきます。
　人生もおりかえし点をすぎ、どこからみても立派な中年男の貫禄をかもしだしている、メタボな気のいいオヤジと理解してください。
　会社の検診では、ここ数年、血圧にコレステロール値、そして体重と腹囲で

チェックがはいるようになり、周囲の目もちょっとけわしくなってきているなと感じていました。

今年はさらに血糖値にチェックが加わり、キョーカイ型としるされていました。オレの家は代々仏教徒だったけど、ここにきてなんでキョーカイなんだろう。そろそろ「食い改めよ」という神様のお告げがきたのか、と不安が顔をもたげます。たしかに、たべるのは大好きです。

とはいえ、病院の玄関をくぐるのは気が重い。本当の病人にさせられてしまいそうな気がするのです。

なに、単に食いすぎと運動不足がたたっただけじゃないか。これが病院で解決できるわけがないジャン、と一応の理屈にスジはとおっています。

彼の行動を決定づけたのは、会社の食堂で偶然に手にした、一冊の女性週刊誌の特集記事でした。ランニングのすすめとかかれています。

なんでも今や都会ではランニングがトレンディーなのだそうです。

若いモデルさんも、かつてのダイエットで身体サイズを維持する時代から、走って魅せる身体づくりの方が付加価値も加わって人気なんだとか。昔みたことのあった某女優さんは、一時激太りで仕事もこなくなり、ひきこもりの毎日になっていたそうなんですが、走ることで以前の体型と体力をとりもどし、はなれていた仕事に復帰していそがしい毎日をおくっているという紹介記事も感動ものでした。

とどめの逆転満塁ホームラン的決定打は、モデルさんが走るうしろ姿をうつした1葉の写真です。なんと、ミニスカートで走っているじゃありませんか。横顔でのアングルでは、にこやかな笑顔です。

ミニスカートで走る？

笑顔？

走る光景といえば、女子ならブルマー、苦しさに耐え、歯をくいしばり、ひたすらガマンと苦行の道。ひたいにしたたるしょっぱい汗をなめながら、ノドがかわいても、走る途中での水飲みは御法度。

いったい、いつの時代の面影をひきずっているんじゃい、とツッコミをいれたくなるオッサンですが、いやはや、時代に乗りおくれた人というのはこんなものです。

散切り頭をたたいてみれば、ランニング開花の音がする的な大変革のうねりを体中にうけて衝撃が走った瞬間でした。

　よおし、オレのやることは、これしかない。
　今や笑顔で走っていい時代なんだ。
　ミニスカートのあとをついてゆけば、小川ローザの「Oh! モーレツ」のシーンにめぐりあえることだって夢じゃない（知らない人は、とばしてください）。
　これでメタボともサヨナラだ。簡単じゃないか。
　オッサンのさもしき夢とおわるか、妄想となって砕けちるか、はたまた画期的大戦果をよびこむのか。そうです、糖尿病のキョーカイ型といわれても、おいのりで解決しようとしてはいけないんです。キョーカイの意味がちがうんです。

　善はいそげ。
　リメンバー、マイ青春時代。あの日に帰りたい。いや、帰ってみせるぞ。
　人生のまきもどしだ。時計の逆回転だ。若返り大作戦だ、とココロのテンションは上がる一方となり、郊外型スポーツ専門店でランニングシューズとウエアを手にいれたのでした。靴と衣類はランニング専用のものをそろえましょうね、というのが週刊誌の特集記事のなかでも、繰りかえされていたからです。
　こうみえても、中学生時代はバレーボール部で活躍した経験がある、のだそうです。その気になれば、眠っていただけの運動神経が一気によみがえってくるはずです。

　さっそく、まちにまった日曜日がやってきました。天はぬけるように青い。新たな人生を祝福している、としか思えません。新調したランニングウエアに身をつつむと、体はそれだけで３キログラムくらいほっそり締まったかのようです。
　さっそうと車にのりこみます。田舎の人は、どんなに近くの目的地でさえも、たとえばゴミ出しも、車で移動が常識化されています。
　むかった先は、河原のほとりの小さな駐車場。たしか、川にそって、車両進入禁止の歩行者・自転車専用道路がのびているはずです。

夢はどこまでも

　川の流れにそって、ゆったりとカーブしている歩行者・自転車専用道路は、見える範囲でどこまでも続いています。まるで自分の未来のようです。これならジックリ走れるぞ。オッサンは感動にうちふるえています。
　しかし、ふっと我にかえると、人の気配がまったくないことに気づきます。
　あれ、人がいない。ランナーが見えない。
　モデルさんが走っていない。
　ミニスカートがたなびいていない。

　冷静になって考えてみれば、あたりまえです。人がいないから田舎なんです。田舎も田舎、生活道路でもない河原の道っぱたに人なんかいるわけがありません。
　しかも休日です。
　運がよくても、犬をつれたジイさんが犬に引っぱられて歩く姿とか、大声で世間話に花をさかせながら闊歩するオバさん連れ、しか期待できないというものです。
　あたりを包むのは、川のはじける水音と水面を横切る風のこすれる気配だけです。
　あとは、なにも耳に届いてきません。
　ああ、でも気持ちいいじゃないか。いつの間にか大きなココロで包みこもうとしてくれるのが自然の不思議さでしょうか。何もない幸せ。自由。

　絵にかいたような出鼻をくじかれたシーンではじまるかと思われましたが、ちがった収穫が得られたようでした。
　なに、本来の目的は走ることにあるのです。格好いい姿を見せることができないのは残念ですが、今日で終わる話ではない。
　さあ、走りだそう。
　思いだしたのですが、中学時代の校内マラソン大会だって、１ケタの上位入賞をはたしていたはずです。クラスは、学年にひとつの小さな中学校でした。

第一章　飛脚走り（理論編）

　軽く屈伸運動をくりかえすと、さっそうと走りだしました。
　んん、何かがおかしい。
　何がおかしいのか、まず重力が変だ。
　突然、異次元空間にワープしてしまったようです。ここだけ、重力が強い。空気も薄まってしまっているようです。息をすっても、たりません。なのに空気抵抗だけは強くかかって、前にすすむジャマをします。
　心臓がとびだす、というのはマンガの描写法と思ってきましたが、今のオノレの体からまさに心臓がドッキン、ドッキンとあばれまくって口からとびだしそうです。
　た、た、ただごとではない。

　自分では走っているつもりなのに、どうみても動作はスロー再生モードです。しかも、このぎこちなさはコマ送り再生です。
　いつの間にあらわれたのか、おしゃべり闊歩オバさん２人組が、追いぬいてゆくではありませんか。
　おかしい、もうだめだ、走れない。
　歩いている人は、走っているランナーを追いぬいてはいけません。河原の遊歩道とはいえ、歩く人のマナーであり、礼儀であり、仁義であり、常識でもあります。
　ぬかれたランナーはココロに深い傷をおい、トドメをさされてしまう、ということを考えておかねばなりません。

あぁ無情

　気がつけば、まだ汚れもないまっさらなランニングシューズは下駄箱の奥にひっそりと出番を失い、鎮座しています。
　あの日以来、家の階段をおりるだけでヒザのまわりがズキンと痛みます。そればかりではありません。時おり、胸までギューとしめつけられるような痛みを感じるのです。これは、断じて恋の病ではありません。不整脈や狭心症でもありません。しいていえば、ランニング挫折症候群とでも名づけたらよろしい

21

でしょうか。
　ゴロリとソファーに寝そべってテレビを観ていると、テレビ画面には、うしろに立つ奥さんから発せられるスペシウム光線がグサグサとわが身にささる光景がうつりこんできます。いつから、オマエはウルトラマンになった。ゆっくりテレビでくつろげる雰囲気ではありません。
　一石二鳥、一攫千金をねらった画期的試みは、泣きっ面にハチとなって、幕をとじようとしています。
　途方にくれるこのオッサンに、どのような感情をいだかれるでしょうか。

　よろしいですか。
　ここで、よい子は、こんなオッサンのココロザシの低さを批判してはいけません。ミニスカートからランニングに入ろうとした決断力をヨコシマと断罪してもいけません。
　安易にわかったつもりになって、何でもかんでも批判して、結果切りすててゆけばよい、というような今の世の風潮はやめてゆきたいよね、というのが本書のかかげさせていただきたいコンセプトですし、本書をつらぬいてゆきたい思想です。

　まず、わかろうとすること。
　何がこのオッサンに不幸をもたらしたのでしょうか。
　なにゆえに頓挫のうきめを味わわねばならなかったのでしょうか。
　何が痛みを生じさせたのでしょうか。
　なにゆえ走ることが続けられなかったのでしょうか。
　こういう点に切りこんでゆくこと。
　すぐに批判や切りすてでケリをつけようとはしないこと。政治の世界じゃないんです。
　あらためて、お願いしたい姿勢です。そうしないと、ランニングが本当に「にわか景気」になってしまいかねないからです。

第一章　飛脚走り（理論編）

むつかしいこと

　走るという行為の中で、一番むつかしいことは何でしょうか。
　走ろう、と決心して、実際に走りはじめることでしょうか。
　自己ベスト記録を更新しつづけることでしょうか。
　故障をかかえないこと、でしょうか。
　答えは、人によってさまざま、たくさんの選択肢が示されるのではないかと思います。ここは、入試問題のように、答えはヒトツということではないでしょう。
　それでも走りつづけていると、やがてある共通する「むつかしさ」が浮かびあがってきます。それは「走りつづける」ということです。

　走りつづける、といってもレースに出場したらゴールまで歩かないで走りとおす、という意味ではありません。今日きめたコースを途中で止まらないで最後まで同じペースを維持しつづける、ということでもありません。
　日々のたのしみとして、あるいは習慣として、ゴハンをたべたり、オシッコを欠かさないように「走り」がくらしの中にくみこまれている、ということです。
　一年後も走っている、五年後も走っている、生きていたら十年後も走っている、そういう意味での「走りつづける」ことです。
　いつまで走るか？　理想は、自分のお葬式の一週間前くらいまで、です。そういう意味での「走りつづける」です。

　さすがに自分のお葬式の一週間前にもなったら、走ることよりも身辺整理を優先させるべきでしょう。ほら、見つかるとヤバそうな雑誌とか、ひそかに集めておいたグリコのオマケやフィギュアの処分とか、できればそういう趣味を知られることなくあの世にゆきたい、というものがないでしょうか。
　そのために、人生の最後の一週間はある。
　ともあれ、人生を走りとともに生き、日常の中にとかしこんでゆけたら、どんなにか素晴らしいことでしょう。
　そういう走りを、本書ではめざしたいのです。飛脚だって、日々を走りのな

かで送っていったのです。芭蕉が旅とともに生きていたように。

　こんなことがいえるのは、走ることは、すべての人にそなわった自然な能力だからです。
　自分の幼いころを思いだしてみてください。
　わたしたちは、それこそみな、物心がつく前から走っていました。オムツがはずれないうちから駆けだしていたんです。誰に教わるまでもなく、です。
　今のちっちゃな子をみても、やはり走っています。しかも、なんて自然で無理のない走り方なんでしょう。走る力は、生まれついてのものなんです。少なくとも決意を要するものではありませんでした。

　では、いつから走りが特別なものに変わっていってしまったのでしょうか。
　人生のどこかで、走りがくらしの中から分断されていった時期と理由があるはずです。
　小学校の廊下、というのは広くて長い、走りまわるのに絶好の構造です。でも、もうそこは走ってはならない場になっていました。さあ、思いっきり走って楽しもう、ではなく「廊下は静かに」なんて張り紙さえある無情の空間です。
　わたしの小学校時代は、廊下を走っていると日直とよばれていた委員に「歩きなおし!」とさけばれ、指でさされました。見つかってしまった生徒は、走りだした地点までもどって、歩きなおさねばならない、という今では笑っちゃうルールまで存在しました。
　いつのまにか、社会は走りをとじこめようとし、人は成長とともに走る行為を忘れてしまい、意識してとりくまないと走れなくなってゆく宿命になっていたようです。
　走ることが、つづいていますか?

つづくもの、つづかないもの

　自分のくらしの中には「つづくもの」と「つづかないもの」があります。

だれにもいえるかもしれません。
　このなかで、世間の評価となると「つづく」ものはエライ、「つづかない」ものは見込みがない、なんて安易な判断が横行しがちです。この道ひとすじ50年、ともなるとどんな道でも賞賛ものですが、三日坊主にほめコトバはありません。
　わたしの人生など、ふりかえってみれば「つづかず」に放りなげてしまったものばかりで、フウーとため息がもれるありさまです。

　　そろばん
　　夏休みの日記帳
　　筋トレ
　　整理整頓

　自分でいうのもなんですが、甲斐性なし、根性なし、救いようなし、の飽きっぽさです。
　いや、他人様の評価なんてものに右往左往するつもりはありません、自分の人生だものね。問題なのは、自分自身のココロの中に「つづかなかった」ことへの負い目をせおってしまうことです。こうなると精神衛生上も、はなはだよろしくありません。

　じつは「つづかない」ものって、案外少なくないんです。
　こういういい方をすると誤解をうけやすいのですが、病院、とくに外来でのお仕事というのは「つづかない」ものを「つづく」ようにお説教することで成り立つ部分があります。
　ほら、とくに慢性疾患をかかえて定期通院されている患者さんの外来風景をイメージしてみてください。
「もうすこしダイエットがんばりましょう」「規則正しい毎日をおくりましょう」「おサケはひかえましょう」「暴飲暴食やめましょう」「早寝早起きにかえましょう」「一日30分は歩きましょう」「清く正しい心で生きてゆきましょう」「一日一善」、いやはや耳にタコのできる文句の連続です。
　これらが「つづかない」ことなんて、わかりきったことです。いう方だって、実践しているわけじゃありません。

そもそも、こういういいつけが簡単に守れるようなら、病院はいらなくなります。病院経営あやうし、です。自分の首をしめてどうするの。
　医学の進歩、なんていわれながら、実際には病人の増加が止まらないのにはちゃんとワケがあるんです。安易になおさない。くわえて新しい病名をどんどん創りだす。そして病院でのお説教というのは「つづかない」ことを前提にだされる。みんなが健康になっちゃったら、こまるんです。
　わたしの発見したヒミツです。

　よろしいでしょうか。
　自分のなかには「つづく」ものと「つづかない」ものがある。
　ここで大切なことは、「つづく」ものにはつづく理由がある。「つづかない」ものにはつづかない理由がある、ということです。
　それぞれに理由があります。
　あるから、区別される。
　ところが、その理由に目をむけないで、十把ひとからげで精神論を語りはじめるからおかしくなる。特に「つづかない」ものに対してだけ根性論とか、性格論とか、努力論でたたみかけようとする人がいるのでこまってしまいます。
　ですから「つづく」ことに慢心になってもいけないし、「つづかなかった」ことで自分を卑下する必要もありません。
　ここの「よみとる」姿勢をおこたったばっかりに、ココロを痛めていたとしたなら悲しいことです。
　だから、今することは何か？
　「つづく」ことの本質をさがしてゆけばいいことになります。
　むつかしいことでしょうか。先に進めましょう。

わからない

　物事を理屈や論理で解明してゆく、という姿勢はスッキリしますし、大切なことです。感情でナアナア的に押しきってしまう道とは対照的です。こういう科学的ともいえるアプローチ法を手ばなしてはいけません。

第一章　飛脚走り（理論編）

　でも現実は、世の中にはいまだにわからないもので満ちている、というのも実感です。
　わたしの毎日も、わからないことばかりの連続です。あ、これはわたしの学のなさがさせるだけなので、同じように語ってはいけませんね。

　ニュートン先生がこんなことをおっしゃっていました。
「私は砂浜を散歩する子どものようなものである。時々美しい石ころや貝がらを見つけてよろこんではいるけれど、真理の大海は私の前にいまだ探検されることもなくひろがっている」
　万有引力の法則とか、慣性の法則とか、輝かしい法則や世界観をきずきあげていったあのニュートン先生にして、その発見は砂浜の上で貝がらをみつけたようなものだ、ですってよ。目の前の大海にねむるもっともっと大きい真理には、まだ近づいてゆくこともできない、ですってよ。
　なんて謙虚な大先生なんでしょう。
　ニュートン先生ですらそうなら、わたしのようなものが知らないことばっかり、といっても全然平気になってしまいます。

　そこで、です。
　わからないことは、わからないもの、としてとっておく。中途半端にわかったつもりにならない。解決をいそがない。自分のココロには正直にまだわからない、といっておく。
　いいじゃ、ないですか。わからないことを、わからないとして自覚しておくことは大切なことです。ミエはってわかったフリをするより、ずっと自然です。原子力だって、そうしておればなあ。

　古来、この国の祖先が共通してもっていた考え方や生き方は、本来そうだったような気がしませんか。
　わからないものは、わからないものとして自覚し、それどころか、大切にうやまってしまうところまで昇華させてしまう。そこが高じてゆくと、わからないものには神サマが宿ってくださっている、というところまでゆく。
　だから、この国には八百万の神サマがいらっしゃるわけです。八百万と書いて「やおまん」とよむ近所で評判の八百屋さん、ではありません。「やおよろ

ず」とよんで「数限りない」さまをあらわします。具体的な数値ではありません。

　路傍の石にも、神サマが宿っておられます。葉っぱにとまったてんとう虫の中にも、神サマをみつける人がいます。お日さまにも、大木にも、あらゆるところに神サマは宿っておられる。
　最近では、トイレの神サマが歌に登場して脚光をあつめていました。

特別な神サマ

　さて、「つづく」と「つづかない」の話の続きです。流れがよめてきていただけたでしょうか。
　そう、つづいているものには「つづく神サマ」が宿っていらっしゃる、ということです。つづかないものには「つづく神サマ」はおられない。
　それにしましても、科学的手法なんて旗印をかかげておきながら、神サマですか。
　そういう不信感を払拭させるためにも、一度、神サマにお会いになっていただくのが手っとりばやい方法でしょう。出会いの場所は、神サマのことですから、神サマのお社である神社というのはいかがでしょう。

　神社に参拝させていただくと、奥まったところに神聖な雰囲気をかもしだしている一角があります。本殿です。そこには「御神体」がおさめられています。
　文字通りの神サマの化身ですね。それでは、さっそく、うやうやしくも拝見させていただきましょう。
　まず驚かされるのは、御神体が一見すると「鏡」にみえることです。鏡といっても、洗面台や風呂場にあるガラス製ではなく、重厚感がまったくことなります。銅とか銀とか、いわゆる金属製です。伊勢神宮の御神体は八咫鏡(やたのかがみ)ですね。天皇家の三種の神器のひとつじゃありませんか。
　それでは、ココロをきよらかにして、おごそかに御神体に近よらせていただ

きましょう。そして、そっとのぞいてみる。かしこみ、かしこみ。神サマがあらわれてきましたか。
　よく映るというわけではありませんから、わかりにくかったら、さらに一歩近づかせていただきます。すると、あらわれてきませんか。

　あれ、自分とどこか似ているな、最初はそう感じるかもしれません。
　やっぱり自分を守ってくださる神サマは、自分と似通ってくるのでしょうか。
　でも、ちゃんといました。そのお方こそ、世界でたったひとりの自分だけの神サマです。自分のために、つかず離れず、ずっと自分を見守ってくださっています。
　そして人生は、その神サマの思うように導かれてゆく。
　ここが腑におちましたら、今日からはもっとお手軽に神サマにあうことができます。小さな手鏡でけっこうです、コンパクトでもよろしい。自分の神サマがあらわれてきます。自分の神サマとなかよく生きてゆきましょう、テクマクマヤコン。

神サマを乗り越えて

　もちろん、神だのみなんていやだ、自分の人生は自分の力で切りひらいてゆく、というのも立派なココロザシです。そういうエライ方も、世の中にはたくさんおられます。尊敬します。
　ひとりの有名な方が、呉王の夫差(ふさ)さんでしょうか。
　紀元前の中国、周のいきおいがおとろえ、各地の諸侯が覇をきそってあらそった春秋時代の話になります。
　夫差さんの父は、越王の勾践(こうせん)に討たれて亡くなります。その時代、越の国は周辺に勢いを強めていたのです。
　当然その子である夫差さんは、父のかたきを報じようとします。しかし越の勢力は、そう簡単にあだを討たせてくれるようなスキをみせません。今攻めいっても、返り討ちにあってしまうのが関の山です。

そして時間は、かたき討ちのモチベーションを低下させてゆきます。かなわぬ夢を追いもとめてゆくばかりが生き方ではありません。かたき討ちは一番困難な選択肢なのです。
　かたき討ちにとらわれすぎなくとも、よいのではないか。別の生き方だってある。そう、かたき討ちに、「つづく神サマ」は宿ってくれません。決心はゆらぎます。

　しかし、そんなことでどうする。ここが夫差さんのエライところです。そして強い。
　まず、寝るときはゴツゴツした薪の上ときめました。痛いです。そして寒い。寝がえりだって容易にはできません。寝ることが苦痛になってしまいます。
　食事のときは、まず胆をなめてから、はじめます。口の中には、強烈な苦みが支配して、どんなごちそうをたべても、ちっともおいしく感じません。
　寝てもたべても、常に苦痛のなかに自分をおく。人生の快楽ともいえる二つを苦痛のどん底におく。この苦難は、すべて父親のかたき討ちのためにある。毎日こんな生活を送れば、初心を忘れてしまうことはないでしょう。そして実に気のとおくなるような長い年月のすえ、ついにチャンスをみつけた夫差さんは思いをとげます。
　ごぞんじ「臥薪嘗胆」の故事をつくった、その人物です。

　立派に志をとげられました。途中で、ひよりませんでした。
　人間はどんなに困難な状況のなかに身をおいても、「つづく神サマ」に宿られなくとも、確固たる意思の力で思いをとげてゆくことができる。まさに人生の深さを教えてくれる事例です。
　エライなあ、さすが王様はちがいます。
　ここに安易な神頼みは不要です。

　しかし、わたしに真似はできません。そんな根性はもちあわせていません。
　もっと安易に生きたい、というのが正直な気持ちです。だってもう人生の折りかえし点もすぎて、楽しんでおかなくちゃソンじゃあありませんか。
　というところで、ふたたび「つづく神サマ」のご登場です。わたしは、神だ

のみ派です。このお方は、どんなところに宿ってくださるのか、いうなれば嗜好調査です。
　なに、いっこうに飛脚走りにはいってゆかない、ですか。
　そう急ぎすぎないでゆきましょう。マラソンだって、走りはじめを急ぎすぎると、ろくなことにならないじゃあないですか。寄り道、道草がたのしい。

ずっとつづいているもの

　生まれたあとに身につけたもののなかから、今日までずっとつづけてきたもの、となるとどんなものが思いうかぶでしょうか。
　そんなものがあるのか。
　ありました。食事です。たべることは、ずっとつづけてきました。
　たべることを欠かす人は、めったにいません。そうか、たべる行為には「つづく神サマ」が宿っていらっしゃるんだ。
　だって気がついたら、2日も3日も食事を忘れていて、それが全然気にならなくて、体重だけがゲッソリ減っていた、なんてことはまずないでしょう。
　いそがしくてたべる時間がとれない、なんていう人でさえ、どこかでたべています。悲しみの席であるお葬式でもたべます。
　何日もたべていない、というのは、よっぽど特殊な状況におこまれないとおこりえないことでしょう。たとえば、意識を失っていたとか、海の上を漂流しているとか。

こんなものにも、つづく神サマ

　こんなもの、というコトバ遣いはどうなんでしょうか。
　見下したり、差別化したり、の問題発言ではないのか。
　たしかに、おっしゃるとおりです。価値観は、人さまざま。立場がかわれば逆の見方になる、なんてものは枚挙にいとまがありません。

歴史の勉強、というのは、このためにあるとわたしは思っています。
　ある一派は、アメリカ大陸を発見したのはコロンブス御一行様といいました。一方、もっとずっと前から現地でくらしていた人にとっては、突然やってきて土地も命もうばっていった異国人の襲撃、という見方になるでしょう。発見もなにも、ずっと前からオイラたちがくらしていたんだぜ。

　学校の教科書にのっている記述は、あまたある視点のうちのひとつでしかありません。学校を卒業したら、いろんな立場からひとつの出来事をみてみると、おもしろいですね。学校の知識でストップしてしまうのは、人生もったいないです。そしてかたよる。
　歴史に限ったことではありません。

　タバコの話をします。
　ひとりのジジさまに登場していただきます。
　このジジさま、タバコにみつぎつづけて50と有余年、そう、タバコに「つづく神サマ」が宿っておられます。
　肺を実際に手にとってみますと、乳白色のフワフワのスポンジみたいな軽やかさとやわらかさを感じることができます。空気をみたした臓器、というのは他にはありません。
　ところが、このジジさまの肺は、いぶしたヘチマの薫製、というイメージをもっていただけると結構です。スポンジの目は大小不ぞろいのヘチマの繊維そのものとなり、やわらかさもなくなって、ごっついスジばった硬さをみせています。長い年月をタバコの煙でいぶしつづけるとこうなる、というお手本のような肺です。これだけ出されると、もう肺とはわからなくなるような品物です。
　当然のことですが、ふつうに息をすったりはいたりはできませんし、すったところで酸素も十分に吸収できません。じっとしていても、わたしたちがオーバーペースで走りつづけた時みたいなゼエゼエ呼吸になっています。
　さいわい現在は1日24時間、鼻にチューブをつなげて高濃度の酸素をすいつづけられる器械が家におけるため、なんとか自宅でくらせます、というか、生きていられます。
　タバコ、イコール、ニコチンの害なんて思われていますが、タバコの煙には

数千をこえる有害成分が検出されているわけですから、体への悪影響を単純に説明できるようなものではないんですね。

　ある日の往診のおり、このジジさまがポツリとつぶやきました。
「どうも最近、タバコの終わるのが早いような気がする」
　一瞬の沈黙。
　部屋がタバコくさいのはわかっていましたが、このジジさま、今も酸素をすいながらタバコをやっておりました。
「おお、すごいですね。ものが燃えるには、酸素が必要ですもんね。ふつう空気中の酸素濃度は21パーセントだけど、今すっているチューブからは26パーセントの酸素がきているんですよ。どのくらい早く燃えるんですか？」
　といって、ほめられるでしょうか。
　孫の夏休みの自由研究の題材として、すすめられるでしょうか。
　今日のカルテに「よくできました」の桜印のハンコをおせるでしょうか。

「まだタバコやめられんのカァ。あれだけ火気厳禁といったのがわからんのカァ。そんなに火事になりたいんカァ。もっと悪くなりたいんカァ」
　7つの子がまつ山に帰りをいそぐカラスになってしまった気分です、カァ、カァ、カァ。
　気分的には、ゴングと同時に青コーナーをとび出し、空手チョップに16文キックをおみまいして、コブラツイストでとどめをさしたいところですが、いやいや、しみじみと思うのです。
　ああ「つづく神サマ」って、なんて強いんだろう。
　わたしの負けです。神サマとあらそう気はおこりません。
　もう、好きにしてもらおう。でも火事だけは気をつけてもらわんとな。生きているまま火葬じゃ、世話はないかもしれませんが、まわりにも迷惑だし。
　その後、ジジさまは呼吸不全が進行して亡くなり、タバコとライターが残されました。灰になるまで宿っている「つづく神サマ」。

　つづく神サマは強い。

つづくことの本質

　さて、ここまで「つづく」というコトバ自体には深くかかわってきませんでした。
　つづくっていったら、つづくことでっせ。
　いまはやりのイメージ戦略です。有識者会議とか名乗って、責任をとらない大人たちだけで身勝手な意見をまかり通すシステムと同じです。この国はいつからこんな横暴がまかり通るようにされてしまったのでしょうか。大衆の声はどこへ消された。隣国の政治体制を批判できる資格はありません。
　このズルさがわかりますか。おそろしくありませんか。
　そう、「わかったつもり」にさせてしまう手法です。スタート地点をあやふやにしておけば、あとは勝手な解釈がまかり通れるので便利なんです。権力側がしばしばつかう手です。
　本書は、権力なんかこれっぽっちもありませんから、そういう手はつかいません。
　できるだけ、土台を大事にしたいといましめています。

　ふつうの感覚でとらえると「つづく」というのは「変わらないでいる」というイメージに重なりやすいものです。昨日も、今日も同じ。たぶん明日も同じ。
　自然界では、何百年も変わらずに偉容をほこる光景とか建造物とかで、お手本をみることができます。
　ところが、わたしたちは常に「変化」してゆく「生き物」です。「変わらないでいる」ということは、一瞬たりとも無理なことです。変わらないイコール生きていない、です。そのようにして、有限の、限りある生をつむいでいる。死ぬまで、変化しつづける。死んでも変化しつづけて、やがて土にかえってゆく。

　それでは、何をもって「つづく」というのでしょうか。
　わたしは「くりかえすこと」を生き物の「つづく」行為ととらえておきたいと考えています。同じ状態を保つこととは、とらえません。

すって、はいての呼吸も、ドッキンドッキンの心臓も、くりかえしているから生きつづけられる。決して同じ状態を保ちつづけるわけではありません。生き物のつづく行為というのは、結構ダイナミックなんです。
　息をはいたあとすうのを忘れてしまったら、はい、それまでです。必ずはいたら、すうこと。
　くりかえすことをしなくなったことを、つづかなくなったといいます。
　食事もタバコも呼吸も、くりかえしてゆくことが、つづくことになります。
　男女の仲だって、ついたり離れたり、でもくりかえしてゆけば、つづいてゆける。
　走りつづける、というのは、明日休んでも、またあさって走りだしてゆく、そういう生活を意味します。

　つづく本質は、くりかえすこと。

なぜに宿らん「つづく神サマ」

　走ることが、つづいていますか。
　やっと走りにもどってきました。忘れたころに、主題にかえる。
　絶好調で、毎日たのしく走っています、なら何もいうことはありません。でも、すべての方が、すべての状況において、すべての走りで絶好調というわけには、なかなかまいりません。
　中断してしまうことがある。
　痛みやケガ、おっくうさ、暑さ寒さ、多忙、理由はいろいろつくけど、結果として走ることがつづかない。いつのまにか、走ることから遠ざかったくらし。
　じゃあ、どうしたらよいか。
　そうです、走りに「つづく神サマ」が宿ってくだされければよいのです。なんという明快な発想なんでしょう。しかし発想としては、単純です。わたしが単純だから。

でも、待ってください。
　実は「つづく神サマ」は、そうそう簡単に走る行為には関心をしめしてくださらないようなのです。たのまれれば、何でも引き受けますよ、というようなフットワークの軽さは持ち合わせてはおられません。
　ああ「つづく神サマ」のいけずぅ。
　つい「つづく神サマ」をなじりたくもなってしまいます。ところが、ここに「つづく神サマ」の偉大さがあらわれてくるのです。同時に、人生の深さを知るようになります。人生、ガム以上にかみしめなくっちゃ、味わえません。

　ちょっと考えてみましょう。
　走ることがくらしの行為にくみこまれていない人に、100円のお賽銭で願掛けをしたくらいで「つづく神サマ」が気安く宿ってくださったらどうなるでしょうか。
　結果は、２時間サスペンス劇場の出だしのような恐怖画面が待ちかまえることになります。走りなれない人が、いきなりランニング中毒者に変身してしまった状況を思いえがいてください。
　ああ走るのは楽しい。気持ちがいい。恍惚状態でいつまでも走りつづけられる幸せ。
　しかし、肝心の肉体はどうでしょうか。
　体は、生身です、限界があります、賞味期限があります。
　まるで死ぬまで踊りつづけなくてはならなくなったアンデルセン童話の『赤い靴』をはいたカーレンです。
　無理な肉体への負荷は、やがて体をボロボロにしてゆき、最悪の場合、死にいたることだってあるわけです。ああ、怖い怖い。

ひとつの史実

　えっ、走りつづけて死んでしまうことなんてあるんですか。
　エウクレスさんをご存知でしょうか。わたしは直接お会いしたことはありませんが、昔、ギリシャに住んでおられました。

第一章　飛脚走り（理論編）

「マラトンの故事」にでてくるアノ方です。

時は紀元前490年、といいますから、今から2500年以上も古い話になります。

地中海には、ギリシャがアテナイを中心にさかえていました。中東では、ペルシャが勢力を拡大して、地中海地方にさかんに進出をくわだてていました。

ペルシャ軍といえば、大阪のオバちゃん集団にも引けをとらない、泣く子もだまる最強軍団です。われわれが、大阪のオバちゃんたちにはかないませんなあ、と恐れる以上にこわい強敵です。

そして、いよいよペルシャ軍は、ギリシャを征服してやれ、という決断のもと軍隊を派遣します。最終目的地は首都アテナイの陥落ですが、侵略の第一歩として、アテナイの北東部に位置するマラトンの地を上陸地点とさだめ、兵力を集めます。

どうみても、ギリシャ軍の旗色がよくない。劣勢です。

力の差は、明らかだったようです。

ギリシャ軍をひきいるのは、ミルチアデスです。知能にたけた武将であったようです。戦力の差は、オツムと努力でおぎなってゆけ。戦争にかかわらずおよそ勝負事はオツムの差が勝敗を左右します。根性作戦だけでは戦いを突破できないということは、竹ヤリで戦車にむかっても勝てなかった某国の歴史でも証明しています。

劣勢だったギリシャ軍は、アタマを使ったあの手この手の奇襲攻撃をくりかえします。

その結果、当時世界最強といわれていたペルシャ軍をうちやぶってしまったのです。

そんなこと、ありえないでしょ、が現実となったのです。

もちろん、楽な戦いではありませんでした。ギリシャ兵は、みな疲労困憊のきわみにありましたが、だからこそ逆に大いにわきたちます。

一刻も早く、輝かしい戦果を遠くにまつアテナイのもとにとどけたい。

そうです。戦場となったマラトンは、ギリシャの首都アテナイから遠くはなれていました。

アテナイの地では、多くの市民が、ペルシャ軍との戦闘状況をかたずを呑ん

で待ちかまえています。マラトンが突破されれば、あとはペルシャの大群が首都になだれこんできて自分たちの命運がつきてしまうのも時間の問題となってしまうのです。

　電話もスマホもない時代の話です。
　その時、将ミルチアデスは、ひとりの戦士をよびだし、重大な任務をあたえます。至急、わが軍の勝利をアテナイのもとに伝えよ。

　この任務をうけたのがエウクレスさんです。大昔のことなので、名前に異論もありますが、本書は歴史書ではありませんので、この名でとおします。
　エウクレスさんは、自分に課せられた任務を重くうけとめ、息がきれようとも、足がおぼつかなくなろうとも、体が痛みできしんでこようとも、意識がもうろうとしてこようとも、吐き気で気がとおくなろうとも、決して足をとめることなく一路アテナイをめざして走りつづけます。まるで「つづく神サマ」にとりつかれたかのような走りです。
　マラトンの丘から、アテナイの地まで、半端な距離ではありません。つらい。それこそ臥薪嘗胆を地でゆくような光景です。
　しかし、執念はついに目的地にたどりつかせます。
　まちかまえた大勢のアテナイの市民を前に、エウクレスさんはひとこと「我ら勝てり」という良い知らせ（エヴァンゲリオン）を告げると、しかしその場で絶命してしまいます。
　走った距離は、およそ40キロメートル。
　そうです、今日のマラソン競技の起源ともなった有名な故事です。

　エウクレスさんは、途中でどんなにか休みたい、歩きたい、と思ったことでしょう。どれだけの意思があれば、痛い、苦しい、つらい、きつい、といった感覚を封じこんで走っていられるのでしょうか。
　エライです。
　企業戦士の鑑、といってよいでしょう。
　記録にのこる労災死第一号患者として、ギネス記録にのこしておきたいほどです。ちゃんと労災認定はされたのでしょうか。遺族年金は支払われたのでしょうか。
　苦しくたって、悲しくったって、コートの中では平気なの、とつぶやく『ア

タックNo.1』の主人公鮎原こずえの生き方にも通じる、というか、それ以上の鮮烈な根性です。

鮎原こずえの生き方は、級友早川みどりの必殺サーブ「木の葉おとし」を生みだします。

エウクレスさんの生き方は、今日のマラソンブームを生みだします（ホントですか？）。

どうしたらいいの

しかし冷静になってみると、エウクレスさんの生き方は、あまりに強烈すぎるということがおわかりいただけるでしょうか。

ふつうだったら、息たえる前にやすみます。

つらくなったら、止めればいいんです。無理しすぎることはありません。

休みましょ。

そして、休んでもらわなくちゃ、こまるんです。

だって「つづく神サマ」は、まだ宿っていないんですから。

使命感ひとつで、マラソンを走りきる。誰でもそんなことになってしまったら、マラソン大会のゴール付近は、第２、第３のエウクレスさんでうまってしまいます。「われ、完走せり」なんていうエヴァンゲリオンをもって、ゴールで美しく人生を全うしていいんでしょうか。

ああ、ここで走りにブレーキをかけてくださってアリガトウ、わたしの命をすくってくださってアリガトウ。だって「つづく神サマ」が、命を守ってくださったのですから。

無埋しないで、堂々とスピードを落とし、それでもきついなら休めばいいんです。神サマもちゃんとみていてくださっているのですから。

でも、そんなことをしていたら、永遠にマラソンのゴールまで走りきることはかなわなくなってしまう。

君のゆく道は、はてしなく遠い。急に『若者たち』のフレーズが浮かんできてしまいます。
　『こまっちゃうナ』とここで山本リンダしていてもはじまりません。
　ママに聞いたら、何にもいわずにだまっているだけ。アニマルパパにたずねたら「気合いだ！　気合いだ！」としか叫ばない。って、話の流れについてゆく必要はありませんので、先にすすんでください。
　だって、もう答えのすじ道は、みえているわけですから。
　物事の本質をつかもうとしてゆけば、からんだ糸も、やがてほぐれてゆきます。走る行為に「つづく神サマ」がどうしたら宿っていただけるか、という話なんです。
　神サマは、決して見捨てるようなことはいたしません。だって、もう神サマの正体も知っていますから。オー、マイゴッド。

原点にかえれ

　ぼくらはみんな生きている。
　そうです、今日を生きています。
　生きることに、「つづく神サマ」が宿ってくださっている。
　ところで、どのようにして「つづく神サマ」は宿ってくださり、現実に生きていられるのでしょうか。
　ここは原点にたちもどってみましょう。

　まよったときには、まよっていなかった時代をふりかえってみる、というのが解決にむすびつくことがあります。
　「生きつづける」力の原点、それは幼児時代にみることができます。いろんなシガラミや悪知恵に染まっていなかったあの時代です。

　とはいえ、自分の赤チャン時代をふりかえってみよう、といわれて記憶をたどってゆくのには無理があります。ほかの赤チャンの観察でけっこうです。
　赤チャン時代、どんな生きる力をもっていたでしょうか。

第一章　飛脚走り（理論編）

　体力はどうでしょう。じつは、寝がえりひとつうてません。首がすわるのでさえ、３カ月を生きつづけねばなりません。半年たっても、ハイハイひとつできません。
　コトバももってはいません。モノもよく見えません。
　ひとりで食べることもできません。オシッコ・ウンチの始末もできません。服のぬぎ着だって、お風呂に入ることだってできません。歯ミガキもできません、いや、まだ歯もないか。
　ひとりで生きてゆく力なんて、どこにもないんじゃないの、といいたくなってしまうような「無力さ」です。
　そんな時代からスタートして、よく育ってこられたものです。
　育ちの原動力、は何だったのでしょうか。

　そう考えたとき、無力でまったくの受け身である、というわけではなかったことに気がつきます。ある積極的なものをもっていました。赤チャンは赤チャンとして、この世に生きてゆくためのちゃんとした力をもっていたのです。
　それは、主張する力です。さて、どんな主張をしていましたか。
　ここが大事なところです。

　それは、赤チャンといえども「快」と「不快」をかぎわける力をもっていて、「快」と「不快」の主張ができたということです。
　オナカがすけば「不快」のオンギャーという不快サインを発します。食欲をみたしてもらえれば、「快」のスイッチに切りかわり、ニコニコ、スヤスヤサインとなります。
　オシッコ・ウンチでオシモの「不快感」が生じればやはりオンギャー。フカフカのオムツに替えてもらえればニコニコ、スヤスヤ。
　暑さや寒さで「不快」になればオンギャー、気持ちよくなればニコニコ、スヤスヤ。
　以下、同文。

　オナカがすいても、今は真夜中だからしばらく「不快」を耐えしのぼうという赤チャンがいたらどうでしょうか。
　オシッコでオムツが冷えてきて「不快」が強まったけれど、今日は雨ふりで

お母さんも疲れている様子だから「不快」をシンボウしておこうというケナゲな赤チャンがいたらどうでしょうか。
　ガマン強くてえらいでしょうか。
　手のかからない、大物になる器として、誉めたたえたくなるでしょうか。
　もし、現実にそうであったとしたら、小さな命はさまざまな危機にみまわれることになるでしょう。小さな体は、脱水、低栄養、保温、感染症などにまだ十分な抵抗力をもっていないのです。

　生きぬいてゆく本質として、極端ないい方を許していただけるなら、「人は快・不快の感覚をたよりに、未成熟なまま、この世に生まれいでる」存在であるということです。
　実際に生きぬく能力は不十分であっても、「快」か「不快」かをかぎわける能力だけはもち、訴えられる。
　そして、この分別能力さえあれば、自分を守り育ててくれる関係、とくに親がいる、という全幅の「信頼感」。人の生き方、というのは何て純粋なんでしょうか。
「快」「不快」の感覚と、「信頼」が、生きてゆく道しるべだったのではないでしょうか。赤チャンをみていると、そう感じるのです。
　表現をかえると、「生きつづけてゆく」道標が「快」「不快」そして「信頼」です。

生きつづける力の活用力

　多くの女性は、赤チャンとの濃厚な関わりのなかで、意識するしないにかかわらず、「快」「不快」の深さにふれてゆきます。その結果、自身も、改めてはぐくむのでしょう。
　やがて赤チャンが育ち、離れていっても、今度は自分の生き方のなかに「快」「不快」の使い分けを上手に発揮してゆきます。
　だもの、強くならないわけ、ないじゃありませんか。
　オバちゃんパワーの原点は、「快」「不快」に忠実な生き方にある、というの

が不肖わたくしの見解です。うらやましいなあ。

　一方、男性陣の生き方は、どうみても不器用です。
　なにしろ「快」「不快」のうまい使いまわしができない。不快でも、それをすてられない、ヤセガマン根性というやつです。こまったものです。
　ミエの方を、快より高くおく。弱みをみせられない。みせたくない。
　ミエのために、快をおし殺す。
　ついには、ミエが快だと勘違いしてしまうことさえある。
　肩書き、勲章、ベスト記録、順位なんてものに躍起になっているのは、圧倒的に男性です。結果、無理がかさなってゆく。

　男と女の平均寿命の差が５年以上、ということは、すでに同じ生き物ではないということです。この違いを生んだ大きな要因が、生きる本能につらなる快・不快の使いこなしの差にある、つまりは生き方の差である、といったら、いいすぎでしょうか。

　高齢化社会の課題のひとつとして「認知症高齢者の増加問題」があります。ボケがふえつづけますよ、といっているんです。
　認知症専門家と称する先生方が、ボケの分類法やら対処法などをレクチャーしています。さまざまな問題行動パターンを整理して、おのおのの対応指針なんかもできています。
　繰りかえされるコトバは「尊厳をもって対応しましょう」。
　でも、現場はうまくゆかず、最後は薬で動かなくさせられるなんてことはよくみられます。

　なんで、うまくゆかないか。
　それは、相手が人だからです。同じ人間であるということが忘れられてしまっている。
　人には、人としての接し方がある。人としての生き方がある。ミエ社会の頂点に立つような専門家には見えてこないあたりまえの世界があります。
　人が生まれつきもっていた力は、死ぬまでもちつづけます。
　つまりは「快」「不快」の感覚は、たとえどのような状況にあっても、生き

ているかぎりなくならないということです。いや、老いて「快」「不快」がよりきわだってくる。赤ちゃん返り、というわけじゃありませんが。
　たとえコトバの意味がわからなくなっても、トイレの使い方を忘れてしまっても、服の意味が混乱してしまっても、快を感じればよろこぶし、不快を感じればいきどおるだけです。
　ボケの現場では、そんな人のもつ「快」「不快」の感情にさりげなく寄り添える、肩書きも何もないオバちゃんが、天使のような関わりをもつ、なんて場面がザラにあります。あたりまえですが、薬で快はえられません。
　だから、ボケの専門家より、「快」「不快」の感情をくんでくれる人がそばにいてくれた方がシアワセな生き方ができる。信頼の人になってくれるんですから。
　一生涯、つまり死ぬまで快、不快の力をあなどるべからず、です。
　だって、生きる道しるべなんです。

快のとりちがえ

　しかし、ここで大切な点を確認しておきたいと思います。
「快」は大切な道しるべですが、「快」の取り違えをしてはならない、ということです。
　これは、いくら強調してもしすぎることはありません。
　つまり、自分の「快」を求めてゆくのは自然なことですが、それが過ぎて他人の「快」までドッサリうばったらアカンよ、ということです。
　これは、ふつうは幼児期から身につけてゆくことです。
　特に、幼稚園や保育園、小学校といった集団生活が、学びの場になります。

　オナカがすいたらゴハン、オシッコしたくなったらトイレ、は「快」のなせる欲求ですが、集団生活の中では、ある程度のガマンも必要だよ、ということを学びはじめます。
　そうでないと、集団はなりたってゆかない。
　自分の「快」は大切だけど、その大切さと同じように、他の人の「快」も考

えましょうね、そのためには自分を抑えることも必要なんですよ、ということです。社会性といいます。あるいは、道徳といってもいいでしょう。

　物理学の世界では「エネルギー保存の法則」というのがあります。
　ある一定の世界の中では、その中でどんな物理的変化や化学的変化がおきても、全体としてのエネルギーの総和はかわりません、という大法則です。
　どこかを暖めれば、どこかで熱がうばわれて、全体としての温度はかわりません、というようなイメージです。物理学上の根本原理のひとつです。

　この法則は、そのまま「快」の世界にもあてはまるような気がします。
　地球という大きな運命共同体の中で、すべての「快」の総和は一定である。ある集団が「快」を独占しすぎると、その他の人や生き物や自然がもつべき「快」がへってしまう、ということです。「快の総量保存の法則」と名づけたいほどです。
　証明は、むつかしいですが。

快の暴走

「快」の力は強大です。
　とくに「快」が「欲」に結びつくと、下り坂をブレーキがきかなくなって暴走するトラック、みたいな止めようもない力を生みだすことがあります。
　わが国は、戦後でっかい事業はでっかい利権を生むという「快」と「欲」のうまみを知った集団が、ある意味で奇跡的な復興と繁栄をなしとげてきました。
　新幹線、高速道路網、巨大ダム、巨大堰、その他の巨大建造物。規模の大きさは、ついやされた予算をみても明らかです。

　わたしのすむ上州群馬は、その中でも突出した場所です。
　超豪華な県庁は、東日本では東京都庁につぐ高さと偉容、と誇らしく報じられています。人口は5分の1にも満たないのに、です。一歩街にでて感じる県

都の荒廃した衰退ぶりとは好対照です。
　そして有数のダム王国です。
　注目していただきたいダムとして、八ッ場ダムがあります。
　美しい岩肌と流れからなる吾妻渓谷という名所をぶっつぶして、一切合切を水没させて八ッ場という地に巨大ダムを作りあげよう、という計画がぶちあげられたのは、昭和42年のことです。そこにできるダムの名前が八ッ場ダムです。
　ただし、あまりの巨大さゆえに取り返しのつかない自然破壊、多くの追われる住民、そして人間だけでなく多種多様の生き物の命とすみかを奪いさることへの批判も根強く、周辺部はかなり強引な工事が多額の税金投入でおし進められていましたが、ダム本体工事にはいたりませんでした。
　その間、ダムの必要性だけは、水利だとか災害対策だとか、内容がコロコロ変わってはゆきましたが叫ばれつづけます。
　ある地元の古老がつぶやいていました「ダムが必要、必要、と叫ばれてわしらの人生をすべて振り回してきたくせに、まだダム本体は何もできとらん。それでも、わしらは全くこまっとらん。かわりに人生が台無しにさせられてしまった。本当に必要なのか」。

　やがて環境問題意識の高まりと政権交代によって、ダム工事は白紙撤回になります。
　しかし巨大工事のうまみという「快」と「欲」とが結びついてしまった力は、そうは簡単には引き下がりません。
　ついには、ダム工事の再開、そして長年決められなかったダム本体の工事着工までこじつけます。
　この大逆転劇を生んだ年を忘れないでください。
　東日本大震災におそわれた年、2011年の夏のことです。
　東北と北関東の太平洋岸を中心にもたらされた3月11日の東日本大震災。多くの命が失われ、生きのこった方も津波や原発被災のために、住まいや土地を追われ、大変な生活をしいられているさなかです。不明者の方もまだ膨大です。
　想像をこえる被害で仮設住宅のメドさえたっていない。
　多くの方が体育館や公民館での避難生活という疲労の日々。国民の目が、い

や世界の目が支援の方向を向いていました。と、思っていました。
　そういう最中に、群馬の知事や地元国会議員たちは、巨大ダム工事再開に邁進していたのです。そしてついに工事着工を断行させます。地元では、チョーチン行列がでたそうです。
　もちろん、マスコミは連日大震災関連の報道ですから、一地方のダム工事再開の報道なんかは地元以外には伝わらなかったことでしょう。ダム反対派だって寝耳に水です。

　よりによって、今かい。
　それにしても、アンタたちは、震災支援そっちのけで、こんなところに力を注いでいたんだね。震災は世間の目をそらすチャンスだったんだね。
　たしかに多くの人は、震災復興に目をむけていましたから、スキは十分あったんです。実に巧妙な作戦、といってもいいかもしれません。

　時間がたち、仮設住宅がたった今も、東日本大震災の復旧にはまだほどとおい現実があります。不自由な仮設住宅で、先の見通しのたたない方がまだたくさんおられます。仮設住宅で人生の終焉をむかえられる人もふえています。離れ離れの不自由なくらしの方も少なくありません。
　一方で八ッ場ダム周辺は、天空の城か、と思わせるような立派な道路網、鉄道網、巨大な橋、豪華な建物、大きな住宅群、などでうめられています。山の楽園、を目ざしているんですね、多額の税金で。そしてダム本体工事もいよいよ着工です。三陸の地に防潮堤工事がすすむわけないじゃないですか。防潮堤をあざわらうような巨大ダムの建築です。
　このお金と工事力、をなぜ今こまったところに向けられないんでしょう。
　重ね重ねおかしくないか。
　もう群馬で震災がおこっても、援助も同情もいりません。こんな身勝手なことしちゃあいけません。ゆるキャラブームということで、群馬もウマのキャラクターでもりあげようと画策していますが、実態はこんなところなんですぜ。
　悲しいです、もうしわけございません。

こういう快

　むかし、永六輔さんの本のなかで、感動的な文章に出会いました。
「人が欲におぼれすぎてしまうのは、こまったものだけど、無欲というのも極端すぎて無理がある。せめて六欲くらいで生きられないものか」
　どの本に書いてあったかも忘れてしまいまして、正確な文章は再現できません。意味がこんなものだった、ということが強く印象にのこっています。間違っていたら、すみません。

　ほどほどがエエのお。
　わたしも長く生きてきて、体力も、気力も、能力も落ちる一方となる中で心地よく感じるのは、ほどほど感です。
　あいや、本当のことをいうと、もともと体力も気力も能力もないんですが。
　ただし、です。
「ほどほど」イコール「手をぬく」ではありません。
「ほどほど」イコール「中途半端」でもありません。
「ほどほど」イコール「腹八分目」でもありません。
　だんだん気がついてきました。「バランス」のことなんだということに。中庸ということです。

　やるときゃ、やる。時には、メイッパイやってみる。でも、あまりにバランスを欠いたままでいると、痛い目にも遭いやすくなります。
　快って、あざなえる縄なんですね。
　それでは、どんなバランスがいいか。それを山歩きと温泉にみてみましょう。

山歩きの快

　わたしのくらす西上州や、おとなりの東信州は、百名山などの有名ブランド

には入りませんが、お手軽で味わい深い山々の宝庫です。まわりを見渡せば、「さあ、はよ登っておいで」と手をふって待っている山でいっぱいです。

　もともとガキのころから、自宅近くの山の中に入りびたっては、急な斜面を木の根っこをたよりに、かけ登ったり、とびおりたり、生傷がたえないような毎日でした。山が生活の場です。忍者になるのが、夢でした。

　しかし、幼少時の夢と大人の現実との差。
　ついた仕事は、山とは無縁の生活、というより一変して、山どころではない生活。
　ねむる時間以外は職場、しまいには、ねる場所も職場、みたいなスタートです。まだ労働基準法の存在さえ知られていない時代の話です。
　休日もない、あかるいうちに家に帰ることもない。
　ずっと仕事漬けの日々、長時間労働、となると、ねむけとの格闘という面がでてきます。ねむけにうち勝つために有用な手段は、何かを口にいれること。モグモグ口が動いて、胃袋に刺激がつづいている間は、なんとか起きていられます。
　気がつくと体重は増加の一途、礼服は2度のバージョンアップをへて、アジャスター付きのズボンへと変遷してゆきます。
　しかし、いつまでも同じ調子でつづけられるはずがありません。
　体力も、若さだけでは突っ走れなくなってゆきます。一日仕事をして、そのまま当直に入って夜間もガシガシ働き、その勢いで翌日も普通の仕事に入ってゆくと、もうろうとしてくる瞬間がおそってくるようになります。ふっと、意識が遠のく。
　中年の入り口。
　窓の外をながめると、山々が輝いています。

　少し山歩きでもしてみようか。カラダが要求してきました。
　軽い気持ちではじめた山ですから、有名な山々を順次征服してゆこうなんて気持ちはうまれません。時間だって、十分にはとれませんから、近くの日帰り登山です。
　最初は、ちょっと登ってはゼイゼイ。なにしろ体力がつくほどは通えませんから。それでも、汗をかきかきゆっくりと登ってきた道をふりかえってみた

り、急にひらけた尾根伝いの展望に感嘆したり、歩いてきた距離に感謝したり、徐々に山に魅了されてゆきます。

　子ども時代は山の中腹に秘密基地など作って遊んでいましたから、大人になっても登山イコール山頂征服趣味一筋ではありません。

　風の強い日は、小さなくぼ地でまどろんでみたり、雪のつもる季節は雪だまりに身をひそめてニンマリしたり、登山というより、道草みたいです。

　気にいった場所をみつけると腰をおろしてお湯をわかす。インスタントラーメンにモチを放りこんでワシワシたべたり、熱々のコーヒーをすすったり、湯気がわっとひろがる甘酒に酔いしれたり、ほっとする時間と空間がまどろませてくれます。

　もちろん、眺望抜群の山のテッペンに立って味わう征服感も格別ですし、山頂の風はそこでしか感じられない爽快感を運んできます。でもやはり山頂だけがすべてではない。

　山はひとりでゆきますから、途中でしゃべることはありません。しかも人の来そうもない山や季節が好きなものですから、途中で誰かに会うということもめったにありません。一日山の中にいて、誰とも会わない、誰とも話をしない、いるのはサル、シカくらい。

　そんなユルい山歩きに魅了されるようになりました。いつの間にか、つづく神サマが宿ってきたのです。「つづく神サマ」は何を気にいってくださったのでしょうか。どこに「快」をみつけたのでしょうか。振りかえってみます。

第1の快

　ひとつは、カラダの快でした。

　いつからか人の生活は「カラダを使わない」方向にたなびき、カラダを使わない仕事の方が上等とでもいうような価値観さえうみだす社会をつくりあげてゆきました。

　テレビのリモコンの登場あたりから、その勢いは止まらなくなります。

　自動車の普及、電車、飛行機といった交通網の変遷から、エレベーター、エ

スカレーターといった移動手段、電気、ガス、水道、各種リモコン、とよくまあ人間というのはカラダを動かさなくてすむものを作れるものだと関心するばかりです。

水くみ、まき割り、ぞうきんがけ、風呂たき、煙突そうじ、穴掘り、田植え、稲刈り、おかいこ拾い、大掃除、などという、わたしが昔したほとんどは、今やなつかしい日本昔話の１ページと過去形で語らねばならないありさまです。

いやあ、便利になったもんだ、お手軽、お気軽、ラクチン、ラクチン。しかし、本当にそういいきってすむことでしょうか。

人のカラダは「安楽」なら何でも無条件に喜ぶか、というと、そんな単純なものではなかったようです。逆に動かなくなればなるほど、どこかでキシミが生じはじめてくる。

カラダは、動くためにある。

そうです、わたしたちは「植物」ではなく、「動物」なんです。動かないでいると動けなくなってゆく、という宿命をもっています。それは、今の世の文明の進歩くらいでは代替できるものではありませんでした。カラダは動かしてナンボ。

そんなこと、アタリマエのことだんべ。カラダを使わなくなった日常生活から飛びだして実感したことです。

 カラダは使った方が気持ちいい。

第２の快

ふたつめの快は、カラダの快と対比させる表現をつかえば、ココロの快です。

日常のくらしからはなれて入ってゆく山という異次元空間は、解放感や爽快感を味わわせてくれる一方で、そういう順風満帆のものばかりでない不安感、

恐怖感、孤独感などに遭遇することがあります。でも、すべてがそのまま受けいれられる。

　わたしはおなじ山を、季節や気候をかえて何度も登るのも好きです。おなじ山なのに、毎回ちがった表情がある。ジージーとふりそそぐセミのシャワーみたいな鳴き声と真っ青な空、つきぬけそうな天空に手のとどきそうな秋の雲、一歩一歩しずみこむ雪道、しっとりと濡れた新芽がつづく春の道、可能であれば毎日行き来しても楽しいじゃないかとさえ感じます。

　そして、時にはあえてちがう道に入りこんでみる。
　ある曇った晩秋の山。道だと思って入ったところがどうも道でなく、笹もだんだんと深くなってゆく。それでも未練がまさって先にわけ入ってゆく。いわゆる藪こぎ状態で進んでゆくと、ストンと方法感覚が失われてしまったことがあります。視界はない。どちらを向いても藪だらけ。右も左も、というより東西南北さえわからない。空は曇っていて、太陽はない。
　えっ、という小さなパニック状態。
　入ってきた方角さえわからない。肘でかきわけた空間だけが、自分の世界。
　心臓がドキドキしてくる。
　もう運を天にまかせるしかない、と覚悟をきめて藪をかきわけてゆく。やがて、パッと視界がひらけると、今おかれている場所の見当がだんだんとついてくる。
　おどりあがりたくなる瞬間。
　こんな経験がもてるのも山歩きの醍醐味であり、ココロの快。

　ココロも楽しみを求めている。

第3の快

　カラダの快とココロの快。
　心身二元論的発想でゆけば、これにて一件落着ですが、実はここで止まって

しまうと両者はバラバラになりかねません。実は、カラダとココロというふうに2つにわけてとらえようとすると、両者は意外と結合力が弱いことに気づくのです。

　一方がつっぱしりすぎて、抑制がきかないまま、両者共倒れ、という経験はありませんか。決して、強固に結びついているわけではありません。カラダの暴走、あるいはココロの暴走、よくあります。ガンバリすぎ、ともいいます。

　わたしの山歩きが、体力もつかないのになぜつづいたか。それは、のんびり行脚だったからです。

　争わない、競わない。無理しすぎない。つまり「自分のペース」で楽しんでいたということ。

　自分のペースで歩くから、カラダももつし、ココロもおれない。これが、あらがえない強制力などで登らされたら、苦行だけでしょう（これは、今のランニングにも通じています）。

　第3の快は、ここにあります。すなわち、ペースの快。

　自分なりのペースでゆくから、きつくなっても、乗り越えられます。いよいよとなったら休みゃいいだけです。不安になったら、引き返せばいいのです。

　いいペースをもっていると、カラダの暴走、ココロの暴走に歯止めがかかる。カラダとココロをとりもつ仲人役がペースなのかな、と感じています。

　そして具体的なペースの快は、呼吸感覚に重なってくるということにも気づいてきました。ハアハア、ゼイゼイ、呼吸が苦しいだけの時は、自分のペースにあっていません。つまり、ペースの快がない状態です。もう少し、ゆっくりいこう。

　えーと、山の楽しみは、以上の3つの快からうまれる。3つの快だから「3快」とよぼう、というのがわたしからの提案です。名づけ方が安易ですが。

　ということで結論です。

　山歩きに「つづく神サマ」が宿ったのは、山歩きに「3快」が生じたから。

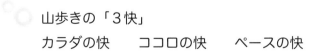

　　山歩きの「3快」
　　カラダの快　　ココロの快　　ペースの快

温泉ドボンの快

　山歩きをおえて、カラダは気持ちのいい疲労感につつまれ、ココロは満足感でいっぱい、といういきおいのまま、帰りがけの温泉ドボンには格別の味わいがあります。
　とくにまだ各地に豪勢な日帰り温泉施設がなかった時代には、それこそ山あいのひなびた湯宿をさがしておじゃまするのも、ひそかな楽しみでした。
　夏は緑陰、秋は紅葉、冬は雪景色、春は新緑と、どれをとってもマイッタと頭をさげてしまいたくなる小さな湯船からの光景は、何ものにもかえがたい快感をもたらしてくれます。汗びっしょりになってよれよれになったカラダも、氷点下の雪の中でひえきったカラダも、一瞬で回復させてくれる魅力をもっています。

　「はあー」と思わず吐きだしてしまう声とともに、コンコンと湧きでる湯につかった瞬間、人体はみるみるとコンニャク化してゆき、口からでるコトバは「ゴクラク、ゴクラク」。
　昔から極楽というところは善行を積んだ人間のみにゆるされた楽園、などという思いがあって、わたしのような罪深い者には縁のない場所、とあきらめていましたが、いやはや、こんな身近なところにあるじゃありませんか。

　あの世だって決して悪いところではない、というのは、実際に逝った人が「やっぱ、つまらん」といってもどってくるのをみたことがないことからも感じていましたが、急いでそこまでゆかなくてもいいんですね。
　幸せは、案外、近くにある。そういえば青い鳥をさがしに出かけたチルチルミチル兄妹も同じようなことをいっていたような気がします。
　では、どんな理由で、温泉場が極楽に変わっていったのでしょうか。

第一章　飛脚走り（理論編）

再び3つの快

　ひとつめは、カラダの快でした。
　あたたかな湯につかる、という習慣をもってしまうと、これほどカラダをやすませてくれるものはない、というほどの気持ちよさを湯はもたらしてくれます。
　なぜなら、体温よりやや高めの湯につかることで、カラダの代謝がよりスムーズに回転し、疲れの回復も促進されるから、なんていうへ理屈もいらないくらい、カラダは正直に気持ちよさを感じてくれます。
　カラダを気持ちよくさせたかったら、あたたまる。

　ふたつめは、ココロの快。
　もちろん、家庭のお風呂だって、ココロ落ち着かせてくれるとってもすてきな空間です。それでも、山あいの温泉場は、それとはちがった非日常的な独特の雰囲気をかもしだしています。
　実は、ひなびていればいるほど、設備や快適性からは縁遠くなっています。
　湯船はへりがすり減っていたり、黒ずんでいたりはあたりまえです。湧いてくる湯量だって、コンコンというよりチョロチョロというのも少なくありません。シャワーもありません。寒い季節につかってしまったら、あたたまるまで1時間以上でられない、というようなぬるい湯だってあります。露天であれば、底に葉っぱがしずんでいることだってあります。
　使い勝手からみれば、家庭のお風呂にかなわないかもしれません。
　でも、その中に安堵感を覚える。便利で立派なものにかこまれるだけが、ぜいたくではないという思いがわいてくる。そこにココロも癒やされてゆく。

　カラダが癒やされる、ココロも癒やされる。
　さて、それだけでしょうか。
　はい、わたしのいいたいことは、お見通しですか。カラダとココロの両面をみたすために欠かせないものがありました。ゆったり感です。
　ゆっくりつかってこその温泉、湯船です。わさわさと、せわしいだけでは、せっかくのお湯も味気ないものになってしまいます。

いい湯だなあ、と自分のペースでつかる幸せ。
はい、ペースの快が生まれています。

この時、山歩きと同じで、変わるものがあります。呼吸です。気がついていましたか。

お風呂に少しずつ沈んでゆくとき、意識しなくても深い呼吸になっています。しばしば「ハーア」なんて声まででてしまうこともあります。お風呂の水圧がオナカを圧迫して息をはきだし、また大きくすいこむ。自然にうまれる深呼吸が、ゆったり感をさらに確実なものにかえてゆく。

シャワーでは、味わえないことです。

そして、呼吸がはやくなりだしたら、湯船からでる。

カラダがあたたまり、代謝が活発になってきた証拠が、呼吸感覚でわかるのですね。なんだか、山歩きの快と、すっかりかぶっていました。

お風呂に「つづく神サマ」が宿っているのは、お風呂に「3快」がそなわっているから。

思いもかけぬ共通点

山歩きの「快」と、温泉ドボンの「快」。

いってみれば、「動」の世界の快と、「静」の世界の快。

どちらも長いつきあいになってきましたが、思わぬ共通点があったのです。それは、カラダの快、ココロの快、ペースの快があるということです。3つの快がそろっている。

ここで注意していただきたいのは、3つの快がつねにバランスよくならんでいる、ということではないということです。

むしろ、その時、その時で、3つの快はバラバラになりたっている、といってもよいかもしれません。バランスではなく、つながっている、という点に注目してください。

たとえば、カラダをメイッパイ使っている場面がある。たとえば、何もしな

いでボーッと空想だけふくらませて悦にいってることもある。でも、ひとつだけが突出してゆかないのは、自分のくらしや体力にあったペースでつきあってゆけたから。

　つくづく、3つのつながりの強さを教えられます。3つの柔軟な結合力です。
　1本の矢なら、力をこめればボキッと折れてしまう。2本の矢なら、ボキッ、ボキッと折れてゆく。3本になると、ボキッ、ボキッ、ボキッと音をたてて折れる、いやもとい、3本まとまると折れなくなるであろう。
　これが、3つの結束力の強さだよ、といったのは3人の息子である隆元、元春、隆景をさとした戦国時代の武将、毛利元就といわれています。さすが名将です。
　これだもの、3つの矢のかかれたサイダーがうまいわけだ。
　そして3本の矢に類する話は、日本だけではなく、世界のいたるところにも残されているというのです。なんだ、世界中で3つの結合力が認められているんだ。
　どんだけ、3つが強いのか。
　そういえば、ランちゃん、スーちゃん、ミキちゃんの3人からなるキャンディーズも無敵のトリオでした。一人ひとりに独自の個性があり、それぞれのファン層をもちながらも、キャンディーズとしての結束ですすんでいったあの時代、まさに3本の矢でした。
　くりかえしますが、3つが並んでいるからエラいんじゃありません。個性がありながらつながっている点に着目なんです。運動会で走り出したら、最後はみんなでいっしょに手をつないでならんでゴール、なんていうカン違いした平等主義じゃありません。

た べるって、快ですか

　たべることは、誰にとっても「快」。だれにも「つづく神サマ」が宿っていて、宿題は忘れても、たべることを忘れるなんてことはありえません。

うーん、あたりまえすぎて、何もわざわざ「つづく神サマ」とか「快」なんてもちだすのは野暮というもの。
　単純なことじゃないか。という展開になっていないでしょうか。

　じつは現実には、そうは問屋がおろさない事態がまちかまえていました。「快」にまかせてたべつづけていると、やがてたべすぎから苦しい、苦しいという「不快」攻撃にみまわれることがあります。なんで、途中でやめられなかったか。
　それでも懲りずに「快」のおもむくままにたべつづけていると、体重は増加の一途をたどり、服はあわなくなる、起きあがるのも一苦労、ヒザと足首が痛む、階段のぼりは不快を通りこして苦行、ランニングなんてカラダに悪いし危険じゃ、というところまで進んでゆく。
　さらに一歩すすむと、やがては健康診断でイエローカード。そしてついには糖尿病、高血圧症、痛風、睡眠時無呼吸症候群などと病気のオンパレード。
　とどのつまりは病院通い。
　たべてゆくのは、本当に「快」なんでしょうか。
「快」にまかせてたべつづけていたら、苦しい思いまでするようになっちゃったじゃないか。快の先に待つのは闇なんですか。

食 の意味

　うーむ。
　ここで立ち止まってみる。
　もしかしたら、大切なことをおき忘れてきてはいなかったでしょうか。そんな気づきはありませんか。
　わたしたちは「たべるって何」ということをはっきりさせずにいました。
　土台をおろそかにしていました。定義をはっきりさせぬまま、ウヤムヤ街道を歩んできていたのです。
「定義」があいまいですと、その先が闇にまぎれていっても、わからないのです。

権力側も、そこをついてきます。構造改革とか、地方創世なんて、一見耳あたりのいいコトバを語り、じつはとんでもない政策のごり押しなんかがいい例です。「定義」のあいまいなコトバにご注意を、です。

　それでは「たべる」とはどういうことでしょうか。
　本書では、次の３つの過程にかかわるもの、と定義します。

「たべる」とは、３つの過程でなりたつ。

　　１．手に入れる
　　２．口に入れる
　　３．出す

　この３つの過程をもって、たべる行為としましょう、という提案です。
　動物界全般にあてはまる共通手順です。ただし本章では「出す」行為ははぶかせていただきます。のちほど、腹のムシのところでちょっと触れる予定ですが。
　今の日本は幸せです（本当に幸せかどうか、は深入りしません）。
　多くの人にとって、１番目の「手に入れる」行程は、ほとんど省略できるからです。極論的にいってしまえば、現代人の「たべる」行為は「口に入れる」ところからはじめられます。
　いきなり目の前にごちそうを並べて、たべ始めることができるのです、お金さえあれば。
　調理といっても、スーパーに足を運びさえすれば、およそ世界中のあらゆる食材を手に入れることができます。生きた牛をつかまえてくるところからはじまるわけじゃありません。あとは、少々の手間だけです。
　チンすればたべられる品数といったら、数えきれません。何でもあり、といってもいいでしょう。食堂やレストランも盛況です。注文をだして、すわって待ってさえいれば、ごちそうをいただける。

　世界に目をむければ、人口の３分の１くらいは、たべ物を「手に入れる」ことが困難な環境でくらしていて、現実にそのために命を落とす人も数限りあり

ません。特におさない子どもたち。
　たべ物が手に入りさえすれば今日生きられる命を、手に入らないがゆえに失ってゆく。
　しかし遠い異国の話、ではすまされなくなっている気がします。

　田舎にくらして感じることは、この国の生きる基盤といってもいい農業や漁業はどうなってしまうんだろう、という不安です。ここに関わる人たちの高齢化と人口減少に歯止めがかかっていません。
　選挙制度の矛盾のひとつとして、「１票の格差」などと、都会の、少なくともたべ物生産にかかわっていない消費者の方々がさけんでいます。消費者ばかりが権力をにぎってゆくとどうなるか。消費の前提にあるものは生産なんです。生産なくして、消費はありえない。
　たしかに「人の数」だけでみれば、１票の格差なんて発想がうまれます。
　しかし、そんなひとつの指標だけで、ものを決めていいものでしょうか。

　人の数だけでなく、そこでくらしている鳥の数、豚の数、牛の数、あがる魚の数や量、そういうのを数えなくてよいのか。人間の数より家畜の数の方が多い町なんて、たくさんあります。
　耕地面積だって、数えなくてよいのか。農業生産高は格差の資料になりえないのか。
　人の手が入らなくなって自然が、大地が破壊されれば、水も空気もあぶなくなるんです。なにより、たべ物が手に入らなくなったら飢え死にです。

　これ以上「口に入れて出す」人たちだけの権限がふえていったら、ヤバいんじゃないの。それこそ、逆格差です。人の数だけでモノを決めようとするな。
　日本の食料自給率は約40パーセントといわれています。全然たりていません。
　だったら、農林水産業にたずさわる人やその地域の１票は、そうでない地域の２倍半の重みを与えてもいいんじゃないか、そうしないとちゃんと食べられる国になってゆきません。これこそが本当の「１票の平等さ」ではないのか。
　たべ物と自然を守る人の１票を軽くみちゃあいかんぜ、と、わたしの暴論です。ひとつの指標にしか目がゆかなくなるとコワイんです。

そもそも1票の格差なんて口当たりのいいコトバをはきながら、生まれも育ちも都会の人間が、たまたま親や縁者が地方出身だからというだけの理由で、田舎の地方区からでていられる国会議員というのはいかがなものなんでしょうか。ちっとも、その地区の代表ではありません。群馬の人じゃないのに群馬選出の国会議員なんておかしくはないのか。本当の地方の代表者がいません。
　地方の代表なんて、嘘っぱちじゃん、という声があがらないのが不思議です。地方が、さびれてゆくわけです。
　くやしかったら、逆参勤交代してみなさい。家族みんなで、くらしてみてください。江戸時代の制度のほうが、優秀でしたね。
　問題は、「数」ではなくて「中身」ではないでしょうか。
　だから地方が危機なんです。
　たとえば都会でくらしている方なら、古くなった自動車の税金がどんどん高くなる制度になったのは知らないかもしれません。今は車も性能や耐久性がまして長くのっても支障なくつかえます。でもそれでは新車が売れない、ということにつながってしまいます。
　ということで、少し古くなると、どんどん自動車の税金をあげまっせ、という制度がつくられました。新しいのを買え、という無言の圧力。
　田舎は公共交通網は十分ではありません。いきおい、自家用車の依存度はたかくなっています。仕事でも、くらすためにも必要です。
「オレも歳だし、今の車で十分だ。オレと車と、どっちが長もちするかの比べっこだ」なんていうお年寄りが多いのが地方の現状です。だって、年金で新車は買えません。
　そういう人をいじめる制度。地方の声が消されています。

　よろしいでしょうか。「たべる」とは、手に入れる過程、口に入れる過程、出す過程をへて完結される。
　そして、その中で、一番重要な部分はどこか。
　そのことを、自然の姿に学んでみましょう。

古典的食べる行為

　飽食で麻痺してしまった日本が舞台ですと、食の本来の姿がわかりづらいでしょう。そこで、今も律儀に食の基本を守っていらっしゃる、アフリカはサバンナにお住まいのレオくん（仮名）、4歳（推定）に登場していただきます。今でも、食の原点にのっとったくらしをされているからです。
　レオくんは、オスのライオンです。
　ふだんは、けっこうゴロゴロと寝そべっていることが多いようです。典型的な休日のオトーさんにかぶさる光景です。それでも、たまには筋トレとかジョギングをするのかなあ、と思ってみましたが、いやいやまったくしていないようです。
　そろそろオナカがすいてきたな、と感じはじめると、のっそりとその巨体をおこします。きょろきょろと、あたりを見渡し、クンクンにおいをかぐ仕草がみられます。歩き方は、ぬき足さし足です。風向きを気にしはじめます。
　すると、ピクンと反応を示します。遠くの視界に、ごちそうの姿が入りました。シマウマの集団です。シマさんたちが、夢中で草をはんでいます。あんな草のどこがうまいんだろう、とレオくんは思っていますが、いや、思わないか。
　ゆっくり時間をかけて慎重にレオくんは、シマウマ集団に近づきます。
　と、突然シマさんたちがただならぬ気配に気づいたようで、草をたべるのをやめると、耳をそばだてて周囲を見入ってきます。
　それを合図に、レオくんは草むらから一気呵成にとび出します。シマさんたちも、反射的にとびあがり、脱兎のごとく、というか脱シマウマのごとく四方八方に散らばってゆきます。
　砂ぼこりがまい上がり、視界がまったくきかなくなりました。しばらく実況中継はお休みです、この間コマーシャルをどうぞ。
　ようやっと状況がつかめるようになってきました。おやおや、そこにいるのは、レオくんだけです。シマウマはどこにもいません。どうやら、ごちそうは取りにがしてしまったようです。

　そんなに簡単にエモノが手にはいるわけじゃない、それが人生だ。レオくん

第一章　飛脚走り（理論編）

の哲学だそうです。
　いや、レオくんひとりがノロマというわけではありません。
　ライオンが獲物をおそったさい確実にしとめられるのは、十数回のチャレンジで１回という統計もだされています。相手だって、文字通りの命がけの逃走劇ですから。
　オナカをすかせたまま、ねむれない夜をすごす、というのもめずらしくはないようです。野生は思った以上にきびしい。
　それでも３日目の昼すぎ、ようやくレオくんは、やや老いたシマウマを倒すことができました。３日ぶりにありつけたゴチソウです。

　そこで、不思議な光景が展開されてゆきます。
　３日ぶりの食事だっていうのに、もうこれで充分と思ったのか、まだ残りがけっこうあるのにレオくんは立ち去ってゆきます。残すのは行儀が悪いとは考えていないようです。
　そういえばレオくんはタッパーを持ちあわせていませんし、家には冷蔵庫のないくらしです。
　いつの間にか近づいてきていたハイエナくんたちが、すかさずダッシュで寄ってきます。上を見上げると、木の枝には、ハゲタカが３羽じっと見おろしています。

　オナカがみたされたレオくんは、ゆっくりと大地にカラダを横たえます。ひさしぶりに満腹の至福に癒やされています。明日のことを案ずる気配もありません。今が幸せならいいじゃないか。宵越しの銭は持たないって、レオくんは江戸っ子みたいです。
　自分の手をぺろぺろなめまわし、くつろいでいます。と、突然に目の前をちいさな野ウサギがピョンピョンとびはねてゆきました。しかし、まったくの無視です。
　ウサギは別腹なんていう人間的発想はもっていません。

　ここで厚労省の指導がはいって、レオくんの居住区にすむ全ライオン78頭にメタボ検診がはじまった、と仮定してみましょう。おどろいたことに、ただの１頭も腹囲がオーバーしている仲間はいませんでした。

63

いや、過去には腹囲がややオーバーしたライオンもいたようでした。しかし腹囲オーバーとなったライオンは、動作がノロノロとなって獲物をとることができなくなり、自然にやせてゆきました。あるいは、死んでゆきました。

　腹囲オーバーは、シマウマくんたちにもみられませんでした。ダッシュができなくなれば、たべられてしまう宿命。野生界はきびしい。

人間だけが別だったか

　ふりかえってみれば、わたしたち人間だって、ずっとライオンやシマウマと似たようなくらしを送っていました。動かなくては、たべ物を手にいれることができない。
　動く、という意味は、狩猟として長い距離を移動するということもありましたし、農業として定住してもつづくものでした。
　くわえて、食材を手に入れるまでではありません。調理という、人間界独自の行程にも動きは必須でした。水くみ、薪割り、火おこし、片付けと、毎日、カラダと時間をたっぷり使ってきました。子どもたちも、貴重なお手伝い要因として、はやくから関わりはじめます。
　今のこの国は、大多数の方はたべ物を「手に入れる」行程を意識しないでたべることができます。でも、だからといって「手に入れる」行程が不要になったわけじゃありません。どこかで、だれかがやってくれているから。田畑で汗を流す。漁にでる。解体する。下ごしらえする。輸送する。
　どこでやってくれているんだろうか。
　だれがやってくれているんだろうか。
　ここを忘れて消費者の視点ばかりの主張をおこなっていると、とんでもないしっぺ返しに遭いまっせ。

　たべるためには、まず動かなくては始まらない。
　当たり前のことでした。こういう生活の中では、たべる量は決まってきます。それは「動けるカラダを維持できる量」です。

もちろん、もっとたべたくても十分量がない時代も多かったのですが、十二分のたべ物があったとしても、やはりココまでです。なぜなら、余分にたべすぎれば、カラダが動きづらくなって、次の行動が苦しくなるからです。原則は、レオくんと同じです。

　ここで、本来の「たべる３快」が整理できます。

> ⚪︎ **本来の「たべる３快」**
> 　カラダの快：動けるカラダを維持できる快
> 　ココロの快：満足感を感じられる快
> 　ペースの快：カラダとココロの快を両立できるたべ方の
> 　　　　　　　ペース

　このように単純化してみますと、現代の食の特徴をきわだたせることができます。
　すなわち「カラダの快」が、不要になったのです。たべ物を手にいれる行為がいらない、あるいは極端に容易ということです。
　その結果、カラダの柱がたべる行為から消えていってしまったのです。
　その結果、オイシイ、オイシイというココロの快の暴走がはじまり、歯止めがきかなくなっています。動かなくてもたべられる、ということは便利であり文明の勝利という一面をもっていたとしても、諸手をあげて万歳とはならないのです。

> ⚪︎ **現代人の「たべる３快」**
> 　カラダの快：不要
> 　ココロの快：暴走
> 　ペースの快：麻痺

本来の「たべる快」の取りもどし方

　カラダの快、という１本の柱が不要となった現代人の食事は、ココロの快の暴走とともに、適切なペース配分ができなくなっている。
　よろしいでしょうか。
　この結果が、たべすぎであり、メタボであり、糖尿病をはじめとしたメタボ関連疾患の原因に結びついています。
　ここが押さえられますと、じゃあどうしたらよいのか、というひとつの道筋がみえてきます。白いモヤにつつまれて動けなくなってしまった山の中で、天空からサーと霧が晴れると同時に遠くまで見渡せるようになった瞬間の感動にかさなります。
　答えは簡単です。動きゃあ、いいんです。

　ところがカラダの柱、つまり適正にたべるためにはカラダを使わねば始まらない、という大原則をスッポリ欠いたまま「知識」という鉄砲をたよりに「食」に対峙してゆこう、というのが現代の食にたいする取りくみの主流です。
　つまり、体重と活動性からみた１日の必要カロリーはこのくらいなんだから、たべる量はこのくらいね。あと脂質はカロリーが高いから気をつけてね。炭水化物は水と結合して体重をあげるから注意ね。アタマで勝負です。
　カラダの柱が倒れてしまった結果ひきおこされたメタボ問題に、カラダ感覚を取りもどそうという柱の再建を欠いたまま知識で立ちむかう。
　人間は知的な生きものだから、どんな時も「知」を旗印にすすんでゆこう、というのも一理あります、結果がでるのであれば。で、現実はどうなっているでしょうか。

　ちなみに、わたしは昨日１日で何キロカロリーの食事をして、タンパク質どのくらい、炭水化物どのくらいをとったか、というような計算はできません。自分にできないことは、人様に要求しない。はい、自分にも人にも甘いです。

カラダの柱の建てなおし方

　食の「3快」理論からみた目標はできました。
　カラダの柱を忘れてしまった結果の問題ですから、まずカラダを動かして、カラダの柱を取りもどしてゆこう。そうすれば、たべる量は、おのずと決まってゆくんです。つまり、活動しやすい量で満足するようになってドカ食いがなくなり、カラダは自然と動きやすい体型になってゆく。
　しかし、です。ここで大きな壁に気がつきます。いきなり田舎にいって、畑をたがやせるでしょうか。漁船にのってカツオを釣ることができるでしょうか。ぜんぜん現実的ではありません。できません。無理です。
　ということで、実現可能な一妥協案の提案です。

「せめてたべる時間と同じくらいを、ゆっくり走ってみる」です。

　いきなり、「ゆっくり走り」がとびだしてきました。さすが、飛脚走りの本です。まるで、ねらっていたかのようです。ねらっていました。
　まず、なにゆえに、ゆっくり走りなのか。
　それは、たべ物を得るための負荷がそのくらいだからです。実際に田畑で働いてみればわかります。たべ物をえる作業というのは、そのくらいの厳しさがあります。たかが夏の畑の草むしりだって、実際に汗だくだくで虫と格闘しながらの作業です。ゆっくり走っているだけの方がどんだけ楽か、なんて感じます。
　そのくらいカラダを使わなくては本来のたべ物は手に入れることができないのに、たべ物の価値や値段は、とても低くおさえられています。安ければ安いほどいい。そのためには遺伝子操作だろうが、残留農薬だろうが、防腐剤だろうが、気にせずつかってね、という流れが止まりません。あるいは、すでにそうなっているのに関心をもちません。
　無関心でいて大丈夫なんでしょうか。一番のツケは、今は判断できない小さい子や、その先の世代の子にかかってくるのです。

　ところで、なぜたべる時間とゆっくり走りの時間を同じにしたのか。
　根拠は、ありません。わかりやすいかなあ、というくらいです。

でも「たべるための準備にかかる時間」と「たべる時間」を比べてみれば、圧倒的に前者の方が長いはずです。手に入れるまでの全時間を換算すれば、の話です。準備というのは、育てて、収穫して、調理して、などの全行程がふくまれるのです。
　ですから、準備時間とたべる時間を同じにしたのは、おまけです。本来なら、準備時間は食べる時間の10倍以上になるのではないでしょうか。ですからたべる時間の10倍は走ろう、というとまた非現実的になっちゃいますので、いいません。

　それでは、たべる時間の計算です。
　たべるために、1日の中で、どれほどの時間をとっていますか。
　個人差は大きいでしょうが、現代人は総じて短時間です。忙しいというより、たべ物自体がやわらかくなって、ろくにかまなくてもたべられるものが多いですから。犬と競争しても負けないような早食いの人がふえています。
　かつては、口にいれたらしっかり何度もかみなさい、と小言を言う親がどこにもいたものですが、今は親自体ろくにかみません。
　おおざっぱですが、1食10分、1日30分としてみましょう。2日で1時間、1週間で3時間半です。
　これが、実際にたべるためにかけている時間とします。ですから、このくらいをゆっくり走ってみる。1日30分をつづけても結構ですし、2日ごとに1時間でも結構です。食事がまとめ食いできないように、走りもあまりまとめ走りにはならない方が望ましいと思います。

　具体的な走り方は、次章からふれてゆきます。
　ともあれ走った時間を、できれば食べている時間とともに、その日のカレンダーに書きこんでおく。距離は問わない。
　まず、1カ月やってみる。
　体重の数値自体はそうそう変わらないでしょう。でも、カラダの変化に気づいてくるはずです。そう、大切なことは、数値よりも自分のカラダと会話することです。
　カラダが動きやすくなったような気がする。疲れにくくなったような気がする。そして何より、たべすぎなくなってきたような気がする。気がする、のが大事。

そして3カ月。

もし本当に3カ月つづいていたら、はっきりと変化がでているでしょう。なぜなら、3カ月も「くりかえす」ということは、カラダに「快」が芽生えてきている証拠でもあるからです。だって「つづく神サマ」が宿ってきたからできたんでしょ。

カラダは正直です。使ったように変わる。世間や社会や家庭は言うことをきいてくれないけれど、自分のカラダだけはきいてくれる、なんていいやつなんだ、と。あ、ちょっと性格暗くてすみません。

気がつくと、食生活は勝手に変わっています。走って気持ちがいいたべ物を、気持ちがよくなる分量でたべている。嗜好までも変わってしまうんですね。

カラダの快、ココロの快、ペースの快、三本柱がそろうと強いです。

 たべる時間と同じくらいを、走ってみよう。

若者へむけたエール

わたしも若者へ声をかけていい対岸の人に属する歳になりました。若い人へ、ひとことのべさせていただきます。

3つの快のバランス、という話をしてまいりました。バランス、すなわち中庸です。本書のすすめるコンセプトです。

ところが、例外があります。

若い人の生き方です。

若いうちは、バランスなんて考えずに突き進んで結構です。いや、むしろ、思いっきりひとつのことに打ち込んでみてください。臥薪嘗胆もしてみてください。それをさせる体力も気力もあるはずなんですから。

なぜなら「つづく神サマ」は、若い世代には宿りにくいからです。

どうしてでしょうか。

つづく本質は、「くりかえし」の中にあると述べてきました。くりかえすことこそが、つづくことなんです。
　くりかえすためには、回数が必要です、時間が必要です。つまり年季がいる。
　若いうちは、まだ生きてきた時間が短い。ですから、時間をかけてくりかえすこと自体が成就されていません。ということは、快を感じにくくしているのです。むしろ、退屈とか、おもしろくないとか、苦痛さえ味わわされることもあります。

　一方で、その場その場の楽しみに流されて気のむくままに生きてゆける時代になっています。カラダを使わなくても楽に生きてゆける世の中です。3つの快なんてダサい、好きなことだけやってゆく方が快じゃないか。
　どっちがいいか。
　答えは、長く生きてみないとわからないかもしれません。
　でも、ここは、いいきってしまいます。
　若いうちに何をくりかえしてきたか。挫折しても、もう一回、といって再チャレンジしてきたか。その回数が、その後の生き方に大きな影響をおよぼしてゆくよ、ということです。
　くりかえす、ということを習慣にしてゆくこと。習慣は、第二の天性になります。
　つらくなっても、また挑戦してゆく。あきらめない。ドロくさいし、格好悪いかもしれませんが、決してムダにはならないと信じています。
　若者よ、ガンバレ。

 若者には、バランスよりも大切なものがある。

走りの3快へ

　長い道のりでした。

いや、長いといっても内容が濃かったからというわけではなく、単にわたしの道草がすぎただけなので申しわけありません。これから、走りの核心にせまりたいと思います。

走りを「思い」というココロのままだけで関わっていては危険。
とくに、わたしのように体力も気力も根性もない者が、ココロの快に導かれるままにとりつかれると、あぶない。走りの目的が、記録だとか、名誉なんてものになればなおさら危険です。
いきおい「走った距離はうらぎらない」なんて調子づき、思いこんだら試練の道を、ゆくが男のど根性と、星飛雄馬さんですか、となってしまう。
その結果が身もココロもボロボロでは、元も子もありません。わたしなんか、走る前からボロボロ一歩手前です。

なぜ走るのか。
カラダをこわすためである、であってはなりません。
挫折の経験を重ねるためである、でもいけません。
楽しいから走る、です。そりゃ、走る過程で、カラダのつらさや、ココロの折れそうなときもあるでしょう。それでも、かえってゆきたくなる走りをめざしましょう。
それは、走りのなかに「3快」を内包させてゆくこと。
カラダがよろこぶ走り、ココロがときめく走り、そしてそれをかなえるバランス感覚。
「3快」の走りになってゆけば、「つづく神サマ」が関心をよせてくださるようになり、やがてしっかり宿るとともに、もう走ることが楽しくってやめられなくなってゆく。
走るって楽しい。

3 快の標語さがし

さあ、ここまできたら、理論編は仕上げのみです。

覚えやすくすればいいだけ。走りの「3快」のポイントを、どのようにしてまとめあげてゆくか。わかりやすい標語にしてみましょう。
　そこで提案です。3つの快を、3つの宝とおきかえて「三宝」としてみたらいかがでしょうか。三宝というのは、仏教用語だそうで、具体的には仏、法、僧をさします。仏教では、この3つが宝物なのだそうです。
　口にだしていうと「ブッポウソウ」です。
　ところで、わたしにはそれ以上の知識のもちあわせがありませんでした。ここから、先にすすめません。いやいや、「ブッポウソウ」というと、別の意味がありました。鳥の名前です。

　ブッポウソウという鳥の名を耳にしたことがあるでしょうか。
　漢字でかくと、ちゃんと「仏法僧」となるんだそうです。生物的には、ブッポウソウ目ブッポウソウ科に属する、カラスよりもやや大きな鳥です。
　頭とシッポそして羽はカラスのように黒色をしていますが、その他は美しい青緑色に輝き、脚とクチバシは赤、というカラフル配色です。とくに羽を広げると、中央部に青白い大きな斑があらわれ、青空の中で優雅に舞う姿は、それはそれは気高いそうです。
　日本では、本州以南のおもに山の中の大木などの高所にすむため、わたしたちには、なじみにくいかもしれません。冬になると南方にわたってゆく、わたり鳥です。

　わたしはまだ見たことはありませんが、荘厳さはイメージできます。実際、ブッポウソウは霊鳥なんていわれることもあるようです。
　その証拠に、山梨、岐阜、宮崎、そしてわたしの住む上州のおとなり長野では天然記念物に指定されています。天然記念物地帯では大事にされますが、人間が勝手につくった群馬県との県境をこえてしまうと、残念ながらフツウの鳥扱いになってしまいます。
　そういえば、上州碓氷峠のふもとの焼き鳥屋「竹ちゃん」では、ブッポウソウのカシラやツクネが食べられます（作り話です）。

　このブッポウソウ、巨大で優雅な姿にかかわらず、飛ぶときには「ぎゃっ、ぎゃっ、ぎゃっ」と首をしめられたような声をあげるそうです。そして急降下

するときは「げっげげげ」と鬼太郎もおどろく叫び声になるというのです。
　そうです。中高年のメタボ系のオトッつぁんがランニングの時にクツ底をかきならす音と荒い息づかいがまるでブッポウソウや、とそういうことがいいたいがためにここまで引っ張ってきてしまったわけではありませんが。
　ブッポウソウの話は、清く取りさげさせていただきます。

3 快の標語、決定版

　ということで、次はおごそかに禅の世界の探訪です。
　そうしたら、すばらしいコトバに出会いました。
　それは調身、調息、調心です。禅の核心を言いあらわすのだそうです。
　いきなり、心にドスンと響いてきました。寝ていたら、いきなりオナカの上に１俵だわらが落ちてきたみたいな大きな衝撃です。禅の世界とは無縁の世俗にまみれたわたしですが、このお言葉を拝借させていただきたいと思います。
　ところで、「調身」と「調心」は、ふつうに読みあげるとどちらも「ちょうしん」です。日本語は同音異義語の宝庫です。他にも「ちょうしん」というと、長身、聴診、長針、寵臣などとイロイロでてきます。
　ここで感心していてもはじまりません。これだと混乱のもとになりかねません。ということで、本書ではわたしの勝手な判断で「調身」は「ちょうしん」、「調心」は「ちょうじん」と区別させていただきます。あくまで、本書だけの読み方です。お間違えなさらぬようお願いいたします。

○カラダの快にむけての「調身」

　走りは、理念ではありません。
　実際に自分のカラダを動かしてナンボ、の世界です。
　このとき、無理な姿勢からカラダが痛くなったり思うようにうごかなかったらどうでしょうか。もちろん、長い距離や時間を走ったあとに感じる一時的な痛みや不調という意味ではありません。ふだんのくらしの中で感じる、実際のカラダ感覚という意味です。走っていて、実際にカラダの感覚が快となるよう

な走り、が本書の目指すところです。
　だって、走るってカラダに気持ちいい、とならなきゃ意味ないですものね。そういう走りをうむ基本である姿勢の極意を「調身」に象徴させてゆきたいと思います。

〇ペースの快にむけての「調息」

　カラダの快とココロの快をつなぐ要がペースでした。
　走りそのものが快になるための、大切な柱です。
　ペースがいいか、どうか。その具体的な状況は、じつは呼吸にもっとも端的にあらわれるのです。病気や事故にあわれた患者さんの状態だって、呼吸が重篤度をキチンと教えてくれるのにも通じることです。呼吸が安定していれば大丈夫。
　呼吸の感覚、特に楽な呼吸の感覚に目をむけられるようになると、走りは快になってゆきます。その極意を「調息」でさぐってゆきたいと思います。

〇ココロの快をうむ「調心」

　この部分は、抽象的に傾きがちです。なぜなら、カラダのように実感しにくいですし、呼吸のように具体的にとりくみにくいからです。
　つかみどころのないココロ。そこで本書では、ココロを「走りのイメージ」ととらえたらどうか、と提唱させていただきます。
　走り方は、実は人さまざまです。みな違います。だって身長も体重も性格も骨格も体格も体力も根性も心情も好きなアイドルも、まったく同じだという人はいないからです。わたしのいうことが信じられないなら、近くで開催されているマラソン大会を実際に見学されることをおすすめします。特に、制限時間がせまったころのゴール付近でのランナーの走り方。個性が光っています。
　調心は、しかし、ちがいます。
　自分の頭にうかぶ走っている姿のイメージです。じつは自分の走りのイメージをもったことがない、というランナーは少なくありません。
　いい走りのイメージをもつ。これが無理のない自然なフォームになってゆくと実際の走りも自然になってゆく。いいじゃないですか、他人様にどう見られ

ようが、自分の世界で気持ちよく走れるようになってゆけば。
　いいイメージには、水牛のむれが同じスタイルで移動してゆくような共通する自然体があります。この極意を「調心」で体験してゆきたい。

　さあ、カラダの快、ペースの快、ココロの快という３快に触れることで、走ることに「つづく神サマ」が宿ってきてくださるはずです。
　その要が「調身」「調息」「調心」なんです。
　神サマが宿ってくださったら、走らずにはいられなくなってゆく。暑かろうが寒かろうが、雨がふろうが、人間関係でへこんでいようが、仕事で疲れていようが、ひとっ走りしてこようと出てゆく。走ることが楽しいんですから。
　日々のもろもろの出来事を走ることでサッパリ解消できる人生、すばらしいじゃないですか。

　ここで、ひらめいてください。
　走るハイテク素材など何ひとつなかった遠い昔に、とんでもなく長い距離を走りぬけていった人の存在がありました。そうです、飛脚です。久々の登場。いや、忘れていたわけではありません。
　飛脚の走りの基盤が「調身」「調息」「調心」でした。
　おい、そんなことを断言していいのか。証拠はあるのか。根拠は何だ。
　はい、いい質問です。
　証拠はありません。根拠もありません。
　ところが、飛脚になりきって走ってゆくと、だんだんと調身、調息、調心が宿りはじめてゆくんですよ。逆もしかり。
　ここは理屈や証明ではなく、証拠や根拠でもなく、実感です。走ってゆくと、きっとわかる。逆に自分から走ってゆかないと、決してわからないかもしれません。実践にまさるものはありません。
　さあ、理論編はここまでです。次章からは、実践に突入してゆきます。

走りに「調身」「調息」「調心」。

第二章　調身の章（カラダをととのえる）

この章の目的

姿勢の極意を会得する。

口上

　よい姿勢で走りましょう。
　なぜなら、よい姿勢で走ると、気持ちいいからです。
　気持ちのよさは、快のトビラをあけるカギでした。
　よい姿勢というのは、「自然体」のことです。自分にとって、無理のない本来の姿勢という意味です。自然体であれば、カラダにかかる負担はなくなってゆきます。負担がなければ、本来の自分の力のとおりに走れる、ということです。そうそう、本来の力以上を求めちゃいけません。
　逆に自然体からはなれてゆくと、カラダへの負担がふえてゆき、結果として気持ちよさから遠ざかってゆくことになります。文字通りの不自然な走りです。不自然は、無理の生じるモトです。だって不自然なんですから。自然からはなれたものを、自然じゃない、つまり不自然というのです。
　よい姿勢をとりいれる、つまり自然体をえる秘伝、これが「調身の章」の目的です。方法は、チョー簡単です。
　ただし、ひとつ用意していただきたいものがあります。まずは、ここから入ってゆきましょう。

第二章　調身の章（カラダをととのえる）

飛脚棒の用意

　いきなり、ドン引きしないでください。
　しょっぱなから無理難題をもちだしてスミマセン。
　はい、飛脚棒をもっておられる方は100％いない、ということくらい承知しています。というか、いったい飛脚棒って何やねん、というところから始めねばなりません。そうです「飛脚棒」というコトバは国語辞典にものっていません。あたりまえです、わたしの造語なんですから。かさねがさね申しわけございません。
　ですから、早合点してインターネットの検索コーナーにうちこんでも、該当する商品がヒットするということはありません、多分。
　いずれ飛脚棒が脚光をあびるようになり、商品化もされ、だれでも、いつでも、どこでもお手軽、お気軽、そしておサイフにもやさしく手にいれられるような平和な社会になってくれたらうれしいな、という願望だけはもっています。

　というのも、1本の飛脚棒との出会いが、走りのみならず、人生さえもかえていってしまうかもしれないからです。
　なぜなら、これから紹介させていただく飛脚棒は、いずれランニング界にコペルニクス的転回をまきおこし、いやいや、ランニング界のみならず学校の体育教育界や高齢化社会の中にもひろく浸透してゆく、のではないか、だったらいいな、という妄想をおこさせるに十分な魅力と実力をひめているシロモノだからです。
　飛脚棒の発明が、飛脚の走りをうんだ。
　そこまで言いきってしまっていいのか、いいのだ、というほどの秘密がいま200年の沈黙をやぶって解き明かされようとしているのです。
　ほらほら、ガマの油売りだって、このくらいふかしてみなきゃ、ダメなんです。さあさあ、御用とお急ぎでない方は、よってらっしゃい、みてらっしゃい。さあ、お立ち会い。

　さて、飛脚がかつぐ棒を「飛脚棒」と名づけさせていただきます。ここか

ら、本章はスタートします。

　実際に江戸の飛脚衆は、肩にかつぐ棒をなんとよんでいたのでしょうか。

　そんなことも知らないのか。そんな知識で飛脚を語る資格があるのか。

　ははは、あまりかたいことはいわないですすめましょう。力をぬきましょうね。

　とはいっても、名前は大切です。

　ひろってきたネコも、ミケちゃんと名前がつくようになって、かけがえのない愛着や愛情がはぐくまれてゆくんです。

　遠くはなれた異国の地の戦乱で名前も知らない人が大勢死んだ、というニュースよりも、身近な知りあいが階段でこけて病院へいって湿布をもらって帰ってきた、という事件の方が重大にあつかわれる、というのも名前のあるなしに関係してきます。

　名前がないまま、それなりにかわいがられ、それなりに有名になってしまったネコといえば、クシャミ先生んちのネコくらいじゃあないでしょうか。でも、あのネコは「吾輩はネコである」なんて自己主張が強かったからなあ。

○　すべては飛脚棒からはじまった。

飛脚棒の規格

　ネコに小判、ブタに真珠、飛脚に飛脚棒。

　あれ、これはたとえ方がまちがっていますね。

　ネコにかつお節、ブタにトンカツ、飛脚に飛脚棒。

　これも、ちょっとニュアンスがちがっている気がします。わたしがいいたいのは、飛脚にとって欠かすことのできないもの、それが飛脚棒なんだよ、ということです。表現力が貧しくてゴメンナサイ。

　ともあれ、まず考えていただきたいことがあります。

第二章　調身の章（カラダをととのえる）

　飛脚は、どんなに長い距離であろうと、自分の足で駆けぬけてゆく健脚商売でした。ところで、わたしたちの中で、長い道のりを走ってゆこうとした場合、わざわざ肩に棒をかついでゆく人がおられるでしょうか。
　ふつう小荷物があったら、まずは手にもつ、さらに背負う、腰にまきつけるなどの工夫を考えつくかと思います。そのためリュックサックとかウエストポーチなどの商品も多数でています。
　昔だって同じ人間のすることです。ならば同じ発想にいきついてもよいはずです。実際に街道をゆく旅人の姿は、浮世絵などでみれば、風呂敷のようなものを肩や背にくくりつけていました。
　それなのに、なにゆえ飛脚だけはかついだのか。
　この点に疑問を感じないでしょうか。
　何か理由があったはずです。そうでなきゃ、わざわざ飛脚棒をかつぐものですか。この点を頭のスミにおいて、話をすすめてまいりましょう。

　飛脚にとって、象徴ともいえる飛脚棒。
　それほど切ってもきれない相「棒」の規格はどうなっていたでしょうか。残念ながら、当時の資料をあたることができません。JIS規格も制定されていなかったのです。どこかに遺品として残されていないでしょうか。
　かろうじてうかがい知る資料となると、当時の世相をえがいた絵などによるばかりです。でもそれだけでは、正確な数値はわりだせません。
　しかし、そんなことくらいであきらめてどうする。
　わからんのだったら、わからんことを逆手にとって、ここで勝手に決めてしまえばいいのです。そう本書で規格をつくってしまう。ご乱心です。いつも、いい加減でスミマセン。
　飛脚棒の規格は「肩にかついで気持ちのいいもの」とします。
　気持ちのよさ、そうです、本書をつらぬいている基本コンセプトです。本書では一貫して「苦しい道」と「楽な道」があったら楽な方を選ぶ、という軟弱路線を踏襲してゆきます。わたしの生き方に通じるものです。
　だって、気持ちがいいから、使われたのです。
　長い距離を走るのに楽になるから、使われたのです。
　そもそも苦しかったり、不便だったり、疲れがましたり、勝手が悪いものでしたら、誰もかつぐわけがありません。あえて苦行の道を選ぶわけがありませ

ん。
　そういえば明日は大キライなマラソン大会なのでどうしようドラえもーん、となきつくのび太くんにドラちゃんが四次元ポケットからとりだした秘密兵器は「飛脚棒」だった、という話が『ドラえもん』の28巻にのっていましたっけ、のってません。

　そうと決めちゃえば、もう飛脚棒は具体化できます。
　自分で決めるんです。自分の感覚を優先させるんです。
　当然、個人差がでてきます。あたりまえです。
　それじゃあ不安、というのでしたら、今までの生き方を考えなおしてみてもいいかもしれません。たかが棒ですよ。何でも教えてもらおう、ではこまります。世はエビデンスとかガイドラインとかで席巻され、自分の感性が置きざりにされすぎてはいないでしょうか。

　とはいえ、あまり手抜きをしすぎても本書の価値がなくなってしまいます。あれ、価値なんかあったんですか、もとからありません。

　かついで気持ちのいい飛脚棒の3大着眼点を以下にしぼってみました。

　　1．にぎりやすさ
　　2．かつぎやすさ
　　3．動きやすさ

　しつこくて申しわけありませんが、あくまでも「自分にとってどうか」という点を最優先させていただきたいと念じています。いいんです、人がどんなものをかついでいようとも、自分にはこれがイイワ、というのが一番です。
　飛脚と同じ時代の武士のさす刀だって、統一規格はありませんでした。自分にとって使いやすいもの、です。というより刀の方が直接に命にかかわる道具でしたから、飛脚棒よりもっと「自分にとっての使いやすさ」にこだわったのではないでしょうか。佐々木小次郎さんは長いのがイイワ、でしたし、宮本武蔵さんは1本より2本の方がイイワ、といっていたはずです。
　統一規格でないとこまる、なんていう時代じゃありませんでした。伸びやか

さを感じます。そして工夫の世界がひろがる。
　見方をかえれば、アレがいいか、コレの方がしっくりくるか、なんて迷いながらの試行錯誤は楽しいものです。ここに感性のみがかれる素地がみつかるのです。
　迷う過程を楽しめるようになると、やがて「マイ飛脚棒」が生まれてくるでしょう。そこには、個人差、好み、趣味、性格、年齢、体格、体力、主義主張、血液型、ラーメンをたべるはやさ、おきる時間、生まれた都道府県、星座、などさまざまな要因が複雑にからみあう自由な世界がまっているんです。
　不安定さを楽しもう。迷う自由を楽しもう。
　ここに、年とともにかわってゆく自分につきあってゆけるコツがあります。

　とはいっても、肩にかついで気持ちのいい棒となると、いがいに共通点がみえてまいります。
　まず、にぎりやすさは、にぎるというくらいですから、にぎり寿司くらいのイメージでしょうか。いってることが支離滅裂かもしれませんが、気にしないでください。だって電信柱みたいな丸太じゃ片手でにぎれませんし、楊枝みたいな細さも不便です。
　重さも、重すぎれば肩にのせられません。クレーン車の手を借りなければ肩まで持ちあげられない、となると肩の上にのるまえに自分がペシャンコになってしまいます。
　長さは、長すぎれば手をやいてしまいます。物干し竿をかついで走ってみよう、とは思わないでしょう。周りが迷惑ですし、カーブも曲がりきれなくなってしまいます。短すぎればかつげません。運動会のリレーのバトンではないからです。
　そうすると、このくらいが妥当かな、というセンもみえてきます。

おすすめの一品

「念ずれば花ひらく」
　このコトバは、仏教詩人、坂村真民さんの詩のなかで出あいました。念じて

いれば、やがて花ひらいてくるよ。散ってばかりのわたしですが、せちがらい世の中にあって、希望の灯になっています。

そうです、目的ができたら、念じてみるんです。

いい飛脚棒はないかな、どこかで、きっとわたしの来るのをまっているはず。

念じていると、飛脚棒のほうからオイデ、オイデをしてくれるようになります。関心をもたないものは、たとえ視野に入っても見えません。念じていれば、目の前にあっても一生気づかずにおわったもの、と出会えるのです。目に入ったら、何でもとりあえず、かついでみましょう。

カサは、どうだろう。

掃除機の柄の部分は、どうだろう。

つっぱり棒も、いいかな。

お年寄りのいる家庭では、バアちゃんが使っているツエも気になってきます。

階段の手すりはとれないけれど、棒だったな。フトンたたきは、使えないかな。ほらほら、何でも棒に見えてきませんか。

外に出てみます。お店にはいってみよう。ホームセンターは、宝の山です。

園芸コーナーをまわれば、すてきな竹の棒がよりどりみどり。長けりゃ、ノコギリで切ってくれるサービスつき。

配管コーナーも、あわあわと狂喜乱舞したくなるパイプ類が山のようにつまれています。

洗濯コーナーでは物干し竿、掃除コーナーではモップ、竹ぼうきと、わさわさとした想像力をかきたてます。あやしまれないように、かついでみましょう。

そういう中で、おすすめの品をあげさせていただきます。

矢崎化工の「イレクター」というパイプです。多くのホームセンターで、パイプコーナーの一角を占めている人気商品です。

イレクターというのは商品名ですが、金属パイプの外側をプラスチックでコーティングし、内側も防サビ加工をほどこした、きれいで、丈夫なパイプです。

外側はプラスチック製なので冷たさは感じませんし、すべすべしていて何よりきれいです。汚れても、さっと一拭きでもとどおりです。
　にぎり勝手も、にぎり寿司クラス。重さも肩にしっくりくる感じです。
　長さは長短さまざまな規格がありますが、肩にかつぐとなると120センチメートルか、90センチメートルがお手頃かもしれません。もちろん、自分独自の長さに切ることも可能です。
　価格も良心的で、１本千円でおつりがきます。
　わたしは、これを複数本もっていて、自宅のみならず車庫や職場など、いろんな所にたてかけてあります。気がむくと、肩にのせてくつろいでいます。
　そうです、飛脚棒は肩にのせるだけで気持ちがよくなるのです。しかも、効果発現まで瞬時です。たとえばパソコンにむかっていて疲れたら飛脚棒をかつぐ。すぐにリフレッシュです。

　そもそもイレクターは、強いし、さびないし、パイプカッターをつかえば簡単に切断できるし、専用接着剤をつかえば頑丈にくっつくし、という工作心をメラメラと燃え立たせられる万能パイプです。
　わたし自身、これまでもクローゼットの洋服掛けをはじめ、大小いろいろなものを作ってきました。
　１本が２メートルのイレクターを使った正方形の自立型バックネットは、15年以上も前につくったものですが、今も外に立てかけてあります。もう本来の使われ方はされず、ずっと野ざらしのまま畑のすみに放置され、夏にキュウリの棚になるだけのかわいそうな存在になっているのですが、まだ全然いたんでいません。いえ、いたむどころではありません。
　わが工作品ながら、おどろくほどの立派さです。押してもびくともせず、さびず、ぐらつかず、いまだに実にどっしりと自立しています。
　作ったわたしの方がもうグラグラになっているというのに、この違いはどこからくるのでしょうか。わたしのカラダにも、イレクターの爪の垢を煎じたいくらいです。
　介護現場でも、お風呂の高さにあわせた入浴用のイスなどで使われたりもしています。さびない、丈夫、ぐらつかない、安い、工作しやすい、とくりかえしになりますが万能選手です。

もちろんイレクターにこだわりすぎなくても結構です。
　わたしは、竹の棒ももっています。田舎ですので、竹には不自由しません。というか、田舎は竹の侵略との戦いにもなっています。わたしの家の裏も、かつては竹やぶでした。
　ヤブがヤブをせおっている、といわれそうですが、その通りなんで反論できません。ところで、なぜわたしのようなものをヤブというのか。小さなカゼでもザワザワ大騒ぎをするから、という説があります。

　要は「マイ飛脚棒」を手にいれてくださいということです。
　棒なら、なんでも結構です。
　しつこいですが、「調身」のためには決して後悔させない一品、になると信じています。マイ飛脚棒は、生涯の相「棒」となります。
　若い時から老いるまで、決して裏切りません。
　歳をとっても役に立つ、なんていいますと、ツエの代用かと思われるかもしれません。いいえ、そんなもんじゃ、ありません。
　ツエを使わないカラダ作りに役立つ、が正解です。
　ツエにたよる前に、飛脚棒をかついでみる。するとツエはいらなくなるのです。その理由は、後半にふれてゆく予定です。

　ぜひ、清き1票を、いや1本を。なんだか選挙戦も終盤、最後の最後のお願いにまいりました的ウグイス嬢の絶叫っぽくなってしまったようですが、飛脚棒が入手できましたら、さっそく肩にかついで、実践へと突入してゆきましょう。

 マイ飛脚棒は、生涯の相棒。

飛脚棒をかついで立つ

　さあ、飛脚棒が手にはいりましたら、いよいよ実践編のスタートです。

第二章　調身の章（カラダをととのえる）

　まず飛脚棒をかついで、立ってみてください。とにかく、実際にやってみることが肝要です。寝転んだままかついでみる、なんていう手ヌキはしないでください。多分、無理です。
　かつぎ方は、自然で結構です。普通に、かつぐ。
　片手で飛脚棒のはしをにぎり、にぎった側の肩の上にのせてみる、というそれだけのことです。右手でにぎったら、右肩の上にのせる、だけです。
　にぎる手、かつぐ肩は、同じ側であるなら、右でも左でも、どちらでもけっこうです。むしろ、両方とも順番にかついでいただければ、さらによろしいでしょう。

　かつぐさいのスタイルは、できるだけ軽装が望ましいです。
　これから海底にもぐって探検だ、というのではありませんので、潜水服かと見まちがうようなモコモコ姿はご遠慮ねがいます。あまりの厚着では、かつぐ感覚を味わいつくせなくなるからです。
　とくに足もとです。
　屋内であれば、ハダシかくつ下。屋外であっても、できるだけウス底のハキモノを選んでください。あまりにガッツリした厚底シューズですと、足ウラ感覚がつかみにくくなってしまうからです。
　安価でお手軽、という意味では、ゴムゾーリ、いわゆるビーサンもおすすめです。底はゴム１枚、くわえてハナオ式のハキモノは、飛脚棒をかついださいの感覚をすなおに足ウラにも体現してくれるからです。飛脚は、ワラジでした。

　かつぐ場所は、どこでも結構です。
　はずかしかったら、家の中でもかつげます。ただし、ガラスを割ったり、置物を落とすことのないよう注意してください。おこられます。
　それから都会の方は、人ゴミの中でかつぐという場面では、気をつかってください。
　まわりの人の迷惑にならないように、という意味もありますが、かつぐ姿を「あやしい人」とみられないような行動が必須です。今日、鉄パイプをもって、人ゴミのなかをウロウロしていますと、いつ誰に通報され、職質の嵐にみまわれるはめになるかもしれませんから。特に、わたしなど、あやしさ満載で

すのでテキメンです。住みにくい世の中になってしまいました。人がいるときには、草かきをかついでいます。

　前おきが長かったですが、さあ、飛脚棒をかついで立ってみてください。
　これから、飛脚棒をかついで立った時のポーズを「飛脚棒かつぎのポーズ」と命名させていただきます。
　ソノマンマじゃねえか、はい、ソノマンマです。

　さて、いよいよ具体的なかつぎ方にはいってゆきます。
　どのようにかつげばよろしいでしょうか。
　意識することは、たったの１点のみです。「気持ちいい」ようにかつぐ。それだけです。
　どっちのかつぎ方がいいかな、とまよったら、つねに「より気持ちのいい」ようにかつぐ。このワンパターンです。
　よろしいでしょうか。
　しつこいですが、これだけです。気持ちよさ最優先。
　まちがえても、つらさをガマンしてかつぐという罰ゲーム的かつぎ方や、かっこよさをめざしての見えはりかつぎや、より負荷のかかるかつぎ方をさぐる筋トレかつぎ、なんてのを目指さないでください。
　かつぐのがつらい、と感じたなら、それはかつぎ方に問題があると考えてください。そして、このかつぎ方のどこが不自然なんだろう、という目で工夫をお願いします。

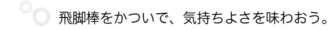　飛脚棒をかついで、気持ちよさを味わおう。

気持ちよさだけでいいのか

　気持ちのよさを味わえるようにかつぐ、といいきってしまうと、不安をもたれる方がいるようです。これまでの人生、つらくありませんでしたか。

第二章　調身の章（カラダをととのえる）

　でも本当にそれだけでいいんです。
　せっかく苦労して飛脚棒を手にいれたのに、それだけかい、と拍子ぬけされてしまう方もおられるかもしれません。
　どこかに到達するためには、苦労なしにはありえない。いるんですね、そういう体育会系的発想の持ち主が。苦難が満ちていればいるほど、モチベーションがあがるんだと。
　人間以外の動物には決してない発想だと思います。それゆえ文明をうみ、巨大な破壊もくりかえしているわけですが。
　もちろん、そういう考え方があってもよろしいですし、実際に世の中を牛耳るのはそのスジの方々です。でも、本書はあくまでも軟弱路線をあゆみます。

　そしてまた、ここで別の深刻な事態に遭遇してしまう方がおられます。
　飛脚棒をかつごうとしたけど、かつげないというのです。棒をかつぐなんて簡単と思っていると、かつぐ動作自体ができない。
　五十肩、五十首、五十背、五十腕、ともいうんでしょうか、もろもろの障害が肩周辺にあつまって棒をにぎって肩にのせられない。腰が痛くて、腹がでちゃって、という理由でかつげない人もいます。
　重症です。
　どんな生活、送っていたのでしょうか。
　あるいは、かつぐにはかつげるけれど、気持ちのよさなんてちっとも感じられないと。
　気持ちのよさというのは「感覚」です。数値化できません。客観化は無理です。たしかに、むつかしい。

　かつぐのがむつかしい、かついでも気持ちのよさを感じられない、としたら、力をぬいて肩周辺に棒をのせようとするだけで結構です。無理に緊張して飛脚棒かつぎのポーズにゆかなくても大丈夫です。じつは肩が痛くて飛脚棒をかつげないとか、かついでも気持ちのよさがわからない、という方のほうが未来に大きな変化を味わえるかもしれません。
　まずはカラダのキンチョーをほぐすところから、とりくんでみてください。
　特に飛脚棒をにぎる手に着目。
　手には、力をこめない。小指と薬指でそっと添えるくらいで充分です。落ち

なきゃ、いいんです。アイドルの握手会じゃないんですから、そんなに力を込めなくてもいいんです。

かついだ次にすること

　飛脚棒をかついで、立ちました。
　気持ちのよさも、なんとなく感じます。
　次は、どうする。
　もちろん、流れからゆけば、歩きだし、走りだすことでしょ。

　ええ、まあ、その気持ちはわかります。
　わかりますので、実際にやってみてください。ただし、今度はもうすこし広い場所が必要となります。
　で、どうなりましたか？
　歩きだしでは特別な感覚は生じないかもしれません。だったら、かるく駆けだしてみる。次第に、肩の飛脚棒が主張しはじめませんか。
　小走り状態では、多くの場合、肩にのった飛脚棒は、一歩一歩にあわせて肩の上で飛びはねてゆきます。一歩一歩が、肩たたき棒になってしまいます。スピードをあげようとすればするほど、肩の上でのあばれようがひどさをましてゆくことでしょう。
　この状態を、わたしは飛脚棒の「あばれん棒」将軍化と命名しています。ゼンゼンうけませんが。
　あばれてわるいか。

　じつは肩の上の飛脚棒の動きは、今の段階ではまだいいんです。静かでも、あばれてもかまいません。着眼点は、ひとつですから。
　判断の基準は、忘れていませんね。
　飛脚棒の価値判断基準は、立っていようが、歩いていようが、走っていようが、みな同じです。かついで「気持ちいい」か、どうかです。
　小走りの際に肩にのる「あばれん棒」は、気持ちよさを味わわせてくれてい

第二章　調身の章（カラダをととのえる）

るかどうか。
　わたしの場合は、最初は決して気持ちいいものではありませんでした。むしろ走りにくさを増すようです。そうであれば、飛脚棒の意味はなくなります。

　なぜ、立って気持ちよさを感じさせた飛脚棒が、じゃまになっていったか。
　それは飛脚棒が、走るときにあばれん棒に変身していってしまったからでした。つまり、飛びはねだしたからです。
　なぜ、飛びはねだしたのでしょうか。
　それは、走りによって、上下の動きが加わったからです。体が上下するから、肩の上の棒がピョンピョンとウサギ化していったのです。

　考えてみますと、歩くとか走るという行為は、本来は前に進む行為です。前にいってナンボ。
　この時、前に進むだけでしたら、肩の上の飛脚棒はどうなっているでしょうか。
　はい、飛びはねません。いっしょに前に進むだけです。
　肩の上で飛脚棒が飛びはねるのは、カラダの上下動がはげしくなっていたから。そして、カラダの上下動は、本来の前に進む目的からしてみれば、ムダな労力にほかなりません。そうです、動いた時の飛脚棒は、カラダの動きをおしえてくれるセンサーだったのです。
　飛脚棒があばれん棒化せず、カラダと一体となって前に進んだとき、走りの性質がかわってゆく。それが、飛脚走りの本質につながってゆくんです。
　という走りの実際は、「調心」の章で展開予定ですので、かついで歩く、かついで走る部分はここまでとさせていただきます。今は深入りしません。
　本章での目的は、別のところにあります。先にすすみます。

かついだ後に、本当にすること

　飛脚棒をかついで気持ちよさを味わいましたら、次にすることは、飛脚棒を足もとにおいて、飛脚棒をかついだ気持ちだけで同じ感覚を得ようとすること

です。
　実際には飛脚棒をかついでいないのに、かついでいる時のような感覚をもとめるということで、「エア飛脚棒かつぎのポーズ」と命名させていただきます。
　実際に飛脚棒をかついだときの感覚と、かついだ気になってえられる感覚を同じにしてゆこう、ということが「飛脚棒かつぎのポーズ」の次の課題です。

　せっかく苦労して手にいれた飛脚棒をかつぎ倒さないうちから、飛脚棒なしの感覚を味わおうなんて、ちょっともったいないではないか。
　残念だなあ、という気持ちもわかります。
　いや、飛脚棒をかつぎつづけていただいて結構なんです。本来は、それが正統派なのかもしれません。
　でも、このご時世、いつでも、どこでも、飛脚棒をかついでいられる状況でないのも事実です。特に人ゴミの中とか、レース中とか。万が一、かついだ飛脚棒でほかの方に迷惑がかかってしまうようなことはあってはなりません。
　ということで、どんな状況でも飛脚棒かつぎの感覚を得られるように、あえて飛脚棒をかつがない時にもこまらないような工夫として「エア飛脚棒かつぎのポーズ」を提唱させていただいたのです。
　ここまできたら、いつでも、どこでも、思いついたときに速攻、飛脚棒かつぎの感覚を味わうことができます。レース中でも、お風呂の中でも、トイレにすわっているときでも、仕事中でも、どんな場面でも大丈夫でしょう。

　ただし当然のことですが、エア飛脚棒かつぎのポーズがモノになるためには、必ず実際の飛脚棒かつぎを経験してあってこそのことです。実際にかついだ感覚を軽視して、エアも何もあったものではありません。
　くわえてエア飛脚棒かつぎのポーズだけですと、どうしても実際の感覚とのズレが生じてゆく心配があります。どうか常々、実際の飛脚棒かつぎをつづけて、気持ちのよさを忘れないようにしてください。
　実際にかついでいるからこその、エア飛脚棒かつぎがある、ということをキモに命じていただけるとうれしいです。

　本「調身」編の目的は、これだけです。拍子抜けしそうな単純さです。
　それにしても、なぜ「気持ちよくかつぐ」ことが最終目的になるんでしょう

第二章　調身の章（カラダをととのえる）

か。どんな意味をもつのでしょうか。
　するどい指摘です。
　すばらしい疑問です。
「なぜ」と考えてゆくことは、人生を深くほりさげてゆくカギをにぎっています。いろんなことに「なぜ」と考えてゆくことで、新しい世界の扉がひらけてゆきます。
　わたしは、それを「なぜの種まき」とよんでいます。
　種は、まかなくては芽がでません。
　まいても100％発芽するわけではありませんが、まかなきゃ、何も始まりません。

　飛脚棒1本を肩にのせるだけで、なぜ、わたしたちのカラダは気持ちよさを味わえるのでしょうか。そして調身の極意に通じてゆくのでしょうか。
　ふつうに立っているときに、気持ちのよくなるように立ちなおしてみましょう、といわれても簡単には体の変化を生むことはできません。
　朝礼などでおこなわれる「起立」「休め」のポーズ変化にしても、「休め」のポーズになったからといって、必ずしも気持ちのよさに直結するものではありません。休まりません。

　結論から申せば、飛脚棒をかつぐことで、カラダが「自然体」にもどった、ということです。自然体にリセットされた、という表現でもいいでしょう。
　自然じゃないのを、不自然といいました。
　不自然にかたむいていた立位のカラダを、自然な方向へ導いてくれる秘密が「飛脚棒かつぎ」の中にあったのです。
　ムフフフフ、なんだか深そうじゃありませんか。
　最初はたかだか1本の棒、くらいにしか思われなかったものが、大きな秘密をもっていたのです。
　これからは、そんな秘密の探検に旅立とうと考えています。ですから、実践は以上です。
　理屈を楽しみたい方は、どうぞおつきあいください。理屈はいいよ、という方は次の章へすすまれてかまいません。

エア飛脚棒かつぎのポーズもマスターしよう。

スフィンクスの登場

　いきなりですが、スフィンクス嬢が質問したいそうです。
「朝は4脚、昼は2脚、夕には3脚となるものとは何ぞや」
　スフィンクス嬢とは、ギリシャ神話にでてくる顔は女性、カラダは獅子という怪物クンの親戚のことです。神話の時代に、生きていました。今はエジプトのピラミッド群のなかに、石像として姿カタチを残しています。
　場所は、テーベという古代エジプトはナイル川中流あたりでのお話です。

　スフィンクス嬢は岩の上にちょこんと腰かけ、下の道をながめているのが好きだったそうです。そして旅人をみつけると、くだんの謎かけをしたのだそうです。
　ほほえましい光景、でしょうか。
　ところが、どっこい、そんな甘ったるさは全然ありません。なぜなら、この謎かけに答えられなかったり間違えたりした旅人は、たべちゃったというのです。シャレもユーモアもあったもんじゃありません。なんとも人を喰った話ではありませんか。
　何人の旅人が、スフィンクス嬢のオナカの中におさまったでしょうか。

　ある日、テーベ王ライオスの子であるオイディプスという若者が、大岩の下の道を通りかかります。見上げると、スフィンクス嬢が笑っています。
　さて、スフィンクス嬢は、いつもの謎かけを発します。するとオイディプスは、すかさず答えました「それは人間である」と。

　正解です。パチパチ。さすがに血筋がちがいます。
　ここでオイディプスはみごと賞金と夢のハワイ旅行ゆきを手にいれます。時期もちょうど12月だったものですから、ついでにホノルルマラソンも楽しみ、

第二章　調身の章（カラダをととのえる）

　オイディプスはレース入賞まではたしました、なんていう時代ではありません。どうしたことか、今度はスフィンクス嬢が自ら海に飛びこんで死んでしまったというのです。
　人を喰うのも、安易に命を投げすてるのも、教育的にみてドーヨね、という展開ですが、それはそれ、遠いギリシャ神話の中でのお話です。

　何がいいたいのか。オイディプスさんの答えのとおり、わたしたち人間の移動の第一歩は４本足、つまりハイハイから始まるということです。
　ということを振りかえってみたいと思いましたが、どう振りかえってみても、自分のハイハイ時代は思いだせません。記憶力の低下、というよりは、そんなに昔の話なんだ、ということでしょうか。でも自分以外の赤チャンをみても、まず例外なく、ハイハイから移動は始まってゆきます。
　やがて立ちあがって２本足になり、人生の一番長い期間をすごし、無事老いて御長寿まで達することができたあかつきには、不安定さが生じてもう１本の足、つまりツエが離せなくなってゆきます。

　ここで着目していただきたいのは、なぜわたしたちは４本足、つまりハイハイから始まってゆくのか、ということです。
　安定感があるからでしょうか。
　なるほど、２本より４本の方が落ちつきはよろしい。２本足のヒトは簡単にこけますが、４本足の犬はめったにこけない。
　ここで満足せずに、もう一歩深めてみましょう。

　構造で、考えてみます。
　ヒトの基本骨格は、本来は４本足構造である。
　ジェジェジェ、という展開ですが、発生学的にみても、まんざらウソではないのです。ヒトは２本足歩行になって300万年ほどの歴史がありますが、カラダの基本骨格はそのくらいの時間ではそうそう変わりません。まだ４本足歩行の構造を色濃くのこしているのです。
　ですから、ハイハイが自然に始まるのです。
　たまには４本足歩行をしてみて、カラダの声を聞いてみるのもいいかもしれません。きっと訴えてくるものにであえることでしょう。

そして実際にカラダの構造は、4本足を基盤にして考えると理解しやすいのです。さあ、すすめてゆきます。

○ ヒトの基本骨格は、4本足（ハイハイ）構造。

ウデは、カラダのどこから始まる？

ウデといいますと、一般には力コブのできる「上腕」、その先の「前腕」、手のひらのある「手」という3つのパートからなる臓器、と定義されます。
さて、このウデはカラダのどこから始まっているでしょうか。
なんて解剖学的問題をわたしがしてよろしいのでしょうか。なにしろ学生時代の解剖学は、赤点・再試の繰りかえしで何とかしのいできたくらいですから。でも考えようで、優秀な学生がパッと一発で通りすぎてゆく道を、何度も住きつもどりつのカメさん進行をしていると、早い人には見えなかったものが見えてくることもある。はい、こういうのを負け惜しみといいます。

ふつうの感覚でいえば、ウデは肩からはじまる、でおわりです。
くわえて、もう少し詳しくいえば、カラダの前面部に優位についている、です。
なぜなら、ウデはカラダの前面でおもに活躍するからです。
胸やオナカをポリポリかくのは簡単ですが、背中のかゆみをかくのは大変です。孫の手は、オナカをかくためではなく、背中をかくために考案された道具です。

それでは、ウデは肩のどのあたりについているでしょうか。
実は、ウデがガッツリと結合しているのは「肩甲骨」とよばれる骨です。
肩甲骨は、背中の上方にはりつくようにのっている、平べったい骨です。三角形をしていて、背中のかなり広い範囲を上下左右、自由に動きまわることのできるルンバ的存在です。

第二章　調身の章（カラダをととのえる）

　定位置は、天使の羽のはえぎわ、です。そうです、人はみな、もとは天使でした。

　形は三角形です。そのうちのひとつの頂点はクレーター状の凹みになっています。そしてその凹みの両脇には、2本のツノがのびています。解剖学では、ひとつひとつの構造に名前をつけます。凹みを関節窩、2本のツノを烏口突起、肩峰と名のります。烏口突起は、鎖骨の下でふれることができます。つまり胸にまできています。

　中央の凹みとその両脇にのびるツノ。構造は、機能に結びついています。ここそ、上腕骨をはめこんで、2本のツノからのびた腱で強固に結合してゆこうとする場所でした。

　そしてこの肩甲骨は、もう一方を骨格の中心線たる背骨としっかり結びついているのです。

　かようにウデは肩甲骨、そして背骨と強固に結合されているため、鉄棒にぶらさがっても、簡単にはぬけないのです。

　ここまできますと、本来の機能としてのウデは、「背骨 — 肩甲骨 — 上腕骨 — 前腕骨 — 手」という一連の構造体からなりたつ、ということがおわかりになるでしょうか。

　そして、この一連の感覚を実感する一番のポーズが、4本足のハイハイ動作です。実際にハイハイしてゆくと、背骨からはじまるウデの構造が実感できると思います。

　ウデは背骨からはじまっている。

アシは、カラダのどこから始まる？

　次はアシの番です。
　アシは、モモにあたる「大腿」、ヒザから下にのびる「下腿」、そしてクツがはいる「足」というように、3つのパートにわけることができます。

さて、このアシはカラダのどのへんから始まっているでしょうか。
　ふつうの感覚でいえば、アシのつけね、つまりオマタのところからでしょう。もう少しお上品にいうと、鼠蹊部から、ということになります。
　またの名をビキニライン。ちょっと古いいい方になりますがコマネチライン、という表現法もありました。コマネチさんは、ルーマニアの生んだ新体操の天使で、この選手の体操着のモモのつけねのカットラインをビートたけしさんがこう呼んでいました。コマネチさんは、その後ルーマニアの政変で故国をはなれ、今はアメリカで体操コーチとして活躍されています。
　まちがっても、お父さんのステテコラインではありませんので、お間違えなく。それじゃ下すぎるって。
　アシはビキニラインあたりからはじまっているので、前方にすっと曲げることができます。だからイスにこしかけるのもスムーズです。逆に後ろ方向へは曲がりません。この点は、ウデとにています。で、よろしいでしょうか。

　ところが、実際にはビキニライン部分をレントゲン写真でみてみますと、モモの骨の途中でしかありません。もっとカラダの中にむかって、モモの骨はのびています。
　しかもビキニラインの奥から、モモの骨は曲がりはじめます。L字型といいましょうか、ピストルの柄のように湾曲して、骨盤の中心部にのびています。そして骨盤の中にガッツリ組みこまれています。
　それでは、モモの骨はいったいどこまでいっているのか。よおくみると、オシリの中におさまっています。だだし、オシリといっても広うござんす。オシリのどのあたりか。
　イメージとしては、オシリのホッペあたり、です。そこで骨盤と強固に結合しています。オシリのホッペといえば、肩甲骨に結合しているウデと似ています。どちらも背中側。前じゃなくて、後ろなんです。
　股関節を英語でいうと「ヒップジョイント」です。そのまま「オシリ」の「関節」です。英語でいえば、名前のとおりなんですね。

　○○　アシはオシリのホッペからはじまっている。

第二章　調身の章（カラダをととのえる）

　ここで改めてハイハイしていただけるでしょうか。
　人使いがあらい、ですか。申しわけございません。
　気持ちのよいハイハイ姿勢をとると、カラダを支える中心、つまり「梁」に相当するのが背骨であることを感じることができます。そして背骨は4本の柱、つまり手足で支えられています。そして4本の柱は、実は背骨を持ち上げているのではなくて、つり下げていたのです。肩甲骨が背骨をつり下げる、骨盤が背骨をつり下げる。
　このイメージをもって、ハイハイ姿勢を楽しんでみる。するとそれだけで肩こり、腰の重さ、股関節の痛みなんかがやわらいでゆくことも可能です。ああ楽チン。だって、本来の構造にもどれたからです。つまり自然体です。
　イヌやネコは、いつもこのようにしてくらしているわけか。4本足生活をすてない理由がわかるというものです。イヌやネコが腰痛や五十肩でシップをはっていますか？

　　ハイハイは楽チン。自然体にもどるから。

ヒトの臓器のおさまりどころ

　人間の基本骨格は、4本の手足が背骨をつり下げる構造となっています。つまり、ハイハイ構造です。
　しかし骨格だけではガイ骨人間です。臓器が必要です、いわゆる五臓六腑。胸には肺や心臓など、オナカには胃腸や腎臓など、腰には泌尿器や生殖器や肛門など。これらはどのようにおさまっているでしょうか。はい、お察しのとおり、背骨からつり下げられる構造です。それはそれは見事につり下がっています。やっぱりハイハイ構造でした。
　だから小腸、大腸といったクネクネクネクネした臓物だって、決してからんだり脈絡のない方面へ飛びだしていったりはしません。ちゃんと背骨と密接につながっているからこそできる芸当です。すばらしいぞ、人体構造。
　ですから、わたしたちは飛んでもはねても、寝ころがっても、逆立ちして

も、臓物はグシャグシャに入り乱れてというような、整理のいきとどかないタンスの中みたいにはならない。そして胸の臓器をおさめるために肋骨、オナカの臓器をおさめるために腹筋群、腰の臓器をおさめるために骨盤が守ってくれています。

　すべては背骨からつり下げられる構造になっていたんだ、ということがハイハイ姿勢になれば実感できることでしょう。ためしてみてください。
　ヘ理屈ばかりでお疲れのこととは思いますが、人の構造ってそういうふうにできています。だから４本足のハイハイ構造が基本、といったのです。

　CT写真というのをご覧になったことがあるでしょうか。
　あおむけに寝て、トンネル装置の中でまっていると、カラダの輪切り構造ができあがる画期的な画像診断装置です。MRI画像も同じです。
　一枚の画像から、たくさんの所見、つまり情報がえられます。
　ただしその画像からの情報をしっかりと読みとるとなると一筋縄ではゆかないむつかしさがあります。専門の読影医がいるのもそのためです。
　そのむつかしさをうむ原因のひとつが、上をむいてとった画像だから、というのが不肖わたくしの見解です。
　上をむいた姿勢は、ハイハイの姿勢の逆向きです。本来は背骨と手足が基本骨格をつくり、臓物はそこから重力によってたれ下がる構造にあるのですから、上をむくことで反対におきかえられてしまっています。そのため、不自然におしつぶされたり、あいた空間に流れこんだりして自然な位置関係もくずされています。
　下をむいて、つまりハイハイの格好で画像診断されたならば、諸臓器は本来の位置関係や構造を保ってくれているので、異常所見もわかりやすかろう。そうしたら、わたしでも少しはCT写真がよめるかもしれない。
　ただし今までこの発想に賛同していただけたことはありません。所詮わたしのたわごとです、はい。

　いや、検査だけではありません。
　ハイハイの姿勢にかえってみる。こうすることで、カラダはどんな変化をうむでしょうか。

特に着目したいのは、病気や障害によって、カラダの自由を制限されてしまった方です。自分で自由にカラダを動かせなくなってしまいますと、しばしば1日の大半を寝かされてすごすことになります。ベッドのなかで多くは上向き、よくて若干の横向きまで。

　いわゆる寝たきりという状態です。一日中、本来の構造からは真逆となる反対向きの生活を送ることになります。

　寝たきりに、どんなイメージをおもちになるでしょうか。元気がなくなる、熱がでる、食べられなくなる、ウンチ・オシッコがでなくなる。これらの不調は、病気や障害からくる仕方のないものなのでしょうか。

　その答えは、少しの時間だけでもカラダの向きを逆になっていただく、つまり、うつぶせになっていただくことで、思わぬ発見に出あうことになります。

　なぜなら、ハラバイになることで、ゴロゴロからんでいたタンが勝手に出てくるとともに呼吸がふかくなる、意識もはっきりしてくる、オシッコがいっぱいでてくる、ウンチがゾロゾロでてくる、力がついてくる、元気がでてくる。なんとも多くの「こりゃ、よくなった」という変化の出現におどろくことになります。もちろん個人差はありますが。

　これは「腹ばい療法」などともよばれて実際に実践されているところもありますが、考えてみれば、人本来の姿勢にかえっただけです。

　ヒトの構造は、まさにハイハイの格好にあるのではないでしょうか。そこまでいいきらなくても、ハイハイの構造を色濃く残している、ということです。

 ハイハイ状態の自然さ。

それでも、立つ

　立て、ジャイアントロボ、なんて叫んでしまいますと育った時代がわかろうかというものです。

　立て、立つんだジョー。

　いやいや、ふつうの人は、そんなかけ声なしに立ちあがってゆきます。

カラダの基本構造は４本足といいましたが、実際には、わたしたちは物心つく前から立ちあがり、２本足になってゆきます。
　なぜ、そうしたのでしょうか。
　そんなこと考えるまえに、すでに立っていました。
　そして世の中は、２本足でくらすことを前提につくられています。広い地球上、例外はありません。他の社会とほとんど交流をもたないジャングルの奥地の部族でも、２本足です。
　特に顕著なのがわが国です。

　以前、わたしの住む地域で、もよりの駅の駐車場から電車にのるまでの、たかだか50メートルにも満たない距離を車イスで移動してみる、という体験をもったことがあります。車イス、つまり非２本足です。
　駐車場から車イスをおろして、のりこみます。ここがスタート。
　すると、いきなりの段差、傾斜、勾配、デコボコのおでむかえです。ここは、山の中の荒れ放題の無人駅ではありません。ちゃんと駅前整備がなされ、駐車場がつくられ、きれいな外観にまとめあげられている平地です。ですから、歩いていたときにはまったく気にもとめていなかったことでした。

　ただし、それは、ふつうに２本足で歩けるならば、という前提が必要だったのです。
　車イスの人になると、小さな段差が大きく立ちはだかります。ボールも転がらないような小さな傾斜が、車椅子にのると転倒してしまいそうな恐怖心をあおります。ちょっとの勾配が、とほうもない力を要求してきます。歩いているときには、気にもとめなかったデコボコが大ブレーキになっています。なかなか前にすすみません。
　改札口はなんとか車イスが通れる幅でしたが、ホームもデコボコだらけ。
　電車に乗り込む段差は、もはやひとりの手では、太刀打ちできません。

　42キロというマラソンの距離はズッコケながらも２本足で走れるようになったわたしですが、２本足をはなれ車イスの人となると50メートルもひとりではゆけないで立ち往生、という現実にびっくりしたものです。
　この国で生きてゆくには２本足が必要なんだ、でも、それでいいのか。

第二章　調身の章（カラダをととのえる）

　電車といえば巨万の資金というより兆をこえるお金がつぎこまれて次世代の鉄道を地下にほってゆく工事も始まっています。でもそんなことより、駅にたどりつく前の生活空間の充実の方が先じゃないのか、なんて思うのはわたしひとりでしょうか。

　わたしが大変に敬愛していた言語聴覚士であった故・遠藤尚志先生は、脳卒中でカラダに障害をきたして歩けなくなり、またコトバも失語症で不自由になられた方々を、積極的に海外に連れだす活動をおこなっていました。
　なぜに海外？
　家の近所に連れだすのさえ大変で、国内旅行だってあきらめている人がほとんどです。きれいな駅前だって、ひとりじゃ車イスもつかえません。
　しかし、その結果はおどろくものばかりでした。
　自信をとりもどし、日常生活に積極性がグンと芽生えていったのです。

　というのも、国によっては車イスであたりまえに移動できる空間がしっかり整備されています。そうでないところは、こまっていれば、まわりの人が自然に近づいてきてくれる。なにせ、アンデスの山中まで登っちゃったんですから、車イスの集団で。はい、山道にバリアフリーなんて概念はゼンゼンありません。けわしい登山道ですよ。
　もうひとつの問題は、コトバの壁。日本語つうじません。
　でも、そもそもコトバなんか、日本にいても失語症なんだから通じにくい。大切なのは感情です。感情なら、いくらでも表現できる。わかりあえる。感情の豊かさがコミュニケーションの核となってゆきます。
　そう考えれば、おなじコトバをしゃべっていても気持ちが伝わりにくい、声をかけてもらえない、という国に固執することなく、陽気さが売りの海外に旅立ってしまったほうが圧倒的に楽しいしスムーズにゆくに決まっている。
　こういうのを卓見というのでしょうが、実際に行動までおこしてしまうものすごさ。お見事というしかありません。
　そして反省させられます。先生の遺志を忘れてはいかんよなあ、と感じています。

　話を2本足にもどします。

４本足が２本足になってゆく。これが人の成長の証し。立って歩けて、めでたいじゃないか。
　これだけですと、飛脚走りはうまれてきません。ここを掘りさげないでどうする。
　いいですか、横になったものが縦になるんです。
　お皿にきれいに並んだお寿司。この皿が縦になったらどうなるか。並んだお寿司はみんな下におちてゆきます。
　神社の境内の立ち木の間にはられたロープにつるされた提灯たち。このロープを縦に伸ばそうとしたらどうなるでしょうか。
　４本足から２本足にかわるというのは、同じ変化が加わってくるということです。重力の向きが90度変わる、ということです。これって、大事件だと思いませんか。ヨコがタテになるんですから。

　要所を、上から順番にながめてみましょう。
　まず胸に着目します。
　背骨からぐるっと囲むようにのびた肋骨におおわれた中に心臓や肺がぶら下がっているのが本来の、つまりハイハイでの胸の構造でした。この一連の立体構造を胸郭とよんでいます。骨盤構造と類似した構造です。立ちあがると、肋骨は前面つまりオッパイ面が足もと方向にぐっと引っぱられるようになります。同時に心臓や肺にも下方にたれ下がる力がはたらくようになります。
　ウデはカラダを支える支柱としての役割がなくなり、肩を支点としてダラリと下がります。
　ここで力をぬくと、おもにオッパイ面にかかる重さで背骨は前方にしなりはじめます。これをまとめて「猫背」といいます。要は肋骨が前方にとじる、という感覚です。４本足姿勢から２本足姿勢にゆっくり変えてゆくと、この胸郭がとじて猫背になってゆく、という感覚がポイントになります。

　オナカはどうでしょうか。
　おもしろいことに、オナカには腰椎という背骨以外の骨はありません。胃腸がたれ下がってゆくことは胸郭と同じですが、肋骨がない分、腰椎部分は背骨の中でもひときわ強力に湾曲力が生じてきます。これがしばしば腰痛をうむ原因になってゆきます。

第二章　調身の章（カラダをととのえる）

　その下の骨盤はどうでしょうか。
　ここも同様に前面がたれ下がる方向に重力がはたらき、骨盤がとじる力が生じていることがわかります。なにしろ、骨盤を支える股関節はオシリのホッペの中にあるんですから。
　くわえて骨盤をふくむ背骨部分には、骨盤だけでなくその上のすべての荷重がかかることになります。背骨が立ったためにおきた変化です。上半身すべての荷重だから、半端な重さではありません。
　骨盤は、そのためにしばしば前後にかたむいてゆくことになります。前方にかたむくか、後方にかたむくかは、個人差がでます。
　前方にかたむきだすと、カラダはバランスをとるためにオシリをつき出す格好をとるようになります。そしてヒザをおり曲げて転ぶのをふせごうとします。この時しばしば両手をヒザの上においてカラダを支えるようになります。ヒザに両手をのせて歩くおバアさん、見たことありませんか。
　一方、骨盤部分が後方にかたむきはじめると、上体がうしろにかたむくわけですから、どんどん猫背姿勢をすすめてバランスをとらなくては立っていられなくなります。そこまでゆかなくても、手をうしろに組んで歩くようになります。バッグを手にすれば、バックで持つようになります。

　文字で説明しようとすると、わかりにくいものです。シンプルにまとめましょう。
　４本足から２本足姿勢に変えてみる。
　ここでおきる変化は、「胸郭がとじる」「骨盤がとじる」ということです。
　その結果、背がちぢむ。猫背になる。

　よろしければ、ハイハイの姿勢からゆっくりと立ちあがって、脱力とともに生じるカラダの変化を味わっていただきたいと思います。胸郭と骨盤がとじる感覚がおわかりになれたでしょうか。
　とじる感覚がわかりましたら、次にゆっくりとハイハイ姿勢になっていただく。すると今度は胸郭と骨盤がひらいてくる感覚がつかめると思います。同時に、背骨がノビノビしてきましたね。

○○　立ったときのカラダの３大変化
　　１．胸郭がとじる
　　２．骨盤がとじる
　　３．そして背がちぢむ

とじると何がどうなるのか

　とじる、ひらくと花の話じゃあるまいし、そこにいったいどんな意味があるのか。とじて悪いか、ひらけばうれしいのか、とつっこまれそうです。
　こういうのは自分の感覚でわかろうとするしかありません。
　思わなければ、自分とは関係のない話、でおわりになってしまいます。

　とじる感覚、ひらく感覚のちがいを、ぜひ感じていただきたいのです。この感覚の変化をどう表現しましょうか。
　わたしの場合は、とじるとキュークツ、ひらくと楽ちん、です。そうなりませんか。
　ハイハイはカラダの自然な姿勢ですので、解放感に似た快感を味わえます。本来の姿勢にもどったためです。それを「自然」といいます。
　では、自然さは何をうみだすでしょうか。
　そうです、動作の自然さです。
　自然な動作は、共通する型がうまれます。４本足で移動しているシマウマや水牛の群れは、みんな同じような歩き方じゃありませんか。体育で行進を学んだわけじゃないのに。

　それでは、立ったときのキュークツさは動作の不自然さをうみだす一因になってゆくのでしょうか。その通りです。不自然さは、統一感を欠き、多様性をうみだします。
　人間の歩き方、走り方は、野生の４本足動物の動作の共通性にくらべて、多

様性を感じませんか。個性が強いともいいます。なぜ、多様なのか。自然さから、はなれていったからです。

　本章の目指すところは、立つことで生じた不自然さから解放されて、2本足となっても本来の自然さを感じられるようになろう、ということです。

　自然体になろう、キュークツさから解放されよう、動作のブレーキをはずそう。そうすれば本来の歩き方や走り方になってゆくのではないか。

飛 脚棒をかついでみよう

　ふたたび飛脚棒の登場です。

　飛脚棒のかつぎ方は、すでにのべさせていただきました。カラダが気持ちよさを感じられるようにかつごう、でした。

　その際、気持ちよさってどんなものか、という具体的な点にまでは、あえて触れてきませんでした。でも、ここまで長々とおつきあいいただいて、ああ、とひらめいてきていただけたでしょうか。

　気持ちよさの正体は、「カラダがひらく」変化だったのです。すなわち胸郭がひらく、骨盤がひらく。そして、その結果、背がノビノビする。

　2本足で立つことで生じた種々のキュークツ感から、4本足にならなくとも飛脚棒をかつぐことでハイハイと同じような解放感、自然感を得られるんです。立ったままでえられるハイハイ感覚、というわけです。

　自然体にかえれば、走りも自然体になってゆく、だろう。さあ、ここまできたら、自然体の具体的な世界にもう一歩わけ入ってゆきましょう。

　かつぐとひらく。

立って感じる「ひらく」感覚

　飛脚棒をかつぐと胸郭がひらいてくる。
　この際、一番ダイナミックな変化を感じるところはどこでしょうか。そう、肩甲骨があげられます。
　飛脚棒をかつぐと、肩甲骨は背骨（中央）に向かい、そして下方におりてゆきます。つまり「よせて、さがる」向きです。と同時に、胸郭がひらく。背筋がのびてゆく。

　かつてワコールはシェイプアップブラという名称のブラを売りだしました。特徴は「よせて、あげる」ブラです。
　胸は立っていれば重力で足もとにひっぱられてゆきます。オッパイも例外ではありません。下にむかいます、すなわち、垂れる。
　ということで、そこはブラをつかってオッパイをひきあげてみる。くわえて、寄せて谷間をつくっちゃおう。大ヒットしたと記憶しています。

　これに対して、飛脚棒をかついだときの肩甲骨は「よせて、さがる」。
　いや、まてよ。肩甲骨がよせてさがると、背骨と反対側にあるオッパイは「開いて、あがる」ようになるのではないか。これは美容的に、あるいは外観的に、あるいは構造的に、あるいはワコール的にオトシマエはつくのだろうか。うーむ、この点に関しましては未解決のままです。自分でためすこともできません。専門家の意見をうかがいたいものです。

　さて、肩甲骨がよせて、さがる。
　これって、ハイハイの時の自然な肩甲骨の位置じゃありませんか。やはり、ハイハイにもどるんです。
　ところで、立った姿勢で肩甲骨が自然に「よせて、さがる」位置にあると、ウデはどうなってゆくでしょうか。飛脚棒をかついでいないウデは、手のひらが正面をむく位置になっていませんか。
　手のひらが正面をむく立ち方。かつては、この姿勢は不自然と思っていました。体育の「気をつけ」の姿勢では手のひらはモモにむけるよういわれました

第二章　調身の章（カラダをととのえる）

し。

　ところが、東洋医学の絵をみると、立った姿勢では手のひらは正面をむいているのです。しかもオナカや胸と手のひらは陰陽も一致するんです。当然、背中と手の甲は同じ面をつくっています。あやや、ハイハイ姿勢ではありませんか。

　おそるべし東洋医学思想。

　ちなみに肩甲骨が本来の「よせて、さがる」位置にある場合、走る姿勢では、手のひらは上向き、力こぶは、進行方向、正面向き、となります。それが自然な位置関係だと思いませんか。

　さて、次は腰に着目です。

　飛脚棒をかつぐと骨盤がひらいてくる。

　もう少し具体的にいうと、骨盤が自然な形に立ってくる。その結果、腰回りが楽に感じられるようになります。ここでも、ハイハイ感覚と共有する気持ちよさがうまれます。

　骨盤部は立ちつづけていると、前方に倒れこんでゆく「前傾パターン」と、後方に倒れこんでゆく「後傾パターン」があります。どっちに倒れこんでゆくにしても、ハイハイ姿勢のときには自然にひらいていた骨盤がキュークツな方向にむかいます。

　その結果、オシリのホッペからはじまる股関節部に摩擦が生じてゆきます。つまり歩きや走りのブレーキがかかるようになってゆく。

　ここで飛脚棒をかつぐと、骨盤が本来の自然な構造にもどってゆき、股関節つまりアシの動きも自然になってくるのですね。

　骨盤は前に倒れたり後ろに倒れたりせず、自然に立ってくれているのがいいわけです。

　しかも骨盤のひらく感覚というのは、感覚だけじゃなく、実際にも広がってゆきます。

　広がるとどうなるか。

　骨盤が本来の容器になり、せまくなった骨盤におさまりきれずに下っ腹にはみだしていた内臓脂肪クンたちも、スルリと骨盤の中におさまってゆきます。業界用語をもちいますと「ウエストサイズがちぢむ」ということです。

すると、キュークツではけなくなっていたズボンのチャックがしまるようになる。ま、限度というものがありますが。
　一秒でできる下っ腹のへっこむズボンダイエット。ただし体重計の目盛りは変わりません。
　骨盤が立って、下っ腹の緊張がほぐれ、アシの動きがスムーズに変わってゆく感覚は、草原の中を駆けぬけてゆくシマウマになってしまったかのようなイメージをもつことができます。そうしたら、いっそシマウマになりきっちゃいましょう。シッポをはやしてしまうのです。
　オシリからは、シッポが風にたなびいている。
　人間には残念ながらシッポはありませんが、シッポがあるとしたらこのあたりからかな、という部分から実際にシッポがのびているイメージをもつと、さらに骨盤はいい位置に立ってゆきます。大昔は、人間にもシッポがあったんですから（推定）。

もうひとつの感じるところ

　飛脚棒をかついでいい気持ちを感じられるようになると、胸郭がひらく、骨盤がひらくという変化に気づきます。そして背筋がのびて気持ちいい。
　ここで、もうひとつ、大きく感じるところがありませんか。
　気づいていましたか。
　足ウラの変化です。
　ふつうに立っていた時には感じなかった足ウラに、新しい感覚が芽生えてきます。ココロで感じとってください。
　なぜでしょうか。そう、立ち方が変わったからです。それでは、どのように変わっていったでしょうか。

　と、ここでハタと立ちどまってしまいます。
　足ウラの感覚を語りたいのに、うまく表現ができないのです。つまり足ウラをかたるだけの「語彙」をもっていなかったと気づきます。ココにこんなふうな感覚が生まれた、といいたいのに「ココ」の名前がない。このことは、わた

したちが足ウラに関心をもっていない、ということでもあるわけです。
　関心がないから、名前なんかなくてもこまらない。うーむ、こまったものです。名前は大事です。
　もちろん解剖学者は、足の骨だけでなく、筋肉や腱などにも覚えきれないほどの名前をつけています。なにしろ、足裏だけでもたくさんの骨があるわけですから。それに関わる筋肉の数、神経の分布だってハンパな量ではありません。どのくらいいっぱいか、といえば、わたしなんかいまだに覚えきれないほどいっぱいです。
　しかし、です。皮膚面からみた外観に、適切な名前がない。せいぜい、「かかと」と「土ふまず」くらいです。
　そして名前がないものには、興味も関心もよせにくい。
　石川啄木は、じっと「手」をみました。
　わたしたちは、走るんです。走るときに地面に接地する部分は、足ウラのみです。で、足ウラのどこが接していますか？　自分の足ウラをみたことがありますか？　自分の足ウラなんて、生まれてからこのかた見たことがない、なんていう人さえいるのです。

　足ウラは、かかとと土ふまずだけで成りたっているようなのっぺらぼうな面ではありません。わたしたちが立っているだけの時だって、カラダの重心は、足ウラのなかを刻々と変化しているのを感じとることができるでしょうか。
　この時、どこがどうなったか、を語り合えるように、せめて簡単な足ウラ地図をつくっておきましょう。そのために、まずすることは、自分の足ウラ観察です。

　と、ここで新たな問題が発生する方があらわれてきます。
　自分の足ウラがよく見られない、というのです。
　しゃがんで、アグラをかいて、さあ足ウラの観察だといきまくと、イタタタタ、とカラダをのけぞらせる。モモやふくらはぎが、つっぱってくる。あるいは、とび出たオナカがじゃまをする。ベターッと開脚どころではありません。
　そういう方は、この過程をとばしてください、ではありません。じつは、自分の足ウラを見られないひとこそ、足ウラをよくみていただきたいですし、足ウラに関心をよせていただきたいのです。

方法は、工夫しましょう。人間は、考えるアシである、パスカルさんはいいましたね。
　鏡をもちだす、というテがあります。あるいは、他人の足ウラを見させてもらえばいいんです。個人差の少ないのが足ウラの特徴です。小さい子がいたら、お小遣いでつって見せてもらいましょう。この世の中、最後にものをいうのは、お金です。地獄の沙汰だって、そうじゃありませんでしたっけ。

　さて、足ウラとご対面がかないましたら、さっそく地名をつけてまいりましょう。
　意外と凹凸にとんだ起伏豊かな大地みたいだな、と感じていただけたでしょうか。名前のつけがいもありそうです。だからといって、むつかしくは考えません。
　盛りあがっている所は「山」としましょう。
　山と山にはさまれたくぼ地は「谷」といいましょう。
　谷を下って広がった場所は「盆地」でいいでしょう。
　そんなもので充分です。だって足ウラには川も流れていなければ、田んぼや学校や海もありません。わたしの知識もありません。国土地理院と競いあおうとか、日本解剖学会にもの申そう、なんて恐れ多いことなど考えてはいませんし。

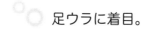 足ウラに着目。

足ウラ地図の制作だ

　地図をつくる。じつは、わたしの趣味かもしれません。
　遠い少年時代、『十五少年漂流記』や『ハックルベリー・フィンの冒険』などで地図をつくって冒険してゆく記述へのあこがれにその起源は発します。
　マラソンレースも、何度か参加させていただいて地形がある程度アタマにはいってくると、自分なりの地図をえがいてゆくのがすきです。ただしこの場

合、地形図というより、地名つけと呼んだ方が適切かもしれません。

　たとえば、いつも体力がきれて失速してゆく坂は「失速坂」とか、ゴール手前の最後の曲がり角のくせに、そこから長く感じるところを「うそつき曲がり」とか、おいしい梅干しを並べてくれる私設エイドのでる場所を「一服通り」とか。まあ、自分のセンスのなさに恥じいるような命名ですが、自己満足はしています。

　さて足ウラのなかで盛りあがったところは「山」とみたてましょう。
　いくつの山があるでしょうか。
　3つ、ありませんか。
　ひとつは親ユビのつけね部分です。ひとつの山、つまり独立峰として盛りあがっていますね。
　ふたつ目は小ユビのつけねです。ただし小ユビ側は親ユビ側とちがって独立峰としてではなく、小ユビ、薬ユビ、中ユビ、人指しユビのつけねに至るなだらかな山です。この両者の間はくぼ地になっています。谷ができています。ちょうど鼻緒のかかる場所ですね。
　さらにカカトがひとつの山になっています。

　そうです、足ウラには「3つの山」があったのです。キャンディーズと同じです。三脚構造をつくっていました。
　ちなみに足のユビなのに、手と同じに親ユビ、人指しユビなどとよんできました。本来であれば、これはおかしい。だって足ユビで人は指しません。足に人指しユビはおかしい。指したら失礼です。でも、わかりやすさ優先として、本書では手と足のユビの呼び名は共通とさせていただきます。
　ということで、本書では親ユビのふもとの山を「親ユビ山」、小ユビから人指しユビに至るなだらかな山を「小ユビ山」、カカトの山はそのまま「カカト」と命名させていただきます。小ユビ山といっても、小ユビだけのローカルな山ではなく、人指しユビの根元まで広がる足ウラのなかでは1番大きな山、というイメージは忘れないでください。

　山と山の間には、谷ができます。
　親ユビ山と小ユビ山の間は、ゾウリや下駄をはくときにハナオがくる場所で

す。そこで、ここを「ハナオ谷」と名前をつけさせていただきます。
　同様に小ユビ山とカカトとの間にも谷ができます。ところが、ここはくびれが小さくて谷とよべるほどの切れ込みがわかりにくい。ということで、ここは無理に名前はつけません。
　親ユビ山とカカトの間は、谷というよりは盆地になっています。ここはすでに名前がついています。「土ふまず」です。ですので、そのまま借用します。

　よろしいでしょうか。
　足ウラのおおざっぱな地図をつくりました。
　先端から、ユビが5本。これは手のユビと同じ名前にしました。
　3つの山は、親ユビ山、小ユビ山、カカト。このなかで1番大きいのが小ユビ山。
　そしてハナオ谷と土ふまず。
　このくらいは共通認識できるようお願いしたいと思います。地名がつけられるようになっただけで、足ウラ感覚は変わってくるかも。

 足ウラ地図をもとう。

足ウラに注目をあつめる

　足ウラ地図ができたところで、2本足で立ってみます。
　体重は、足ウラのどこにかかっているでしょうか。
　カラダを支える中心は、足ウラのでっぱりです。つまり3つの山と足ユビです。ところが、ここに均等に体重がかかっているわけではありません。また固定はせずに、つねに微妙に移動しているのがわかると思います。

　でも、よくわかんない。
　最初はそうでしょう。特にがっちりかためたクツをはいていると、余計に足ウラ感覚は眠りに入っていますから。

ですので、できるだけハダシ感覚で立ってみる。つづいて飛脚棒をかついでみる。この動作の変化にともなって足ウラ感覚は変わってゆくか、どうか。どこに最も体重がのってくるでしょうか。

気持ちのよい飛脚棒かつぎができると、足ウラにかかる体重が前方に移動してくる、という感覚を味わえないでしょうか。

まず親ユビ山、小ユビ山に体重がのってくる。つまり足の前方ですね。それを5本のユビがサポートする。カカトは浮くわけではないけれど、体重から解放されてくる。やがて荷重の中心は小ユビ山に移動してゆく。

その結果、骨盤が開く、胸郭が開く感覚をもたらしてくる。

そうしてみると、ふだんわたしたちは、体重をカカト中心に支えているのかな、という思いがしてこないでしょうか。

一方、自然体の飛脚棒かつぎは、小ユビ山に体重が移動している。気持ちいい。そんな変化を味わってみてください。

○○ **飛脚棒をかつぐと、小ユビ山に体重がのってくる。**

足ウラだって忘れないで

考えてみれば、2本足で立つわたしたちが大地と直接つながる場所は、足ウラしかありません。

大地の情報を直接得ることができる唯一の器官が足ウラなんです。

たしかに現代は足ウラからの情報なんて少なくても困らないような環境になっています。

均一化された大地、バリアフリー化のいきとどいた生活空間。足をがっちりガードしてくれるクツ。

だからといって、足ウラ感覚はにぶくなる一方でかまわない、というのでは困ったチャンではないでしょうか。

関心をむけないところは見えなくなります。そこがカメラとの違いです。カメラは視野に入るものはソノママ写しとります。ところが、人の場合は意識し

ないと、たとえ見えていたとしても目には入ってきません。足ウラに目を向けてゆきましょう。

結局、かつぐことの変化

　自然体とは何でしょうか。
　本書では、4本足の自然なハイハイ姿勢、という結論を示させていただきました。つまり背骨が中心となる梁構造をつくり、それを4本の手足がつり下げている構造です。
　とはいえ、現実にはみな2本足で立っての生活です。
　そこで、自然体の無理が生じてしまいます。象徴的に表現すれば、胸郭がとじる、骨盤がとじる、という変化です。結果として背もちぢむ。この不自然さは、とくに疲れたとき、無理をしたときの負担となり、老いれば姿勢の変化をうんでゆきます。

　立った状態で、ハイハイの自然体の感覚をとりもどす方法はないだろうか。
　そのひとつが、飛脚棒をかついでみる、ということでした。かつぐことで、どうなるか。

　　小ユビ山に体重がのってゆく
　　胸郭がひらく
　　骨盤がひらく
　　背筋が自然とのびる

　という一連の感覚を味わうことが可能となり、本来の自然体にもどってゆく。
　これが飛脚棒をかついだときの「気持ちよさ」の正体です。ホンマに昔の人はすごいことを考えついたものです。一本の飛脚棒を肩にかつぐことで、カラダはこんな変化を一瞬のうちにうみだしてくれるのです。
　ふだんは、かつがれてばかりのわたくしですが、かつぐことで気づいたこと

です。

飛脚棒かつぎのポーズがうむ感覚（ひらく・とじる編）
 (1) 小ユビ山に体重がのる
 (2) 骨盤がひらく
 (3) 胸郭がひらく
 (4) 背筋がのびる
 (5) ああ、気持ちいい

別の表現法

　ひらく、とじる、というのは感覚としていかがでしょうか。
　感覚は、一度実感してしまえば、なるほどそうか、とたちどころに納得していただけるのですが、わからないときは全くわかりません。算数の問題と実によくにています。わからないうちはサッパリですが、わかっちゃえばナーンダです。
　そこで、ひらく、とじるとはちがった感覚も紹介させていただきます。同じことをいってるだけなんですが。
　立つ、というのは足ウラを地面につけて、カラダを上に積みかさねる行為です。積み木です。まず足をおく。つぎに骨盤をのせて、胴体をのせて、さいごに首を介して頭をのせる。それでは、どのようにのせれば「ひらく」感覚が味わえるでしょうか。
　という観点から、ひとつののせ方を紹介させていただきます。

　まず、足ウラを地面におく。できれば、小ユビ山に体重をのせる。
　小ユビ山の上に、オシリのホッペがのる感覚をもつ。
　その上に、両肩がのる感覚をもつ。
　そして両肩の上に、両耳たぶがのる感覚。

さて、どうでしょうか。

ひらく感覚と同じことを、別の表現としていってるだけだなあ、と感じていただけませんか。あとは、自分の好みです。好きなほうを思い出してみる。あるいは、順番にふりかえってみる。なれれば、エア飛脚棒かつぎのポーズをとるだけで、カラダはパッと反応してくれることでしょう。

　　飛脚棒かつぎのポーズがうむ感覚（積み木編）
　　⑴ 小ユビ山に体重がのる
　　⑵ その上に、オシリのホッペがのる
　　⑶ その上に、両肩がのる
　　⑷ その上に、両耳たぶがのる
　　⑸ 背筋がのびる
　　⑹ ああ、気持ちいい

カラダの緊張をほぐすコツ

今の世の中、緊張する場面にこと欠きません。

スポーツの本番、ピアノの発表会、入学試験、面接、面談、仕事だって緊張しますよね。

ところで緊張は自分の身を守ろうとする、基本的な防衛反応です。

これからストレスがかかるぞ。そのストレスに負けないよう交感神経をギンギンにふるいたたせて挑戦だ。その気持ちや具体的な姿勢が緊張となってあらわれることですから、自然なことです。つまり、前向きに挑戦してゆくことへの準備状態といってもいいものです。

ただしストレスも緊張も、限界点をもっています。そして過度のストレスや緊張は、身を守るどころかアタマもカラダも思うように動かず、本来の力をだせなくなってしまうことにもなりかねません。

第二章　調身の章（カラダをととのえる）

　笑っちゃうのは、いや笑っては失礼ですが、たとえばスポーツ界で、日頃から猛烈な大声でしごきぬく鬼監督がいざ本番の場面で「もっと肩の力をぬけえ」と絶叫している場面です。いわれた方は、さらに力が入っていってしまいます。

　力をぬかせたいなら、日ごろからいばりちらしたり、筋トレなんかさせなきゃあいいのに、なんて失礼な思いがわきでてしまう場面です。こんな考えだから、わたしは運動部活動にむかなかったのでしょう。

　ともあれ緊張の度合いは、胸郭、骨盤に象徴的にみることができます。どっちもとじている。肩甲骨は見事にせり上がって、首もしめあげて、胸郭の動きを封印させています。よせて下げるの真逆です。猫背になって、ろくな呼吸もできません。骨盤もしかり。オナカにぎゅっと力がはいってとじてしまっています。ですから足も動きません。

　丸くなって身を守ろうとする、人間ダンゴムシ化のポーズです。ダンゴムシが危機をさっするとカラダ全体を丸めてかたまってしまうのと同じ原理です。見方をかえれば、自分のカラに閉じこもってゆくということです。専守防衛の型といってもいいでしょう。そんなにとじこもっちゃ、大変じゃないですか。

　こんな状態にあるとき、肩の力をぬけなんて精神論ぶたれても、かえって火に油をそそぐようなものです。ますますかたくなる。

　じゃあ、どうしたらよいでしょうか。

　そうです、飛脚棒をかついでみる。胸郭と骨盤がひらいてきて、ああ気持ちいいなあ、と感じられた時点で、過度の緊張はすっと遠のいています。もちろん、足ウラまで意識がむけられれば、小ユビ山に体重がのっていることもわかります。同時に、気持ちもやわらぐ。

　さあ、なんでもドンとこい。

　飛脚棒がない時はどうしたらよいでしょうか。そのために、エア飛脚棒かつぎのポーズがあるんです。かついだように、感じられればいいわけです。そうすれば、いつでも、どこでもできるんです。

○　**緊張時には、飛脚棒かつぎのポーズ。**

疲れをぬくコツ

　疲労をぬくのに一番いいのは、ぐっすり眠ることでしょう、多分。

　疲れの多くは、肉体的であっても、精神的であっても、カラダにたまってしまった緊張の積み重ねの結果です。だって、緊張がない時なら、カラダを相当つかっても案外と疲れないものです。かえって気持ちがいいくらいです。

　その証拠に、疲れがたまってきた時のカラダの変化は、緊張時のカラダの変化に重なってくるんです。ほら、胸郭がとじて、骨盤もとじている。

　ですから、疲れた時の解消法も同じになります。

　飛脚棒をかついでみる。

　いずれ、どの職場にも飛脚棒がたてかけてあって、疲れをかんじたら飛脚棒をかついでリフレッシュ。時間にしたって1分とかかりません。その結果、職場の仕事効率が格段にアップし、肩こり腰痛になやむ人が減りました、なんていうレポートがだされないかなあ。

　これは走って疲れを感じてきた時も同じです。

　走り疲れてくると、胸郭も骨盤もとじぎみになってゆきます。ということでハイハイ姿勢になって広げてもけっこうですが、現実的ではありません。さあここでエア飛脚棒かつぎのポーズです。

　カラダがシャキーン、仮面ライダーではありませんが、大変身です。

　飛脚はなぜ飛脚棒をかついで走りつづけていったのでしょうか。そうです「自然体を維持したまま走りつづけるため」なのでした。本章の結論です。

　ここで、ようやく答えがでました。理屈じゃないんです、かついでみればいいんです。追体験こそが大事です。

　疲れを感じたら、飛脚棒かつぎのポーズ。

かつぐ文化の再興へむけて

　飛脚棒を1本、肩の上にのせたくらいで世の中が変わるものだろうか。
　そんな疑問をおもちになるのは理解できます。まして、わたしの説です。わたし自身でさえ、信用していいのか迷っています。
　この章のはじめに、飛脚棒がやがて「学校教育」や「高齢化社会」の中にも浸透していってもらえればウレシイなんて発言をさせていただきました。世の中を変えうる、と。

　大きく出すぎ、であることは承知しています。
　出る杭は打たれる。でも考えてみてください。今の小さな子、小学生から中学、高校生と姿勢がわるくなってゆく傾向にないでしょうか。歩き方もだらしない。若者が変化しています。
　そして何より疲れやすい。
　だってカラダをつかわず、いやつかう場所や機会が激減しているのですから、社会や環境の問題でもあるわけです。子どもは被害者。学校が終われば、日が暮れるまでキズだらけになって外で遊びほうけられた時代はもはや過去の話です。
　だからといって、やむをえないこととして放置していい問題ではありません。そこで教育界に切りこむわけです。
　せめて基本中の基本である姿勢だけでも、しっかりしてほしい。
　体育は、知育、徳育とならぶ3大教育の柱です。そこで飛脚棒の登場。
　義務教育の体育の時間に、飛脚棒をかついでみる。そう、飛脚棒かつぎを「体育の授業」にとり入れるんです。そして歩いてみる。できれば、走ってもみる。すると姿勢がかわる。歩きがかわる。さらに動作全般までかわってゆく。若い子の習得は早く、そして長い人生にわたる文字通りのカラダづくりの基礎になります。
　文科省はご検討、いかがでしょうか。

 体育の授業に、飛脚棒かつぎ。

一方、お年寄り増加現象。
　お年寄りが増えつづけるということは間違いのない事実でしょう。わたしもその張本人のひとりです。着目したいのは、それが今の日本では「問題」としてとらえられている、ということです。
　老人問題、介護問題、年金問題、認知症問題、寝たきり問題、老人がふえてでてくるのは「問題」ばかりです。存在自体が「問題」として語られる。やっかいなこと、迷惑なこと、というのがバレバレの表現です。増えちゃ、悪いか。
　ほうってはおけない、というわけで公民館単位で高齢者学級がさかんにおこなわれています。筋トレ活動、脳トレ活動もさかんです。
　で、わたしの提案ですが、一人に１本の飛脚棒の支給です。それだけです。
　時間をみつけたら飛脚棒をかついでもらう。ときにかついで歩いていただく。それだけです。
　お年寄りにはツエが有用。しかし転ぶ前のツエ、早めのツエ導入、ではいけません。ツエはあくまで最終手段です。

　ツエをつく前に、飛脚棒をかつぐ。
　かつぐことで自然体の姿勢をよびもどし、曲がりはじめ、バランスがあやしくなりかけたカラダはしゃきっと芯がとおるようになってゆきます。
　棒はつくのではなく、かつぐためにあるのです。飛脚棒をかつぐようになって、年間の転倒事故が激減した、なんて事態にならないかなあ。こける事故は後をたたないんです。そして、こけたがために人生が一変してゆくお年寄りは増加の一途をたどっています。
　１本の飛脚棒が増えつづける老人医療費を圧縮し、多くの老人が望む最後ともいわれる「ピンピンコロリ」となる前に「ピンピンシャッキリ」となってゆけるのです。転倒事故をふせぐばかりか、元気をとりもどしてゆくのです。オレオレ詐欺がきた日にゃあ、飛脚棒で成敗してくれよう。
　ええい、この飛脚棒が目にはいらぬかあ。
　高齢化社会、なにするものぞ、です。
　厚労省はご検討、いかがでしょうか。

○ 歳をとったら、ツエつく前に飛脚棒かつぎ。

文化は世界をかけてゆく

　ここから先は、総論的記載となります。しかもわたしの勝手な推論です。その点をお含みおきの上おつきあい願います。
　2本足となり、視点が高くなり、手の自由度がまし、人間はあまたの進化をとげてきました。しかし反面、姿勢への負荷をおうことになります。人のカラダは、まだハイハイ姿勢のなごりをのこしているからです。
　この負荷は、とくに重労働の時や、老いてから重くのしかかってきます。重いものを運んだり、ながい距離を移動する時も同様です。
　もちろん走りつづけることも例外ではありません。マラソンレースのゴール付近では、そんな負荷を受けつづけてきたランナーの立ち姿がどうなるのかを目の当たりにすることができます。わたしには、どうしても老人施設の廊下の光景がかさなってきてしまうのです。
　原因は、地球上に存在する「重力」です。
　では、どうしたら重力とうまくつきあってゆけるでしょうか。

　そうして生みだされていった画期的な文化が2つあります。
　考えついた人も、考えつかれた時期も場所もわかりません。そうとうに太古の時代であることだけは確かなことです。文字も通信手段もない時代に、しかしこの両者は世界中の多くの地域に広まってゆきました。

　2つの文化とは以下のものです。

　　かつぐ。
　　のせる。

　「かつぐ」というのは、おもに天秤棒などをつかって肩にのせる方法です。

「のせる」というのは、頭にのせる方法です。
　かつぐ発想はどちらかというとアジア系、のせる発想はアフリカ系かな、というのがわたしの勝手な憶測です。でも、どちらも広く流布していったことは現在も多くの地域でこの両方のスタイルがみられることからも間違ってはいないと思います。

　もちろん日本にあっても例外ではありません。
　のせる文化は琉球を中心に今も残っています。伊豆大島では、あんこさんが水桶やマキを頭にのせて運んでいる人形が人気です。かつぐ文化は、それこそ日本各地に広まりました。とくに花ひらいたのは、江戸時代です。飛脚は、そのひとつでしかありません。
　農作業で、天秤棒をかついで仕事、という光景はどこでもみられました。江戸の町では、金魚、野菜、魚、ソバ、甘酒、およそ荷物となるものの運ばれかたの基本は「かつぐ」です。一心太助もかついでいましたね。
　大名行列だって、さまざまな日用品をかつぐ人の列がつづきました。
　ただし、欧米だけは世界の例外地域だったのかな、という疑問ももっています。この地域に住まう人たちは「工夫」よりも「力ずく」で解決してしまったのかもしれません。カラダもでかいし。あるいは、はやくから自分は働かずに人を使ってすませる、という方法をみつけていたからなのかもしれません。奴隷制度や召使い制度を考えついたのです。

なぜ、かつぐのか、のせるのか

　不思議に思ったことはないでしょうか。
　天秤棒をかついでみる、あるいはツボを頭にのせてみればわかります。これって、かえって大変なんじゃないの？
　肩にかつぐのも、頭にものをのせて運ぶのも、じつは簡単なことではありません。やってみろよ、といわれてすんなりできるものではありません。たとえば、本を10冊くらい頭の上にのせて歩いてみてください。
　なにしろ不安定です。バランスはグラグラ、余分な緊張がうまれます。かつ

第二章　調身の章（カラダをととのえる）

げば肩が痛い、のせれば頭や首が痛い。かえって苦行じゃないか。

　だからこそ着目していただきたいのです。
　なぜ、こんなとっつきにくいことを考えだしたのか。そして、これが世界中に広まっていったのか。
　むつかしいだけなら、広まることはありません。
　苦しくなるだけなら、誰がまねるでしょうか。
　痛くなるなら、すたれます。
　それなのに、世の中に広まり、あまつさえ現代にも脈々と受けつがれている「かつぐ」「のせる」文化。そこには受けつぎたくなる理由があるはずです。

　ここから先は、考えることより実行です。
　さいわいなことに、わたしは天秤棒をかつぐ経験をもった、日本では最後の世代にはいっていたんです。そう、今はどの田畑を見回しても、天秤棒をかつぐ姿を見ることはありません。さすがのインターネットでも、天秤棒は売っていないようです（本書執筆時）。

　肥溜め、といって意味が通じる人が少なくなってきました。コエダメです。
　一昔前までは、田舎道のいたるところに肥溜めがありました。畑の中の道ばた沿いに四角や丸形にほられたオシッコ・ウンチをためておくお風呂みたいなもの、というのが肥溜めです。昔話で、キツネにだまされた酔っぱらいがお風呂と信じこまされて肥溜めに入っちゃう、なんて笑い話をよんだことはなかったでしょうか。
　オシッコ・ウンチは、土地や作物には、とてもよい肥料になります。ただし新鮮なオシッコ・ウンチにはアンモニアなどの植物をやいてしまうような有害成分もふくまれていますから、そのまま田畑にまくのは好ましくありません。しばらく放置して有害成分を蒸発させ、いい菌をかもしてこその天然肥料です。時間が必要なのです。
　そこで便所にたまったオシッコ・ウンチをいったん移して、いい肥料になるまでねかせておくところが肥溜めです。便所と肥溜めの間の運搬をになった道具のひとつが、天秤棒と桶でした。
　肥溜めの中でしばらく放置されたオシッコ・ウンチは、表面から水分がと

123

び、ウンチがカチカチに変化し、頑丈なフタとなってゆきます。それが臭いをシャットアウトしてしまいますので、オシッコ・ウンチのたまり場、という雰囲気も消しさってゆきます。

ウンチのフタの硬さは、桑の棒でつついたくらいではびくともしなくなります。棒のほうが負けておれてしまいます。じゃあ、というので足をのせてみる。

何にも変わりません。もう大地と同化している。立っても大丈夫だ。調子に乗って足に体重をかけてゆくと、しかしウンチのフタは音もなくミシリと裂けはじめます。悲しいかな、足はみるみる肥溜めの中にすいこまれてゆきます。

その先の光景は、いわずもがなの展開です。フタの下には行き場を失っていた臭いが充満していて、なぜかどんなに洗っても臭いがまとわりつく、ような気になります。翌日、学校にいっても人に会いたくない。

あ、なんでこんな話にくわしいか、という件にかんしましては、本書の目的と関係しませんので割愛させていただきます。

そう、話は天秤棒かつぎです。

オシッコ・ウンチをくみあげた桶の重さは、半端ではありません。手で運ぼうとすると、ズルズルとひきずらなくてはならないほどの重さです。そこで天秤棒をだして肩でかつぐ。

もちろん、桶をもち上げる力は半端ではありません。セェーの、とかけ声が必要なくらいです。

腰をまっすぐにして、ヒザから立つ。ようやく桶がわずかに浮いてきます。肩にずっしりと荷重がかかります。

歩みはじめようとすると、ヨロヨロ。思わず足ウラに力が入ります。

なんて危なっかしい、そうとしか見えない光景です。酔っぱらいか。

でも、です。少しずつ安定感がうまれてきます。フラフラしなくなってゆく。デコボコの畑の中を運んでいるのに、だんだんとシックリ感がめばえてきます。

いつのまにか、肩の痛みがへってきている。天秤棒が、文字通りの天秤になって重さをうまく分散してくれてゆくのでしょうか。天秤棒と一体化してゆくような感覚。

この変化は、いったいどう説明したらよいでしょうか。

第二章　調身の章（カラダをととのえる）

　もちろん当時はそんなこと疑問に感じたり考えたりする知識も余裕もありませんでした。ただ、手でもって運んだらできなかった運搬を、かつぐことでけっこうすんなりできちゃう感覚だけはカラダが覚えていました。カラダの記憶力ってすごい。
　そして、今ならちょっとわかる気がするのです。

不安定さ×不安定さ

　かつぐこと、のせることの本質はどこにあるでしょうか。
　それは「不安定さ」にある、というのがわたしの見解です。
　2本足で立つ、ということ自体、けっこうな不安定さです。だから酔っぱらってはこける。老いてもこける。歳をとって増えてゆく足のつけ根の骨折の原因は、そのほとんどが転倒からです。4本足だったらまずおこりません。
　そんな不安定な2本足状態で、さらに不安定なかつぐ、のせる行為です。一番不安定な方法をなぜに選ぶか。
　だって、ふつうだったら手でもちます。かかえます。背負います。つまりカラダに密着させて不安定さを生じないようにしませんか。

　不安定な立ち姿勢に、あえて不安定な持ち方をすると、カラダは自身の不安定さよりも、かついだりのせたりした方の不安定さに意識がむかいます。だって、自身の姿勢の不安定さより、かついだりのせたりした不安定さの方が断然つよいからです。
　するとここでおもしろい現象がうまれてくるのです。
　カラダはかついだりのせたりしたものへの不安定さを支えることに意識がいってしまい、いわば「無」の状態にはいってゆく。かついだりのせたりしたもののバランスをとれるようにした結果、一番の自然体に収束してゆく。そして、この行為をくり返していると、やがて何ももっていない時も、同じような自然体になってゆく。
　自然体というのは、バランスがとれている、ということで各自の体格にあわせてつくられてゆきます。統一規格ではありません。

それは、4本足のハイハイ姿勢の感覚におちついてゆく。

　一方、モノをカラダに密着させますと、モノはカラダと一体化してしまい、自身のカラダへの意識が強まってしまう結果になってしまいます。するとカラダの中に踏ん張らねば、という意識がめばえていってしまいます。筋トレをしているのと同じ原理です。筋肉はつくでしょうが、自然体からははずれてゆくかもしれない。

　不安定さの中の安定さ。じつは不安定にみえているようで、柔軟な安定さが芯をつらぬいているのかもしれません。
　小さい子のヨチヨチ歩き、自転車、回っている独楽。共通するのは、不安定さのなかの自然体。
　はい、不安定な人生を歩んでいるわたしの個人的見解です。

　数学のかけ算を覚えていらっしゃるでしょうか。
　プラスかけるプラスが、大きな数値になるのはかけ算九九でおぼえました。おもしろいのはマイナスかけるマイナスもプラスとなって、同じ大きな数値になるのです。
　人が2本足でものをもつ行為は、かけ算の法則が成り立つのでしょうか。
「2本足の不安定さ」×「かつぐのせるの不安定さ」が、カラダのバランス感覚をうみだして強力な安定さ、自然さにつながってゆく。
「2本足の不安定さ」×「密着させる安定さ」は、カラダの重心を変えてしまって増大する不安定さをうみかねない。こちらはマイナスかけるプラスなんです。実際に、ずっと背負っていると、腰がまがってゆきますものね。
　ただし、ひとつの見解でしかありません。真理の海はとっても深い、ニュートン先生もおっしゃっていました。謙虚にこれからも考えつづけたいと思います。興味深い世界ですものね。

第二章　調身の章（カラダをととのえる）

アッとおどろくヒモ感覚

　おまけ、です。
　飛脚棒をかついでみると、カラダは自然体になり、気持ちよくなります。
　とはいっても世の中は広いものですから、みながみな同じ感覚を共有できるか、といえばそうはいかないでしょう。
　何とも感じないぞ、という方もおられるでしょう。
　キュークツ以外、いいことないぞ、という意見もあるかもしれません。

　ところで、飛脚棒かつぎのポーズでえられる身体感覚は、飛脚棒をかつがないかぎり味わえないものでしょうか。
　イエイエ、そんなことはありません。
　江戸文化は、多様性にとむ感覚文化が花ひらいていました。
　その代表のひとつが「ヒモ文化」ではなかったか、という思いもあります。根拠が示せなくて、あいかわらずスミマセンですが、結果は数値とかエビデンスとかで語られるものばかりじゃありません。ご自身の感覚で判断していただくのが何より、というのもあるんです。

　ヒモをカラダにまいてみる。といっても、ガンジがらめに縛りつけるようにまきつけるのではなく、添えるというくらいのゆるさで結構です。むしろ、ゆるいほうがいい。すると飛脚棒をかついで、フウッとくつろいだときと重なる感覚がよみがえってくるかもしれません。江戸人って、ホントにおもしろい。
　上から、順次、追体験していただければ、ありがたいです。

○アタマにヒモ

　これは、いうまでもなく、ハナマキです。
　ハチマキをまくと、どんな感じになるでしょうか。
　気合いがはいる、集中力があがる、覚醒度がます、やる気がでる。
　いまでも、受験勉強や選挙のときの定番光景として、しっかりと受け継がれている文化です。士気を高めたかったら、ハチマキ。眠気を飛ばしたかっ

ら、ハチマキ。

　ういういしい高校生の駅伝競走のときなどでみるハチマキ姿は、とっても爽快です。

　そのほか、どんなときにハチマキをつける光景が思いうかびますか。じつにさまざまな行事や行為のさいに、目にしているはずです。すごいぞ、ハチマキ文化。長い伝統。

○ 肩にヒモ

　むつかしく考えないでください。8の字型に肩をヒモでくくる、いわゆるタスキがけです。和服のひとが家事などのさいに、着物のすそをたすき上げる使い方からこういう言い方がついたようです。

　今でも、和食のお店では、着物姿の板前さんの定番スタイルになっています。というより、ちょっと前までは、どこでも見られたふつうの光景でした。キモノにゲタ、タスキがけで水くみ、はたきかけ、そうじ、洗濯。

　さて、タスキがけをすると、カラダはどんな反応をみせてくるでしょうか。

　姿勢がすっと伸びる、動作がスムーズになる、呼吸が楽になる、気持ちいい。そうです、キモノのスソをたくし上げる、なんていうだけの小さな目的ではなかったのです。

　走りの世界では、駅伝でわたす「タスキ」にも着目してみてください。タスキをなんでタスキとよぶのか。タスキがけの、片方だけの簡略版になっている、というふうには見えてこないでしょうか。もちろん、諸説があるようですが。

　駅伝でつなぐタスキを、タスキがけの形にかえて走ってみたらどうなるでしょうか。

　カラダがより自然体に整ってゆきます。走りに力みが消えてゆきます。楽に前にすすめるようになります。結果、記録の向上。

　なんていうことになったら、おもしろいなあ、というのがわたしの妄想です。どこかで、ためしていただける学校や実業団はありませんか。

　走りから離れますが、畑仕事のさい、ヒモをタスキがけしておくと、穴ほりでも、草むしりでも、カラダが疲れにくいように感じます。もちろん走るときも、です。

第二章　調身の章（カラダをととのえる）

○胸にヒモ

　わきの下あたりに、軽くヒモをまいてみると、肩の緊張がほぐれて呼吸が楽な感覚になります。同時に、横隔膜の緊張もなくなり、食事がノドを通りやすくなります。緊張すると、肩がせり上がって、わきの下がしめ上げられてくると思いますが、それを和らげてくれるのです。
　ピアノの発表会、受験会場で、どうでしょうか。
　カラダの自由が失われてくる神経難病で、24時間人工呼吸器につながれている方のわきの下に、触れるくらいの力でヒモをまかせていただくと、肩からオナカまわりの緊張がほぐれて、呼吸が自然になり、1回換気量の増大、気道内圧の安定化、などがみられてくる、なんていう好結果も期待できています。

○ヘソにヒモ

　ヘソは、オナカの中心です。
　ここにかるくヒモがまかれた感覚が生じますと、カラダのバランスが整ってゆく感じになります。中心がしまる、とでもいう感じです。ただし、しめつけるようにまくのではなく、あくまで落ちない程度にそえる感じです。
　いうまでもなく、わが国は古来より「ヘソヒモ」文化でなりたっている、といってもいい伝統がありました。なにしろ、女性は腰巻きや襦袢、男性はフンドシでヘソまわりをヒモでまいていたのです。つまり、全員がヘソにヒモがかかってました。
　小さな子は、着物のヒモも、ヘソまきです。
　ヘソにヒモがまわっている状態と、キモがすわる、という概念は重なりあうんです、わたしの説ですが。
　実際、力仕事のときに、ヘソにヒモがとおっていると、フンバリ感がちがうことをぜひ体感していただきたいと思います。
　いえ、力をこめるときばかりではありません。精神的に不安定になったとき、胸にヒモをまく（過緊張対策）、ヘソにヒモをまく（情緒不安定対策）、というダブル巻きで落ちついてゆくことがあります。寝るときにためしていただければ、グッスリ感が変わってくることでしょう。

○腰にヒモ

　腰というのは、骨盤のことですが、オシリのホッペをもち上げるような感じで軽く回したヒモがいい感じをうんでくれます。
　結んでいただければ、実感です。背筋がシャキッとします。まさに、飛脚棒をかついでシャキッと感をえたときに重なる感覚です。
　本来の着物のヒモは、いうまでもなく腰でまきます。気持ちいいし、動きやすい。階段や坂道もスイスイのぼれる感覚がうまれます。
　一日中、せまい空間で立ち仕事をされている板前サンの前掛けもここでしめている訳がわかります。腰痛持ちの方にも好評です。

　いずれも、1本のヒモでうまれる感覚です。古人は、こんな感覚を日常のなかにもっていたのです。追体験していただくと、それこそ「アッとおどろく」発見がまっているかもしれません。

　　棒1本　ヒモ1本の　不思議かな

基礎のつくり方

　基礎が大事、とは何かにつけて語られるコトバです。
　世の中のすべては、基礎から始まる。
　基礎をおろそかにして、物事は成就しません。
　ですから日本の五街道も木曽から始まっていますもんね、ん。

　基礎のなっちょらんわたしには耳の痛いコトバですが、基礎の大切さはわかっているつもりです。
　東京にスカイツリーとよばれる、やたらとでかいタワーがたちました。
　建造物は必ず古くなってゆく。やがて朽ちて撤去しなくてはならない時のためを考えて建物はつくらなくてはならない、といわれたのは、さる宮大工の棟

梁だったと記憶していますが、そういう発想はこのタワーには感じられません。

　高さはなんと634メートル。

　その巨体を支えるために、地中には50メートルをこえる巨大なクイが何本も打ちこまれているのだそうです。目にはみえない部分での陰の力持ちです。たしかにそのくらいのことはしておかなくては心配だよな、と建築素人のわたしも思います。

　そんな現代巨大建造物と対比させてしまって申しわけございませんが、奈良県の法隆寺に五重塔が建立されています。

　クギを1本も使わずにつくられたこの木造建物は、高さが31.5メートルです。

　スカイツリーには50メートルの深さまでうたれたクイ。それでは、五重塔をささえるクイの深さはいかほどでしょうか。

　じつはクイはうたれていないそうです。

　石の上に柱がのっているだけ。そして柱と柱はお互いがうまくかみあい、バランスをとりあい、長い年月を耐えている。

　建築様式で語られてもわたしにはむつかしすぎますが、わたし式の理解でいえば「巨大やじろべえ」構造です。

　なにせ自然環境でいえば、変化に富む日本です。

　地震の襲来にはことかきません。強風ともなう台風だって、毎年の年中行事です。高い建物には大きな負荷の連続です。

　そんな地震、雷、火事、親父級のさまざまな洗礼をあびつつも、石の上にのった五重塔は荘厳な姿を保っている。

　見事です。

　スカイツリーは、今後、どのくらいの間、今の姿をのこしつづけてゆけるでしょうか。

　ここで、どちらが「エライ」という話ではありません。

　その点は誤解のないようにしていただきたいと思います。

　どちらも立派に建っている。ただし基礎となる考え方や発想はかなりちがうようだ、ということです。たとえ東京スカイツリーが法隆寺方式を学んでいる

にしても、です。

　人も2本足という不安定さで立っています。クイはうっていません。

　どのように、この不安定さを克服してゆくか。走り疲れたとき、年老いたとき。

　ひとつの発想はスカイツリー派、そして五重塔派。

　前者は力で克服してゆこうという発想で西欧的、体育会的発想につながり、後者はバランス力で対応できないかというアジア・アフリカ的発想です。

　本書は、後者の立場ですすんでいます。わたし、力ないですけん。

和のくらしがはぐくんだもの

　ほんの数十年前まで、この国はバランス文化で成り立っていました。人も五重塔的生活です。

　ハキモノは、女性だってゲタを日常的にはきこなしていました。どうすれば、あんなシーソーみたいなハキモノを考えつくのでしょうか。そして全国に広まるのでしょうか。ゲタ屋はどこにもありました。ゲタをはいて、背中に赤ん坊を背負ったまましゃがみこんでタライでゴシゴシ洗濯する姿、今もできる人はどのくらいいるでしょうか。

　トイレは、どこも和式です。しゃがまないと用もたせない。とくに外便所が多かったものですから、ゲタをはいたまましゃがみこんでウンチをする。今は体育館でしゃがもうとするだけで後ろに転がっていってしまう児童までいる時代です。

　ゴハンの用意はカマド、そして風呂焚き。しゃがみこんで、オナカに力を入れられないと仕事になりません。毎日スクワットですか。

　食事はちゃぶ台、そう正座が基本です。正座はバランス力なしにはとれない姿勢です。

　玄関を入るためには、おおきくまたがなくてはなりません。上がりはなも高い。これって相撲取りの四股ふみじゃありませんか。

　今はやりのバリアフリーなんぞどこ吹く風、のバリアアリーの世界です。

　何をするにもバランス力が要求される場、というのがかつての庶民の和の空

間でした。
　バランス力を失えば家の中にも入れない、移動もできない、食事もできない、ウンチもだせない。フロにも入れない。一日中バランス力が要求されている世界。バランス力でなりたっている世界。

　そして今、世界一の長寿国の看板を背負っているのは、こういうバランス生活にどっぷりとつかってきたジイさまバアさまたちです。
　日々体操していません。筋トレしていません。リハビリしていません。バランス環境でくらしつづけてきただけです。
　わたしたちと同じだ、なんて思っちゃいけません。
　こういうジジババのデータから、今の若者の平均寿命なんて出しちゃいけません。ちがう生き方をしているんです。たべ方だってちがいます。
　なぜ医療、保健、福祉の進化を享受しながら、病人がふえ、人口が減少し、体力が低下しているのでしょうか。戦争だってしていないのに、ですよ。

　和式生活が影をひそめ、かわってきたのは、力の台頭です。
　ことは体操、筋トレブームだけではありません。自然さえも、力ずくで征服してやろう。相変わらずの巨大ダム建設だってほんの一例にすぎません。自然の流れをさえぎって、どうしようというんでしょうか。
　たべ物だって、力ずくの増産です。太陽のめぐみでじっと待つ、なんてしていません。自給自足を「自分たちで作って食べる」と思っている方がいらっしゃいますが、本来は「自然から給わったものを、自分たちはありがたくいただく」という意味じゃないでしょうか。自分たちでできることといえば、種をまくくらいです。あとは植物の命と自然のたまものをいただいているだけです。わたしの家のニガウリの棚なんか、前年にこぼれ落ちた種が春になると自然に芽をだしてくれるものですから、な〜んにもしていません。できたら、いただくだけです。自然の力はつよい。人は、かないません。
　政治だって、財政だって、力ずく。そして巨大赤字の放漫政策のつけや環境破壊を、次世代に丸投げですか。そのために１億全員が活躍しなくちゃいけないんですか。大きなお世話と、なぜ言えない。
　このまま、力まかせにつき進んでいって、よろしいんでしょうか。

リメンバー、バランス生活。
わたしの小さな中高年の主張です。
その第一歩が、飛脚棒なんだってば。

1 本の棒がもたらすもの

　ずいぶんと大きなことをいってきてしまいましたが、本章の主題は、1本の飛脚棒をかつぐことです。
　バランス論も長々と講釈たれさせていただきましたが、じつは1本の飛脚棒がもたらすバランスの変化なんてたかがしれています。少なくとも、肥溜めをかつぐ天秤棒なんかには遠くおよびません。
　こんなものでいいのか。
　これでいいのだ、と共感してくれるのはバカボンのパパです。

　その理由は、使用目的がちがうからです。
　天秤棒は、重いものを運ぶために考案されてきました。肥桶だって、金魚ばちだって、ソバ桶だって、野菜だって相当な重量です。
　では飛脚棒は何を運んだのでしょうか。
　運ぶ主役、それは自分自身ということです。
　天秤棒が運ぶ主役は重い「モノ」ですが、飛脚棒は先にゆわいつけた手紙ではなく運び手である「人間」をどう効率よく遠くの目的地まで運ぶか、という視点のもとにあみだされた発明である、ということです。わたしの解釈なんですが。
　運び手である人をいかに効率よく走らせるか。
　普通に走れば、今と比べようもない悪条件ぞろいの中を、どう走らせるか。
　それは肩に飛脚棒をのせてゆくことだ。
　なぜなら、それだけで自然体がよみがえさせられるから。

　本章では「調身の章」として、おもに姿勢をテーマに考えてまいりました。そのため動的な部分までは踏みこんでいません。実際の動きとしての走りの実

践は「調心の章」にて展開する予定にしています。
　まずは本章で、1本の飛脚棒を肩にのせた時におこるカラダの変化を存分に感じていただきたいと考えています。自然体の姿勢、すべての基本です。
　それでは、次は「調息の章」に突入だ。

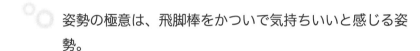 姿勢の極意は、飛脚棒をかついで気持ちいいと感じる姿勢。

第三章　調息の章（息をととのえる）

この章の目的

ペースの極意を会得する。

口上

　よい呼吸で走りましょう。
　なぜなら、よい呼吸であるかぎり、苦しくならないからです。苦しくならない走りの中で、気持ちのよさが芽生えてきます。
　気持ちのよさは、快のとびらをあけるカギでした。
　ただし呼吸感覚だけでは、気持ちのよさに直接触れられません。なぜなら、呼吸とはその存在自体が「自然」であり、「普通」であるため、ふだんは意識もしないし、感じることもないからです。
　無意識にしているものであるため、たとえば何かに気をとられている時も、寝ている時も、呼吸は休むことなくつづいています。
　呼吸を意識したり感じたりする場面というのは、じつは何らかの「普通じゃない事態」に直面した時です。喘息の発作時とか、心不全が悪化した時とか、水の中にもぐっている時とか。そして自然じゃない走りをしている時もそうでしょうか。
　ふつうの呼吸で走れる走り方、これが「調息の章」の目的です。
　それが自分本来の走りのペースともいうべきものです。
　方法は簡単です。意識をかえてゆくだけです。
　さっそく突入とまいります。

第三章　調息の章（息をととのえる）

ア ナコンダの出現

　ある日、ひとりで道を歩いていました。
　すると、突然ものかげから10メートルをこえるアナコンダがニョロニョロと飛びだしてきた、という場面を想像してみてください。
　アナコンダ、知っていますか？
　巨大なヘビです。長さも長けりゃ、胴まわりだってドラム缶をこえるほどの太さです。凶暴で、ワニでも人間でも、ひと呑みにしてしまうような強さをもっています。小さいことにはこだわりません。腹囲をはからせてもらうと優に1メートルはこえるため、メタボ検診では要精査にまわされてしまうのですが、鼻にもかけません。チョー大物の片鱗があります。

　うわああああ。
　ふつうなら腰をぬかして、その場でヘナヘナとしゃがみこんでしまう場面かもしれません。でも腰をぬかしてはいけません。ここで立ち止まったら万事休す。アナコンダに丸呑みです。とにかく逃げる、しか手はありません。
　まちがっても戦ってやろう、なんて考えないでください。たとえ空手10段の腕前があったとしても、たぶん10メートルのアナコンダに勝てるとは思えません。
　ウルトラマンをよぼう、ってここはテレビの特撮場面ではないんですから、ちゃんと現実を直視しましょう。快傑ライオン丸だって、出撃してくれません。

　選択肢はひとつしかありません。
　一目散に全力疾走です。逃げるだけです。テキに背をむけるなんて武士の恥だ、なんていうプライドはこんな状況ではあっさり捨てましょう。そもそも職業は武士なんですか。また、かくれんぼをしてやり過ごそう、としても無理です。アナコンダの嗅覚を甘くみてはいけません。
　自分の人生のなかで、こんなにも真剣に、こんなにもはやく走ったことは今まで一度もありません、という気持ちで必死に逃げる。そうすれば火事場の馬鹿力も加勢してくれるかもしれません。

とはいえ、やがてというか、すぐに逃げるスピードはみるみる失速してゆきます。まるで夏休みの宿題計画みたい、スタート直後からご乱調、ああはかない。

いや、ことは失速だけではすまされません。
立ち止まってしまうかもしれません。ハアハア、ゼエゼエ。
しかし、ここで止まってしまったら、今生の別れになってしまいます。ほら、後ろには大きな口をアングリと開けたまま、アナコンダが迫ってきているんです。
それなのに、それなのに。ああ、それなのに、なぜ足がでない、なぜ前に進めない。
走れ、走れメロスよ。

走れない理由

ここで、あらためて問いかけさせていただきます。
アナコンダにおいかけられて絶体絶命、命をはって一生懸命に逃げているのに、なぜはやばやとスピードが落ち、あまつさえ走れなくなってしまうんでしょうか。

足が地面にのめりこんでゆき、足がぬけなくなってしまうからでしょうか。いやいや、本当にアナコンダの棲むジャングルの沼地に入りこんでいるわけではありませんからちがいます。足元は、立派な大地です。
地面から伸びてきた手が足をつかもうとしているからでしょうか。いや、だから本書はホラー小説ではなく学術書（笑）なんだから、そういう意見は却下とさせていただきます。
とすると、「体力の限界」におちいってしまったからでしょうか。
しばしば、このように考えている方は少なくありません。
自分は体力がないから走れない、ましてや長距離なんて絶対無理、なんて平気でいいます。でも本当に体力の限界がきたために走れなくなってしまったの

でしょうか。
　ここは、とっても大切なところです。
　もう走れない、バタンキュー。そういって地面にヘナヘナとしゃがみこみ、過去の半生を走馬灯のように懐古しながら覚悟を決めたその瞬間、アナコンダが別のもっとおいしそうな獲物をみつけて走りさっていったとしたらどうでしょう。
　本当に体力の限界であったなら、嵐がさったあとも、もう一歩も動けません。立っていられません。意識もなくしてゆくでしょう。

　ところが体力の限界と思ったその瞬間、実際には命をおとすこともなく、気を失うこともなく、多くはたんに息苦しいだけです。
　全力疾走の直後はゼエゼエ、ハアハア、たしかに死ぬような思いになるものです。ところが少しやすんで呼吸がととのってきさえすれば、いたって平気にもどれます。
　場合によっては、もう一度走りだすことだって可能です。
　学生時代に強制参加させられたマラソン大会では死ぬような思いだった、という人でさえ、大会のあとの帰りは歩けたのではないでしょうか。救急車で家まで送られたのですか。その後の数日間は意識を失って生死の境をさまよいましたか。

　よろしいでしょうか。
　走りつづけることに、すぐ「体力」をもちだすのはおかしくないか、というのが本章のツッコミ部分です。
　体力がないから走りつづけられない、ではありません。体力がないから走りを楽しめない、のでもありません。息苦しさが尋常じゃないから、走れなくなるんです。苦しさの意味をはきちがえないでいただきたいんです。
　ここを、しっかり押さえておきましょう。
　たとえば1時間歩いてみる。歩ける。じゃあ1時間走ってみよう、それはつらい。まだまだ体力が足りないからだ、だから筋トレだ。
　本当でしょうか。1時間歩けるなら、1時間走れます。それは体力がなくて走れないんじゃなくて、息苦しくなるから走れなくなっているだけなんです。
　そこを勘違いして、安易に体力論にもっていかないでほしいのです。

少なくとも、ふつうに一日の生活をおくっている人が、体力がないなんておかしいのです。使い方の問題ではないのか、という発想はできませんでしょうか。

　走ることがつらくなるのは息苦しくなってしまうから、だったのです。ここをしっかり押さえられるようになってゆきますと、ちがった展望が開けてきます。
　つまり、走りつづける秘訣は「息苦しくならないよう」に走る、です。
　本章の目的は「息苦しくならない」走りをさがしてゆくことです。
　走っても息苦しくならないのでしたら、あとは体力のつづく限り走っていられるわけですから。この次元にいたって、はじめて体力の問題となるわけです。最初から体力をおしはからない。くりかえしますが、ふつうにくらせる人には、ふつうの体力はあるのです。
　でも、最後は体力にゆきつくのか。
　いやいや、そんなことはありません。わたくし、筋トレきらいです。体力に振りまわされずに走ろう、という目論みは次章「調心の章」で予定しています。
　さあ、苦しまない走りを楽しみましょう。

　走れない理由を、安易に体力にもってゆかない。

息苦しさの感覚をつかむ

　息苦しくならない走りを楽しもう。
　そういった時、ハタと立ちどまってしまいます。
　わたしたちは、ふだんから「息苦しさ」の程度をあらわす語彙をもっていませんでした。苦しいか、苦しくないか、はいえますが、どのくらい息苦しいか、という表現法をもっていないんです。
　息苦しさは、血液検査の結果みたいに数値化することもむつかしいです。感

じ方もさまざまです。つまり客観化も比較も容易ではありません。

　呼吸感覚のモノサシというと、イギリスMRC（Medical Research Council）が作成した「息切れスケール」というのがあります。息切れのランクを6段階にわけてあらわしていて、世界的にひろく使われています。
　それによると「グレード0」は息切れなしです。
　次の「グレード1」は、強い労作で息切れを感じるレベルです。
　ちょっととばして上から二番目にきつい「グレード4」になりますと、息切れのために平地を100メートルあるいは数分間歩いただけで息つぎのため立ちどまるレベルとなります。
　マラソンレースも制限時間のおしせまったゴール付近には、明らかにグレード4レベルに該当するランナーが散見されるようになってきます。数分歩いては立ちどまって息をととのえ、意を決してまた前進をはじめるも、呼吸の乱れでまた立ちどまって、と呼吸音までもが伝わってくる感じです。
　いちばん重い「グレード5」になりますと、息切れが強くて外出もできない、衣類の脱ぎ着だけでもゼイゼイする、というレベルになってしまいます。
　これってマラソンレースでいうと「苦しくてもう走れません」とみずから降参して収容バスにのっている自分、と重なるでしょうか。

　でも、ちょっとおかしくないか、と思っていただけると話ははやくすすみます。
　ピントがあっていない。
　そうです、このスケール表は走るランナーのために考えだされたものではない、ということです。
　対象者は呼吸器系の病気や障害をもつひとが日常生活の中で生じる大変さをあらわすランク分け、が主目的です。つまり、対象者も目的もちがうんです。ですから、そのまま借用しても見当違いなのはあたりまえです。
　日本では、病気としての呼吸の困難さをあらわす指標として、ヒュー・ジョーンズ分類やビジュアル・アナログ・スケールなども愛用されていますが、同様に走りに借用は困難です、というか目的がちがっちゃいます。

　そうそう、運動界では有名なボルグスケールがありました。

ボルグ先生が提唱され、運動時のきつさを15段階にわけて表現しようというスケール表だったと理解しています。安静時から、非常にきつい状態まで、こまかくわけられています。
　ただし、さすがに15段階というのはこまかすぎたのでしょうか。その後、簡略化されて11段階に濃縮した修正ボルグスケールが発表されています。「０」は、きつさを感じない。「４」は多少強い。「５」は強い。そして「10」は非常にきつい、となっています。つまり、０から10までの11ランクわけです。
　では、これを利用させていただこうか。
　いやいや、わたしには無理でした。これは修正ボルグスケールが悪いということではなく、使いこなせない運動オンチのわたし個人の問題かもしれません。敷居が高すぎました。簡略化していただいても、走っている最中に今の呼吸状態を「５」か「６」か、なんて区別できません。シロウトには、こういう立派なものは使いこなせないのでした。
　それに、もうひとつ非専門家のわたしの勝手な感想でもうしわけございませんが、ボルグスケールは運動時の負荷をみるためのものなのかな、という思いがあります。
　つまり運動時のきつさをはかる指標。
　きつさをできるだけ客観化して、さらにその一歩先を踏みだそう、という前向き姿勢がバンバンと感じられるのです。今日のきつさは「６」だった。あすは同じ運動量を「５」に感じられるよう体力作りにはげもう。そして「７」の運動量をこなしていこう。次元の高さとちがいを感じます。
　はい、わたしはそういう高尚な目標はかかげません、無理です。
　そもそも、こんな歳になって、なんで今さらキツさを求めなくちゃならないんだ。ボルグ思想からは、完全なる落ちこぼれです。楽しみたいだけです。

　それに求めているのは「呼吸の状態」をどうみようか、ということだけです。ココロザシは関係ありません。
　どこかに、ピッタリくるもんがないかな。
　欲しいものが手にはいらない。いやあ、わたしの人生によくあることです。とはいっても心配はいたしません。解決策はあります。
　ないなら、つくろう。

田舎くらしで、なおかつモノがない時代をチョッピリ経験した世代の身についた発想法です。

○ 呼吸感覚は手づくりしよう。

こんなふうに呼吸感覚を感じてみよう

　呼吸感覚は、数値化させたり客観化させにくいものです。あいまいさもあるし、個人差も大きい。難題です。
　こんな場面に直面したとき、どんなふうに考えてゆきましょうか。
　一筋縄でゆかないときは、一筋縄にこだわらない。二筋、三筋だっていいじゃないか、というのがわたしのひとつの発想法です。

　呼吸感覚を「感覚」だけでとらえようとするから、いきづまってしまうのじゃないか。
　もちろん、感覚は基本であり、土台です。ここを抜きにしてははじまらないでしょう。ただし「感覚」だけに固執しない。ここに「理屈」をかましてみる。理屈がくわわることで、アイマイさがうすれてくれないだろうか。
　そして「予後」をくわえる。予後というのは、先の見通しという意味です。オマエは自分の人生の見通しもたてられないのに、走りの見通しを語るつもりなのか。はい、そうです。本書では10分先の見通し、を提唱させていただきます。今の呼吸がつづいてゆくと、10分後にはどうなっているか、と問いかけるのです。
　「感覚」「理屈」「予後」という３つの力を結集して呼吸の状態をとらえてみよう、という試みです。３つそろえるのが好きですね、はい、題して呼吸のキャンディーズ大作戦、はたしてどうなることでしょうか。

　まずはスナオに呼吸の「感覚」です。
　呼吸の感覚は、程度の差を無視すれば「息苦しい」か「息苦しくない」か、

のどちらかです。そして「息苦しくない」範疇では、ふつう呼吸への意識はありませんから呼吸を「意識しない」と表現したほうが適切かと思われます。もし、いま現在、走りながら本書を読んでおられるというような特殊な状況でないのでしたら、呼吸は意識していなかったはずです。

　呼吸感覚は2つでいいか。
　ところが走りなれてくると、呼吸が「気持ちいい」と感じる瞬間にめぐりあえることがあります。呼吸をしているのが気持ちいい、ですよ。もちろん走っている最中に感じる感覚です。「あっ、なんだかものすごく呼吸が気持ちいい。快感。カラダも軽い。いつまでも、どこまでも走ってゆけそう」というようなものです。
　レース中に味わえますと、今日は自己ベストの大躍進だ、と小おどりしたくなる至福の瞬間です。
　もちろん、人生と同じで、こんな幸福感がいつまでもつづくわけがありません。そのアトには、しばしばドッとしっぺ返しのような息苦しさ感の襲来となります。ほんま、走りの中には人生がつまっているなあ。
　ということで、呼吸感覚は、意識しない（息苦しくない）、息苦しい、快感、の3つにわけてみましょう。

　つぎは呼吸感覚の「理屈」です。
　呼吸とはつまるところ、新鮮な空気をすって、老廃物をはきだす、という行為です。これは「収支」の概念として理屈的にとらえることができます。かせいで、使って、払う。それもつねに収入を得て、支出をきらさない、というダイナミックな流れが呼吸です。カラダの中は呼吸を貯金させておく機能はありません。その証拠に、収入が途絶えれば、つまり息をすわなくなれば、たかだか数分で死んでしまうことからもわかります。無呼吸とか、窒息という事態です。出せなくなっても同様です。

　一般に、つねに安定した収支で成りたっているのが呼吸です。目の前にはつかえる空気はいくらでもあります。そして支出がオーバーすることはありません。つまり収支にたとえると「黒字」です。カラダの中に呼吸の貯金はできませんが、呼吸の収支に赤字や借金はありません。国家も見習ってほしいもので

す。
　安定した収入時、呼吸を意識しません。呼吸が黒字だからです。
　日常生活の中で、呼吸を意識していますか。ふつうないでしょう。トイレにゆくときも、着替えるときも、食事中も、通勤通学時も、仕事中も、お風呂に入っているときも、ふつう呼吸は意識しません。呼吸苦とは無縁です。

　では呼吸苦はどういう状況で発生してくるのでしょうか。収支で考えてみましょう。
　簡単ですね。支出が収入を上回ったときです。アナコンダに追われて全力疾走で逃げているとき、寝坊して駅の階段を２段ぬかしで駆けあがっているとき、わたしたちは息苦しさを感じます。呼吸の支出が多すぎるからです。つまり「赤字」です。ない袖はふれない。
　それでは、収入と支出がちょうど均衡を保っているときはどうでしょうか。多少呼吸を意識することがあるかもしれませんが、息苦しさはないはずです。

　それでは走っている最中に感じる、こともある「気持ちよさ」は収支バランスでいえばどのようになっているのでしょうか。
　走りはじめてカラダもあたたまり走りモードに完全に切りかわってゆくと、代謝が亢進状態に突入し収入も収支も上昇してゆきます。いっぱいかせいで、いっぱい使える感覚です。
　この状況下に入ったとき、カラダは一瞬「エネルギーをいくらでも使える」かのような錯覚を覚えてしまうのではないでしょうか。いくらでも空気はすいこめるし、カラダはまさに絶好調。バンバン走れるぜ、という絶頂感覚です。つまり走っていて、呼吸が気持ちいい。この瞬間が「呼吸の快感」です。
　もちろん、このバランス（ペース）が維持できれば気持ちいい感覚をつづけられることでしょう。しかしカラダは生き物です、いつまでも同じようにはつづきません。やがて代謝の亢進状態に無理が生じてきます。肉体の疲れということです。すると、突如として収支がマイナスに傾きはじめます。堈実に引きもどされる、といってもいいでしょう。オーバーペースということです。ああ、はかない夢心地。一気に赤字に転落。つまり、走るバブル景気状態です。

　３番目は「予後」、つまり10分後の呼吸感覚の予測です。題して「10分後の

予感」。

　もちろん、この命名はテレサ・テンの名曲『別れの予感』からパクらせていただいたものです。『別れの予感』は大人の恋のゆく末を悲しみの情景にいろどらせた名曲ですが、わたしのレースの展開もテレサ・テンのこの曲に重なって悲しい結末に導かれてゆく、っていう私的な理由でこういう命名にさせていただきました。

　呼吸感覚を具体的にとらえようとしたとき、「今」だけに着目するのではなく10分後という「その先」と合体させてみる。

　予見能力とか予知能力とかの範疇です。

　ミヒャエル・エンデの『モモ』には、30分先の未来を予知することのできるカメさんが登場します。カシオペアという名で、予知した危険を甲羅に文字としてうつしだせるというんですから、わたしにもぜひ欲しいペットです。カメさんだって、できるんです。

　もちろんここでは10分後としましたが、自分の好みで5分後でも30分後でもかまいません。肝心なのは、今の呼吸状態がこのままつづいたら呼吸感覚はこの先どうなってゆくだろうか、というイメージ力です。

　ふつうの生活でしたら、今と10分後の呼吸感覚はかわりません。もちろん無意識です。

　ふつうの歩きでも、10分後で呼吸感覚はかわらないでしょう。

　では、走っているときはどうでしょうか。

　今けっこうがんばった走りをしているな、呼吸も少しハアハアしてきている。で、10分後はどうだろう、同じでいってくれるかな、やや苦しさが出てきてしまうかな。

　こんな走り方では、とても10分後にはもたない、息がきれちゃうぜ。

　かように10分後の呼吸感覚を「変わらない」「なんとか維持」「ぎりぎり限界」「とてももたない」くらいにわけてみる。アナコンダに追われて全力疾走中は1分後であったとしても「とてももたない」レベルの走り、ということになります。なにせ、人生最大の全力疾走なんですから。

　以上、呼吸感覚を「収支の理屈」「直接の感覚」「予後」の3つの視点で分類してみました。この3つは相互に関連しています。それを、収支決算風に4つ

にまとめたのが以下の表です。
　具体的には、収支決算を「黒字」「トントン」「赤字」「バブル」の４つの旗印のもとに分類しました。
　トントンは、ほぼ収入と支出がつりあっている状態、バブルは、収入も支出も忘れちゃっているうかれた状態、とします。

収支決算風呼吸感覚分類

呼吸分類	収支	呼吸感覚	予後
黒字呼吸	黒字	意識にのぼらず	変わらず
トントン呼吸	均衡	意識しても苦しくない	ほぼ同様
赤字呼吸	赤字	苦しい	落ちてくる
バブル呼吸	一時無視	気持ちイイ	一気に転落

呼吸感覚のつかみ方

　呼吸分類はよろしいでしょうか。
　もしレース体験がおありでしたら、スタートからゴールまでの呼吸の感覚の「変化」を思いだしていただけると理解しやすいでしょう。
　スタート時は、まだカラダが走りのペースにのらないまま周囲の流れについていっているだけの状態ですので、いうなればちょっと苦しい「赤字呼吸」です。
　やがてカラダもあたたまって自分のペースになってゆきます。体力もまだ十分、余裕の「黒字呼吸」に切りかわっています。
　体調もいいし、今日はタイムがねらえるかもしれない。ペース配分をややあげて「トントン呼吸」にはいってゆく。呼吸は意識するけど苦しくはないし、相変わらず好調だ。
　そのうちだんだんとまわりのランナーを抜きはじめる。ああ、すごいじゃないか。自己ベスト更新だ。カラダが軽い。後で振りかえってみれば「バブル呼吸」に入っているのです。ジュリアナ風のオーバーペースだ。

気持ちよく突っ走っていると思っても、後の祭り。だんだん呼吸が苦しくなってきたと感じるや、いきなり「赤字呼吸」に逆転突入です。バブル崩壊。呼吸が苦しいだけじゃなく、ペースもがた落ち、せっかくぬいていったランナーが今度は自分を追いぬいてゆく。
　ゆっくり走りになったおかげで「黒字呼吸」になってきたようだけど、足が思うように前にでない。1度赤字をドッとつくってしまうと、後々まで響いてしまうんだなあ。国家財政と同じじゃないか。結局、散々な結果ということになって、ああ無念。

　というような次第です。
　走りながら、自分の「今」の呼吸感覚をこのようにとらえていってみる。

　飛脚は目的地までたどりつくことが一番の目的です。
　つかないことには、話になりません。速さだって大切な要因でしょうが、確実性のほうがより重要視されるお仕事です。
　ということは、よっぽどの火急の知らせをとどける場面でなければ、つねに「黒字呼吸」の継続です。つまり「呼吸が意識にのぼってこない」ペースです。ベテランになれば、「トントン呼吸」にまで昇華することもあったかもしれませんが、無理はしません。まちがっても「赤字呼吸」のペースにつっこまない。「バブル呼吸」にだまされない。大失速のウラには、しばしば「バブル呼吸」がひそんでいます。
　日々、走ることがなりわいの飛脚です。年に一度の勝負レースではないのです。イチかバチかじゃ、なりたちません。

　では現代にもどって、とくにマラソンレースの時はどう走ったらいいの？という次元の話になりますと、特にレース必勝法の話題には事欠きません。その気になれば、本でも、講習会でも、クラブチームでも、インターネットでも、その手の情報はちまたにあふれています。
　ただし、わたしにはレース必勝法を説く資格はありません。そんなだいそれたこと、できませんし、実績もゼロです。オリンピック出場、無理です。
　しいて語るとすれば、レースの3分の2くらいまで、いかに「黒字呼吸」、ときどき「トントン呼吸」までのペースでゆけるかということになるのではな

いでしょうか。
　そんなの生ぬるい、シンボウの「赤字呼吸」の量が勝負の決め手、なんてお考えの方も少なくないと思います。そう信じるなら自分にかけてみてください。ガンバってください、でも故障には注意してね。何事も経験です。

　わたしの、そして本書で推奨させていただくレース走法は、気持ちよく、なおかつ力を出しきってゴールをふむ、です。やったあ、しかも力を出しきったあ、という快感と充実感につつまれたゴール。力以上を求めるものでもなければ、不完全燃焼でチョロチョロでもありません。その極意は、呼吸に着目。
　ただし着目はしますが、走っている最中は、呼吸感覚がでてこないペース配分、ということになります。息苦しさを感じてきたら、感じないように修正する。これがペース配分ということになります。修正方法は、後述します。ここを、おさえておきましょう。

　本来の走りのペースは、自分の「呼吸の感覚」で決めるもの。
　自分との対話ですね、そうすると走りが一生の友だちになります。腕時計のラップよりも、正確です。ですので、本当に最初に走るのであれば、歩くのよりおそくていいのです。いいえ、あえておそくしてください。息苦しさを味わわないことが最大のキモです。これが走りをたのしむポイントなのです。
　それにしても、なぜ「呼吸」なのか。「調息」でまとめたいがために、無理やりこじつけたのではないか。そんな疑問はうかんでこないでしょうか。実は、こういう疑問が大切です。そしてこの疑問の解明こそが本章の主題につながります。ただし理屈っぽくなってしまって、内容を理解するのに持久力が必要となってきます。たまには頭のマラソン、と思っておつきあいいただくとうれしいです。ここから理屈編がスタートします。

　　　○　黒字呼吸はうらぎらない。
　　　　　バブル呼吸で撃沈。

生きていることと「命の流れ」

　ぼくらはみんな生きている。
　生きているから歌うんだ、カラオケで。あれ、ボクの歌の点数が34点なんて変な表示になっていますよ。やだなあ、ちょっと店員さん、カラオケ点数表示機能が故障しちゃっているみたいです。エ、実力ですか？　ここでも赤点人生、ああ。

　生きている、ということを確かめたいときは手のひらを太陽にすかしてみましょう。
　まっ赤に流れるボクの血潮がみられるはずです。
　そして、生きているのは人間だけじゃあありませんでした。オケラだって、ミミズだって、アメンボだって、みんなみんな生きているんです。生きているから友だちなんです。だから住んでいる場所を根こそぎコンクリートでふさいで壊滅してゆくのはやめてください。

　ところで、あらためて「生きている」とはどういうことでしょうか。
　本書は脱線ばかりで申しわけありませんが、一応は「走り」を考えてゆく実践系の本です。そのため哲学的な「生きる」の探求ではなく、生物学的見地にたった「生きる」現象をほりさげてゆきます。
　というのも、走るのは「生きて」いるからこそ行える行為だからです。オマエはすでに死んでいる、なんてケンシロウに指摘されるような状況では走れません、はい。

　ということで、マジメに「生きている」現象の表現です。それは「生命活動がいとなまれつづけている」ということです。時制の表現をお借りすれば「現在進行形」です。
　今まさに命をいとなみつづけている。そして、この先も休むことなくいとなみつづける。決して休んだり停止はしません。生命活動の停止は、生命の途絶、つまり死を意味します。
　いったん死におちいってしまった生命は、どんなにがんばっても再び生命活

動に灯がともりはじめる、ということはありません。リセットして、リスタートというシステムは生命活動にはありえません。
　みんな平等に、ひとりにひとつの命です。そこに命の尊さがあります。

　生命活動は現在進行形なのです。それなら一定の流れがあるのでしょうか。
　そうです。それを簡潔に表現してみますと「エネルギー源のとり入れ」からはじまり、それを「カラダ中にはこび」、カラダの全体でそれを「活用」し、使ったものを「片づけ」てゆく、という４つの大きな行程に概念化することができるでしょう。
　よろしいでしょうか、「とり入れ」→「運搬」→「活用」→「片づけ」という４大行程です。もちろん概念化ですから、たとえば運搬はとり入れから片づけまでのすべての行程でおこなわれています。でも、表現法が複雑怪奇になってしまいますから、２番目においた、というだけのことです。ここは誤解のなきようお願いします。

　カラダの中で、この４つの流れが保たれていることが、生きている証しになります。そのため、本書ではこれを「命の流れ」とよばせていただきます。
　命の流れがあるとき、わたしたちは普通に生きている。生きていることを特別に意識もしません。
　命の流れがどこかでとどこおったとき、わたしたちは「何か変だ」というカラダの異常に気がつきます。それが症状というものです。
　病気の診断とは、命の流れの異常がどの場所のどんな病態でおかしくなってきているのか、を探しもとめてゆく行為ともいえるわけです。

　走っていて「苦しく」なるのは、命の流れに支障がでてきていることのあらわれです。命の流れに支障発生、とカラダが知らせてくれた声です。どの行程に支障をきたしても、最初に生じる感覚はみな「息苦しい」です。
　アナコンダに追われて全力疾走していても、やがて足がとまってしまう、というのは命の流れの支障を息苦しさにのせて走りにブレーキをかけさせていることなんです。それでも無理して走っていったらどうなるのでしょうか。
　そうです、マラトンの使者だったエウクレスさんと同じことがおこりうるということです。命の流れが停止してしまいかねない。命の流れはかように大切

です。
　ということで、ここから命の流れを各行程ごとにみてゆきます。ちょっと理屈っぽくてすみません。

「命の流れ」は４つの行程であらわされる。
「とり入れ」→「運搬」→「活用」→「片づけ」

命の流れ、第１行程「とり入れ」

　人はどんなにえらそうにふるまっても、自分の中で生きるエネルギーをつくり出してゆくことはできません。外からいただかなくてはなりません。「命の流れ」の第１ステップはエネルギー源の「とり入れ」です。
　では具体的に何をとり入れているのでしょうか。代表は３つ「空気（酸素）」「水分」「たべ物」です。とり入れ口は鼻と口です。なお、水分とたべ物は厳密に区別はできませんが、おおざっぱにわけて考えてみます。

○空気のとり入れ

　結婚式でとりおこなわれる新郎新婦による最初の共同作業というと、ウエディングケーキの入刀というのがおハコです。いや、最近はとんと結婚式に縁がなくて、改まって出席するのはお葬式ばかりなんでトレンドがずれてしまっているかもしれません。ま、どちらも墓場への第一歩という共通点はありますが、まあかつてはケーキ入刀でした。
　この世に生をうけた赤チャンが最初におこなう作業は、オンギャーとうぶ声をあげることです。そう呼吸です。
　自力で生きてゆく第一歩は、お母さんのへその緒からもらっていた酸素を、自分の呼吸によってとり入れられるようにすることです。こんな感動的な場面を覚えていますか。いませんね。でも、きっと誕生日のできごとでした。
　すいこんだ空気は、肺のすみずみまで入りこみ、酸素をとり入れて二酸化炭

素をはき出す、というのは習ったとおりです。そのため肺の中は、肺胞というブドウの房状になった構造をつくり、その数は3億から4億個といわれています。表面積をあわせると、学校の教室2つ分くらいの広さになります。こういう計算をした方ってエライなあ、と思います。

安静時、成人は1分間に約5リットルくらいの空気をすいこみ、そして同じ量をはき出しています。

さて、こんどはわたしたちをとりまく大気に目をむけてみます。

地球上の空気の量ってどのくらいあるのでしょうか。あまりに多くって、とりあえず無尽蔵としておきます。本当は限りがあるので大切にしなくてはならないのですが。

身のまわりのどこを見渡しても空気だけはある。どこにいても、山の上でも、風呂場の中でも、地下鉄構内でも、いつも空気だけはちゃんとある。

人類の歴史は、つねに水と食料の不足との闘いでもあったわけですが、どんな時代にあっても空気だけは不自由しませんでした。ま、時に公害で空気が汚染されるという人災にみまわれることはありましたが。

その結果、というわけではないでしょうが、人体は空気をストックしておくという機能はもちあわせていません。ちょっとでも呼吸をさぼると、たちどころに空気不足となってしまいます。30秒とめるだけでつらい、1分とめるなんてとんでもない、数分とまると命にかかわってきます。

空気の不足は、ふつう「息苦しさ」でわかります。

○水分のとり入れ

人の体でもっとも多くをしめている成分は、水分です。

体重のおよそ3分の2くらい、です。体重が60キロでしたら、そのうちの約40キロは水分ということです。ですから40キロの水分をぬくと人間スルメができます。

とはいっても、皮膚という皮袋に水分だけが40キロ分ナャッポンとつまっているわけではありません。

体を構成する細胞の数は約60兆個ともいわれていますが、その細胞内に水分の10分の6がおさまり、細胞と細胞の間に10分の3、そしてそれらの間をぬうように走る血管のなかに血液として10分の1と厳格にわかれて分布して

います。つまり細胞内に24キロ、細胞間に12キロ、血液として4キロという具合です。
　そしてノドがかわいて水分がたりなくなっているときも、ビールを飲みすぎでダッポンダッポンとなっているときも、この3者の比率はほぼ同様に保たれています。性格がチャランポランな人であっても、この水分比は正確です。そう、性格は反映されません。

　生きてゆくうえで大切な点は、この3者の比率です。
　そのためカラダには腎臓や内分泌器官を中心にこのバランスを保とうという全身ネットワークが完備されていて、24時間体制で働きつづけています。そのおかげで、極端な話ですが、1日に一滴の水がとれなくても、逆に1日に20リットルの水を飲んでもバランスは保たれ、命を失うということはありません。
　ちなみに脱水というのは、業界内では「細胞内の水分不足」をさします。水分バランスの目でもって、診断してゆきます。なお業界の人は、細胞内と細胞外の水分をミソクソ式にあつかうのを、とっても嫌います。

　よろしいでしょうか。
　水分は量よりもバランスです。ですから大汗かいて体重が2キロ以上もへってしまうようなときも、つまり2キロ以上の水分損失があったとしても、3者のバランスが保たれていれば大丈夫です。逆にバランスがくずれてくれば、1キロの損失で意識を失ってしまうこともあります。
　3者のバランス調整をささえる中心機序は、おのおのの浸透圧です。浸透圧が3者を厳密に分布させています。そして浸透圧を演出する中心となるものが、いわゆるミネラル類です。ナトリウムやカリウムなんていわれているものです。細胞内と細胞外で絶妙な割合で分布し、おのおのの浸透圧をゲンミツに維持し、水分バランスを調整してくれています。
　その中でも主役級のミネラル分が塩分です。
　走っているときに出てくる汗も、水と塩分が中心となっています。オシッコもそうです。カラダのなかから出てくる水分はつねに塩分とともにあり、別々になることはありません。むくんだ足も、肝硬変の腹水も単に「水」がたまったものではありません。水と塩の共同作業です。水あるところ塩あり、です。

そして塩あるところ水があるのです。
　ですから、塩が欠ければ生きてゆけない。昔のえらい武将は、そのために敵に塩を贈ったりもしたのです。日本の各地には「塩の道」とよばれる海辺と内陸地をむすぶ道がありました。
　水分といわせていただいたとき、その中身は単なる水ではなく、ミネラル分とくに塩分をまぜたものという理解が、今後の水分のとりかたの参考になるでしょうか。
　そして水は、たんにミネラル類だけでなく、カラダ中のほとんどあらゆる成分を溶かしこむ溶液にもなっています。栄養分、酸素、老廃物、二酸化炭素、すべてを溶かしこみ、運搬の主役を担っています。つまり代謝の「かなめ」ということです。いうなれば、何でも配送してもらえる宅配便です。
　さらに生命活動で生じる熱を制御してくれる体温調節機能としても大事な役目を担っています。こちらはクール宅急便でしょうか。えらいぞ、水。人間は水冷エンジンなんです。

　そして水もミネラル分も、口からとるしかありません。
　水分の不足は「のどのかわき」というセンサーで感じることができます。

○たべ物のとり入れ

　人が1日に必要とするたべ物って、どのくらいなんでしょうか。
　そしてマラソンを走りきるためには、どのくらいのたべ物が必要となるでしょうか。

　という疑問にたいして、わたしにはわかりません。ちゃんと示せません。

　ものの本などを調べてみますと、必要なカロリー数はこのくらい、割合として、タンパク質、糖質、脂質はこのくらい、そしてビタミン、ミネラル類はこんなもん。そしてマラソンレースの時は、前後にこんなとりかたがいいよ。おすすめのサプリメントとして、こんなものがいい結果をだしてくれますよ。
　というような情報に不自由することはありません。むしろ情報過多、混乱してしまうほど諸説入り乱れて、たべ物のウンチクの諸子百家的様相をみること

ができます。

　でも、ですね。実をいえば、たべたものが自分のオナカの中でどのように消化吸収されて文字通りオノレの血となり肉となるか、ということに一定の答えは出しにくいんです。
　たとえば、毎朝同じものを同じ量たべても、消化吸収のされ方は変わってきます。でるウンチの量と質だって変わります。
　どんな体調か、急いでいたか、心配事がなかったか、誰とたべたか、静かな環境でたべられたか、空腹感はどのくらいあったか、なんて不確定要素にも左右されてくるのが日々の食事です。つねに一定というのはありえません。
　同じものをちがう人がたべても、結果はちがいます。個人差だって大きいのです。
　そして本来、たべ物は、カラダに吸収され、細胞内に運ばれどのように活用されたか、でこそ栄養学的意味があります。たべる前の理屈じゃあなくて、どのように血となり肉となったか、で語られなくては意味がありません。でも、そこまでたべ物理論は言及できていません。

　それでも偏食はよろしくない、ですか。
　世界をみわたすと、それぞれの地域、民族、環境下でいろんなモノをいろんなたべ方でとっています。ある地方の人は、ほかの地域のたべ方にブッタマゲてしまいます。でも、どこでも生きて、活動して、歴史をつむいでいる。
　ここ数カ月の間、口にしたものはバナナに焼酎に水だけ、なんていうオッサンに出会ったこともありましたが、立派に生きていました。いや失礼、立派かどうかわかりませんが、少なくとも生きていました。

　なんでもそうですが「ようわからんこと」にはけっこう勝手なことがいえる、ということなんでしょう。わからないことは、不確定要素がつまっていますから。
　自分のみた世界、経験した世界、知りえた世界を語っても、それで結果がだせていればひとつの意見として成りたちます。
　走りの世界でたべ物について語られるとき、バランスが大切派、いっぱいたべよう派、無理しなくていい派、サプリ活用派、とさまざまです。どれでも、

結果として走れていれば、説得力がうまれます。とくに有名人のたべ方ともなると。わたしは、混乱しています。
　いえることは、ことたべ物に関していえば、いろんなスタイルがあっていいのだ、いろんなたべ方があっていいのだ、ということでしょうか。

　で、結論として何を信じればいいか。
　というか、自分はどうしたらいいのか。
　わたしは「歴史」と「常識」と「自分」を信じたらいいんじゃないかな、と思っています。
「歴史」というのは、この土地で、こういうものをこういうふうにたべてきて命をつむいできました、という純然たる事実のことです。日本の各地域、各地方の毎日の食事です。小さいときから口にして、働きざかりをささえ、老いてなおくらしを支えつづけてきた日々の食事です。それがあるから、長い年月をそこで代々くらしてこられた、というような食事です。つまり歴史をつむいできた食事。
　ぶっちゃけ、ごはんに味噌汁、漬け物に保存食、そういったもの。飛脚だって、それで走っていたんです。
　ふつうの食事が一番。ただし、このふつうが今ほろびかかっているのが気になります。

「常識」とは、ふつうこうでしょ、ということです。ジョーシキのなさからいえば誰にも負けない、なんて自負する非ジョーシキのわたしがいっても説得力はまったくありませんが、そんなたべ方してたらよくないんじゃないの、なんていう感性です。

　そして「自分」を信じる。こういうものを、こういうふうにいただくと、自分はどうなるか、ということが本当にわかるのは自分だけです。人ごとにしない。
　自分はどのようにたべて、どのようにくらしてゆくか、くらいは自分で責任持って考えろよな、ということです。ここまできて成人です。ここに到達させるのが義務教育の目的です。責任の自覚ということです。
　成人の日に、成人式といいながら、遊園地もどきの会場でおおきな着ぐるみ

といっしょにさわいでいる晴れ着姿の集団を成人式といってはいけません。あれは七五三です。

　どんなたべ物をどのようにいただくと、どんな走りができるか、は自分が走ってみればわかるものです。試行錯誤してゆきましょう。自分のたべ方は自分で考えられるようになりたいものですよね。

　そして、たべ物の欠乏は「空腹感」がおしえてくれます。

命 の流れ、第２行程「運搬」

　命のみなもとたる空気、水分、たべ物は、カラダにとり入れても、そのままでは利用できません。まだ原材料でしかないからです。

　素材を加工し、利用できる形にかえ、実際に活用してゆく場は、全身の「ひとつひとつ」の細胞です。

　ということは、とり入れた原材料を全身の細胞までくまなく個別配送してゆかねばなりません。集配所にポンとまとめて置いておき、あとは勝手にとりにきてね、ではないんです。その数として約60兆個ともいわれるひとつひとつの細胞までとどける必要があるのです。

　配送の主役、それがカラダ中にはりめぐらされた血管網をゆききする血液です。

　まず血管網からみてゆきます。

　カラダ中にはりめぐらされているというからには、さぞや長かろうと思われるかもしれません。実際、長いんです。

　わたしは測ったことはありませんが、ソノ筋の専門書をひもといてみますと、血管の総延長は約10万キロメートルにおよぶそうです。地球をぐるっと２周半の長さです。

　長いといってもホドがある、といいたくなる気の遠くなる長さです。

　そして驚くのは、その長い長い血管の中を流れている血液の量は、約４リットルでした。牛乳パック４本分です、ビール大瓶なら半ダースです。これだけ

第三章　調息の章（息をととのえる）

の量で10万キロメートルの血管内腔をうるおせる、というのも人体の神秘です。
　なお血液の量は、体重とはあまり相関しません。体重がふえたから血液の量もどんどんふえる、というわけではないということです。成長期をすぎてからふえた体重のほとんどは脂肪なのですから。相撲取りの血液量は一般人の倍以上ある、なんてことはありません。

　血液が血管内をグルグルと年中無休でまわりつづけていることを血液循環といいますが、これが第２ステップ「運搬」の中心となります。
　さて「命の流れ」という目で血液循環をみたとき、とくに注目したいのは流れのダイナミックさです。それを、循環の「速さ」と「強さ」で感じておきたいと思います。

　血液は心臓を中心にして全身をくまなくめぐっています。
　心臓はギュッと１回ちぢむとコップ約半分、80ミリリットルくらいの血液をおし出します。心臓がおし出す回数は、一般には脈拍数と相関していますから、１分間に約70回くらいです。
　つまり心臓は１分間に80×70＝5600ミリリットルくらいの血液をおし出していることになります。おおざっぱにいうと１分間に約５リットルの血液をおし出すということです。あれあれ、１分間に呼吸ですう量とほぼ同じくらいなんですね。
　血液の総量は約４リットルでした。
　一方で心臓がおくり出す血液量は約５リットル。
　ということは、平均すると心臓から全身に出ていった血液がふたたび心臓にもどってくるまでに１分もかかっていない、ということです。血液は１分もしないで全身をめぐっているんです。
　血液の流れというのは、ゆっくりたおやかに、というイメージではなかったのです。スピードありますね。速い。

　速さをささえるためには、心臓がおし出す力が必要です。それが「血圧」です。
　血圧というと、120くらいが標準なんてことを耳にします。単位にこだわる

人は多くはありませんが、ミリメートル水銀柱です。水銀を120ミリメートルつまり12センチメートルふきあげる圧力に相当しますよ、という意味です。

なんていわれても、わたしのオツムにはなかなかピンときません。その昔、神経変性の研究をしたとき、水俣病の動物実験にたずさわったことがあって有機水銀を利用したこともありましたが、ふだんは水銀にふれることなんてありません。水銀、毒ですし。そのため水銀血圧計もいずれ見ることができなくなるでしょう。

ということで、水銀の高さで考えるのではなく、水の高さに換算してみましょう。水の高さのほうがなじみがあると思うのです。

水銀は水よりも重い物質です。大体13倍くらい重い。ですから水銀のふきあがる高さを13倍すると水のふきあがる高さになります。

120×13＝1600ミリメートル水柱＝160センチメートル水柱

つまり血圧が120というのは、水の圧力に換算しますと噴水として約160センチメートルふきあがる圧力です。水と血液はほぼ同じにみて大丈夫です。

床に寝ころがって心臓の出口部あたりにストローをさしこんでみると、血液は1.6メートルくらいふきあがるんです。ほぼ身長と同じくらい、といえば覚えやすいでしょうか。

昔のチャンバラ映画では、ノド元をかっ切られた悪人の血しぶきがドバッと障子や天井までふきあがる、というド派手なシーンもありました。

チャンバラ中は、多少なりともいつもの安静時より血圧もあがり気味でしょうから、十分にありえる描写でしょう。

この換算法をつかいますと、血圧が200というのは、噴水が2.6メートルほどふきあがる圧力といえます。畳に寝ていて、血しぶきが天井までとどく圧力です。「こんな勢いで脳の血管がきれたらどうなりまっか」。血圧管理に他人事で、懲りなそうな患者さんには時々こういうおどし文句を使うこともあります。はい、性格よくありません。

ともあれ、血液循環の力は強い、ということです。

よろしいでしょうか。かように運搬の主役をになう血液循環は「速い」「強い」です。ポイントを3つにしぼっておきましょう。

1．血液量は意外に少ない（約4リットル）。
　2．血流はけっこう速い（1分しないでカラダを1周）。
　3．血圧はけっこう強い（身長ほどもふきあがる圧力）。

　血液循環というのは、少人数でめいっぱい働きつづけているところ、というイメージをもっていただけるとありがたいです。
　カラダの各臓器は、この恩恵をうけて活躍しているのです。
　ですから逆に血液循環の停止、たとえば脳梗塞とか心筋梗塞などでは一刻一秒をあらそう対応が必要となるわけです。明るくなるまで待ってから考えよう、ではないんです。ですから脳卒中や循環器病センターは24時間救急対応なんですね、ありがとうございます。

　もちろん、以上は、安静にしているときの話です。
　カラダをいっぱい使っているときは、もう少し事情も異なってくるでしょう。そうです、走っているときはどうなっているか、ということです。
　なにしろ走りだせば心臓はいつもよりドキドキします。心拍数があがってくるのです。とすると、走っているときの血圧は大丈夫だろうか。血管がはねてしまわないだろうか。そんな心配がおきてきます。だって平静時だって、血圧は決して小さな力ではないからです。
　でも大丈夫、結論からいえば、走っている最中も、血圧はそうそう変わらないようです。
　でも、心臓はけっこうバクバクしているじゃないか。
　感覚からすると、その通りです。
　でも心臓がドンドン血液をおくり出すためには、同じ量を心臓にすい入れなくてはなりません。いっぱいおくり出すためには、同時にいっぱいすい入れる必要があるわけです。その結果、血流はふえても血圧自体は大きな変化はおこしません。
　ま、ふだんから安静時にも血圧が高い、という方は別ですけどね。
　つまり運動量があがってくると、まわる血液の回転もあがる、つまり心拍数はふえますが、血圧自体に大きな変動はきたさない、ということです。実際に走っているランナーは全世界的にも増加傾向にありますが、そのために高血圧性の事故が急増している、という報告もないようです。逆に血圧が安定化して

きて、飲んでいた降圧剤がいらなくなったという例はたくさんあります。
　安心して、走りだしましょう。

命の流れ、第3行程「活用」

　呼吸や、飲んだり食べたりしてカラダにとり入れられたエネルギー源は、おもに血液循環にのってドンブラコドンブラコと全身の細胞まで運ばれてゆきます。
　全身のひとつひとつの細胞は、それぞれで運ばれてきた原材料を多くの酵素やビタミン、ミネラルなどの力を借りながら、それを調理し自分が便利な形にかえてゆき、そして活用してゆきます。
　つまりカラダというのは、中央の給食センターでつくられた食事を各校に配送してたべるというセンター方式はとっていない、ということです。
　つくるのも、たべるのも、一人ひとりの細胞でおこなう、という手間のかかる方式を採用しています。一人ひとりが大事。その集合体がカラダなんです。
　ここで一人ひとり、と簡単にいいましたが、1人の人間でもその細胞の総数は約60兆個ともいわれています。60兆個ですよ、ヒェーとすなおに驚いておきましょう。わたしなどイメージすらわかないほどの数字です。数えあげたひとはエライなあ。
　漢字は便利で60兆なんて簡単にかけますが、数字であらわせば60000000000000個となるんでしょうか。たしかゼロが13個くらいつくはずです。まちがっていたらゴメンなさい。わたくし、数字には弱いんです、ソロバンは7級です。

　しかしカラダは、なぜこんな個別対応方式をとっているのでしょうか。
　もちろん臓器というグループで専門性をもたせていますが、ひとつひとつの細胞単位の活動、という手間のかかる方式を基盤にとっているのです。
　中央給食センター方式のほうが、合理的じゃありませんか。

　じつはここに人体の「強さ」がみられるのかもしれません。
　なにせ、想像することさえむつかしい数の細胞のひとつひとつが一致団結し

て生命活動を維持しようとしているのです。
　ひとつとして不要なものはない。
　見方をかえれば、どこかで障害をうけても、これだけの膨大な細胞たちが互いにつながりあいながら生きているわけです。予備能力は半端ではない、というわけです。カラダを構成する細胞群のはたらきってすばらしいですね。

　これを日本にたとえれば、北は北海道から南は九州沖縄まで、それぞれ独自にそして関連しあいながら元気になり立っている構図となります。
　残念ながら、現実は東京を中心とした都市優先政策がいちじるしいです。地方いじめ、たまりません。
　でもカラダは今の日本の一極集中、地方いじめの構図はありません。頭のテッペンから足の先まで、みんなで協力しあって生きています。
　すばらしいことです。行政に見習わせたい。

命 の流れ、第4行程「片づけ」

　片づけとは、カラダのひとつひとつの細胞で利用されたエネルギー活動のあと始末ということです。簡単にいってしまうと「ゴミ処理」です。
　ものが燃えると二酸化炭素が発生しますが、人の細胞は活動すると「酸」というゴミができます。ですから生命活動というのは、最終的に老廃物としての酸を産生しつづけること、という表現も可能です。
　カラダの中で酸が産生されますと、カラダは酸性に傾いてゆきます。ところが細胞内はつねに中性で活動できるようになっています。動脈血液中の酸性度、一般にはpHといいますが、これはつねに7.4に保たれています。なぜなら、カラダは年中休むことなく酸を排出しつづけているからです。ちなみに酸がふえると、酸性に傾き、pHの値は小さくなってゆきます。
　排出がうまくゆかなくなって、カラダに酸がたまりだし、たとえば血液中のpHが7を割ってきたら重大です。たぶんその人の意識はもうないか、あってもごくわずかです。そして、この状態がもう少し長びいてゆくと、必ず死がまっています。例外はありません。至急の補正がもとめられます。

酸には空気中に出せる酸と、空気中には出せない酸があります。空気中に出せない酸は水に溶かした状態で、つまりオシッコとして出さなくてはなりません。空気中に出せる酸は、呼吸で出します。
　糖や脂肪などを原料として産生される酸は、ほとんどが空気中に出せます。ですから呼吸で処理します。一方、タンパク質から産生される酸は、リン酸や硫酸、ほかに乳酸やケト酸などですが、空気中には出せません。割合からいうと、産生される酸のうち空気中に出せる酸がほとんどをしめていて、オシッコに溶かしこんで出さなくてはならない酸はその1000分の1くらいです。
　運動の世界では、なぜか「乳酸値」を重視するむきがあるようですが、どのような理由からなんでしょうか。わたしには、よくわかりません。
　というのも、乳酸は生命活動で産生される酸のなかのごく微量成分でしかないからです。
　それでも重宝されるのは、調べやすい、計測しやすい、からなんでしょうか。一番簡便に計測できる酸のひとつです。
　たしかに科学は客観化されたデータを重要視します。だからといって、計測しにくい圧倒的大量のほかの酸はどうしたらよいのでしょうか。
　本当に大切なものは目にはみえないものだよ、といったのはサン＝テグジュペリの名作『星の王子さま』のなかでの王子さまの言葉です。はかりにくいものこそ、大事にしたいです。

　オタク的な話になってきてしまいました。
　ゴミ出しです。
　わたしたちは、どのようにゴミ出しをおこなっているでしょうか。
　大きく2つの段階にわけて考えたいと思います。
　最初は「分別」です。ゴミならまとめてパッと捨てちゃえばいい、という時代ではありません。処分の仕方や再処理の違いで自治体間での相違もありますが、ゴミは燃えるもの、燃やせないもの、再利用されるもの、などと区別しておきます。これをゴミの分別といい、各家庭でおこなっておくことです。
　次には実際の「搬出」です。燃えるゴミは燃えるゴミの集配日にあわせて所定の場所へ所定の時間に出します。燃えないゴミの日、再利用の日、などと約束の日に、約束通りに出すことでゴミは処分されてゆきます。これを乱すと、混乱のもとになるでしょう。

第三章　調息の章（息をととのえる）

　つまりゴミ出しは、仕分けの「分別」と実際の「搬出」の２段階をふむ行為といえます。分別は各家庭で常時おこない、搬出は地域で決まった日があります。

　カラダで使われた老廃物も、同じ機序で片づけられてゆきます。
　まずは「分別」です。各細胞内で使われ出てきた老廃物は、細胞内で分別がはじまります。それらは細胞内の水分に溶かされ、細胞外の水分にうつされ、最終的には血管内にうつってゆきます。こういう働きがあるから、人体は水分にみちみちているわけです。水分に溶かしこんでゆくわけですので、けっこうな量の老廃物も一時的にストックしておくこともできるんです。この作用を緩衝作用なんていったりします。この段階での分別は「空気中に出せるもの」「水に溶かしたまま出すもの」「たべ物などの残り」と大きく３つです。

　そして実際の「搬出」です。老廃物のうちの大部分をしめる空気中に気化できるものはまとめて「肺」から呼吸となって出されます。気化できないものは水分のまま「腎臓」からオシッコとして出されます。たべ物などの老廃物は、たくさんの腸内細菌とともにウンチとして出されます。３つに分別して、出し方も３つ、とてもうまくできています。

　片づけなんていうと、裏方役みたいに感じるかもしれません。でも、ここまでできて、はじめて「命の流れ」が成りたつのです。立派なひとつの主役です。
　わたしたちは原子力を使えるところまでに至りました。しかし「片づけ」る術はまだもっていません。作って利用はできても、そのあと数万年も放射能を出しつづける放射性物質を片づけられないのです。穴ほって、埋めときゃいいのか。それなのに、なぜ原発をつくり出そうとするのでしょうか、未来の社会に責任をもっていないといわざるをえないと感じます。
　呼吸は「とり入れ」と「片づけ」の両面をになう機能です。最初は「とり入れ」から障害をうけやすいのですが、進行すると「片づけ」までできなくなって苦しむ患者さんがふえています。タバコなどで肺の構造がこわされますと、片づけまできびしくなります。片づけにも支障をきたしはじめますと、病期はかなりの進行度だということになります。

腎臓も糖尿病やメタボの結果、こし出す機能が低下して腎不全になってゆく方がふえる一方です。
　片づけを甘くみない。押し入れと車の中が片づかないわたしがいうのもおこがましいですが、大切にしていただきたいことです。

命の流れをささえる名奉行

　とり入れ→運搬→活用→片づけ、という一連の流れはよろしいでしょうか。
　生命現象とは、このたゆまない流れ、です。そして、命の流れの寸断が死ということになります。
　そのために、表立ってくることはめったにありませんが、水面下でしっかりと命の流れを「監視」し「調整」してくれる名奉行ともいえる機能が存在しています。しかも、ひとりではなく、三役としてタッグを組んでいてくれるのです。ここも３つか。
　その方々こそ「自律神経」「内分泌」「免疫」機能のお三方で、命の流れを見守る「３大奉行」とわたしはよんでいます。この３大奉行は、生きている間は休みは一切とらず、終生職務に没頭してくださるたいへんにありがたい御仁です。
　どこが悪い、といえないんだけれど、なんとなく調子がよくない。検査をしてもなかなか原因がみつからない。こんな時は、３大奉行の体調がおもわしくないのかな、という場面も時にはあります。いや、けっこうあります。休みがないぶん、疲れがたまってしまうことがあるんです。
　特に現代社会は何かと命の流れに無理をしいる生活にかたむきやすい。３大奉行の働きも過重になっているようです。３大奉行、いたわっていますか。

　そして３大奉行とは別に、身近に直接的に感じることのできる命の流れチェック機能もあります。それは、自分の「身体感覚」です。
　水分が不足してくれば「のどのかわき」感、たべ物が足りなくなってくれば「空腹感」、ウンチがたまってくれば「便意」、オシッコがたまってくれば「尿意」、そして疲れがたまってくれば「疲労感」、構造の故障は「痛み感」です。

第三章　調息の章（息をととのえる）

　自分の身体感覚にどれほど向きあっているでしょうか。
　命の流れに支障がでてくれば、さまざまな「感覚」で語りかけてくるのが人体です。そしてわたしたちは、その感覚をとらえて表現できるはずなんです。
　ところが自分を見つめない人が少なくありません。自分のことなのに他人事のようにしている。もう少し、自分を大切にしてみませんか。

　命の流れは「３大奉行」に守られている。

命の流れがとどこおったとき

　命の流れは、つねにたおやかです。
　休むことなく、悠久の大地をうるおす大河のようです。
　そして人は、その流れをふだんは意識しないままくらしています。３大奉行がちゃんと下支えしてくれているからです。
　注意してみれば、日常の「小さな変化」、命の流れは刻々と変化しつづけています。その中でもとくに呼吸と心拍はとても密接に命の流れにあわせて変化してくれています。カラダの変化をみるとき、呼吸数と心拍数にまず着目、というのもうなづけることです。

　ところで、そういった小さな変化に対応しきれずに、命の流れがうまくいかなくなってしまったらどうでしょうか。この時、いよいよカラダは具体的に語りかけてきます。さあ、なんと語りかけてくるでしょうか。

　もうおわかりですね。「息苦しい」です。
　わたしたちは命の流れの不調を最初に「息苦しい」として聴くようにできているんです。息苦しさ感が、命の流れの不調を知らせる一番敏感で一番早いセンサーなのです。

　息苦しさというと、肺が悪いのか、とふつう考えます。

たしかに肺の病気になれば空気のとり入れも老廃物の片づけにも支障をきたすようになります。ただここで留意しておきたいことは、肺が病気になったときだけ息苦しいわけではないということです。肺の構造の障害だけなら、まずは胸部の違和感として感じます。胸の痛みとかヘンなセキとか。肺が病気になって、肺がになう「とり入れ」と「片づけ」に支障をきたすようになって、命の流れがとどこおってきて、はじめて息苦しくなるのです。
　ですから肺は元気であっても、心不全、肝不全、腎不全、貧血、敗血症など、なんでも命の流れがとどこおり出したら、息苦しい、です。
　命の流れのとどこおりは、生死にかかわる事象です。こりゃ3大奉行がだまってはおりません。行動が早いのが自律神経奉行です。サッと現場にたちあらわれ、流れのとどこおりがあるから呼吸と心拍を増やして挽回せよ、という指示をだします。
　呼吸数と心拍数がふえてくるのは、とどこおった命の流れを回復させようという3大奉行の指示だったのです。呼吸数、心拍数、とっても大切な指標です。

　はい、ここでピンとこられたでしょうか。
　思いきり走ったときに最初にあらわれてくる感覚も息苦しさでした。
　アナコンダに追われたときのゼーハーゼーハー。それはまぎれもない息苦しさです。
　でも、肺が急に病気になったわけじゃありません。
　体力の限界でもありません。筋力不足でもありませんね。
　命の流れをこえるような負荷、つまり全力疾走がもたらした警告という意味だったのです。自分ではまかないきれない速さで走った結果の「命の流れ」不足の声だったのです。
　ですから、立ちどまってしまえば、命の流れは安定してきますから、息苦しさもおさまってくるのです。実際に呼吸数も心拍数もおちつきます。その前にアナコンダに飲みこまれていなければ、ですが。
　呼吸感覚をみて走ろう、というのが本章「調息」編の主題です。
　これでわたしのいいたかったことが伝わっていただけたでしょうか。
　「息苦しくならない」イコール「命の流れが保たれる」イコール「そのまま走りつづけられる」なんです。そう、歩いているときのように。走ったときの息

苦しさは、命の流れがおいつかなかったことに起因するのです。つまりはオーバーペースです。これが、走りつづけられない最大原因です。

 命の流れの支障は、「息苦しさ」にあらわれる。

命の流れの「渋滞」箇所

　高速道路や幹線道路には、渋滞がおこりやすいところ、というのがあります。べつに交通事故などの突発的な事件がおこっているわけでもない、工事をしているわけでもない。でも車の流れがとどこおっている。
　交通情報を聞いていると、またアソコが渋滞しているな、といつしか地名まで覚えてしまいます。中央道の小仏トンネルとか。たまたま、というわけではありません。それなりの理由があるようです。車線の数がへるところでは、どうしても車の流れが変わるでしょう。双方で大きな交通量をもつ交差点も渋滞の起点になりやすい。登りはじめる場所、大きなカーブのある場所なども、知らずに車速が落ちて渋滞の原因になるようです。
　渋滞をぬけると、あっけないほど流れはスムーズにもどってゆきます。

　命の流れも同じです。
　とり入れ→運搬→活用→片づけという一連の流れは、一様に進んでいるわけではありません。スムーズに流れるところもあれば、渋滞になりやすいところもあります。
　さて、病気をかかえていないランナーの場合、どこが渋滞しやすいでしょうか。
　渋滞さえおこらなければ、命の流れはつねにスムーズで、つまり息苦しさは生じないのですから。

　命の流れの最初のセンサーが「息苦しさ」なんだから、呼吸の「とり入れ」

箇所が渋滞場所になるんじゃないだろうか。すなおな発想です。

でも、そうではないんです。思い出してみましょう。

わたしたちのまわりには、ほぼ無尽蔵の空気がとりまいています。その空気のとり入れ口である肺胞面積は小学校の教室２つ分くらいの広さをもっていました。どちらも余力十分。その結果、ガス交換というのは十分な余裕をもっておこなわれているんです。息苦しさの原因は、肺ではありません。だから息苦しさをのりこえるために肺をきたえる、という発想はちょっとちがっていますね。

ひとつとんで「活用」部分はどうでしょうか。ここはもう60兆個の全身細胞が総出で働いているんです。ここも余力は十分です。

同様に「片づけ」部門も、分別をになうのは全身細胞です。搬出場所の肺も腎臓も十分な余力をもっています。なにしろ、ひとつでも生きられるのに、それぞれ２つずつペアにして持っている点からも、余力と周到さをうかがい知ることができます。

ということは命の流れの細道は「運搬」部門ということでしょうか。

そうです。運搬の主役をになっているのは、血管の中をかけめぐる血液でした。そんな重要部門をになしながら、総量はわずかに４リットルほどしかないのですから。

ここに、とり入れたものから老廃物までのすべてを溶かしこんで全身くまなく運搬しているわけです。配達区域は、地球２周半にもおよぶ全身血管内です。いくら24時間休みなく、速く強くかけめぐってくれているにしても、限界があります。

つまり「命の流れ」の渋滞好発箇所は「運搬」部門だ、ということです。運搬部門がアップアップしてしまうから、命の流れがとどこおってしまうのです。つまり息苦しさの原因は、運搬部門の渋滞だったのです。

逆にいえば、運搬部門がちゃんと働いてくれる時は人は息苦しくならずにふつうに活動できる、ということです。よろしいでしょうか。

 ランニング時の、命の流れの渋滞箇所は、「運搬」部門。

第三章　調息の章（息をととのえる）

長く走れるコツ

　長く走り「つづける」ことだけに限ったわけではありません。
　何かの行為を「つづけてゆく」というのは「命の流れ」を保ってゆくこと、です。命の流れを保ちつづけられれば、その行為自体をずっとつづけてゆける。
　長い夜を寝ていられるのは、その間中、命の流れがたおやかだからです。ここに、たとえば水分が少なくなって水分のとり入れ欲求がうまれてくればノドの乾きで目覚めますし、オシッコがたまって膀胱を刺激してくれば片づけ欲求でトイレタイムとして目覚めるわけです。
　カラダは、ほんとうによくできています。

　長く走りつづける際も、この命の流れに着目してゆけば、どんな走り方が自然なのかということがわかってきます。
　命の流れを超える走り方、つまりオーバーペースになっている証しはまず「息苦しさ」で知らされます。走っていて息苦しいイコール命の流れが対応しきれない強い負荷が生じていますよ、ということですから。はやい話、無理しすぎです。
　そして命の流れのきつさを「息苦しさ」で知らせてもらえても、実際の命の流れがとどこおってきたところは「運搬」部門、つまり血液循環がアップアップしているのだ、ということをあわせて理解していただきたいのです。
　感覚部署と、責任部署は別である、ということです。
　大切なところです。

> 命の流れの２大ポイント
> 流れの不足は「息苦しさ」にでる。
> しかし、実際の流れの不足の原因は「運搬」がまにあわないこと。

ここさえ理論的におさえておければ、息苦しくなったら運搬つまり循環状態を安定化させて、命の流れがおちつくようなペースにもってゆけばよい、ということがわかってまいります。
　おちつくペースとは何か、そう「息苦しくない」ペースです。

　そうすれば、だれでも長く走ってゆける快感を味わうことが理屈的にはできるようになるはずです。
　あとはとり入れ部門では、水分の不足にたいして水分補給、たべ物の不足にたいして食事、片づけ部門の要求があったらオシッコ・ウンチで対応してゆくだけです。つまり歩くのと同じになります。
　活用部門だって疲れてくるでしょうが、なるべく疲れない走り方は次章「調心の章」で考えてゆきましょう。

　ということで、走りのペースは「呼吸」感覚と運搬つまり「循環」にいきついたのでした。肺が弱いから走れない、体力がないから走れない、ではなかったのです。よろしいでしょうか。
　じつは呼吸と循環は、心臓をとりかこんで両肺があるというように、実に密接な関係におかれています。ほとんど一心同体的な関係といっても過言ではないでしょう。
　一例として、呼吸感覚と心拍数の関係をしらべてみてもわかることです。
　自分の呼吸感覚、本書で言えば「黒字呼吸」「トントン呼吸」「赤字呼吸」「バブル呼吸」で、それぞれ一定の心拍数がえられるはずです。
　わたし個人の数値でいうと「黒字呼吸」は心拍数は140台までです。130台くらいまでが一番相関しているようです。「トントン呼吸」時は150台です。160台にはいってゆくと、「赤字呼吸」となっています。そしてスピードに乗っちゃって、と勘違いしてくる「バブル呼吸」時は息苦しさがマスクされているのですが心拍数はキチンと170に達しようとしているんです。呼吸感覚と心拍数の関係はじつに正直です。
　もちろん、運動オンチの中高年オヤジのわたしの値ですので、これをそのまま自分の数値にあてはめないでください。
　個人差は相当あるものと思われます。できれば、自分の数値をさぐってみてください。

第三章　調息の章（息をととのえる）

○ 呼吸感覚と、心拍の関係に着目しよう。

運搬のになって

　運搬の主役、これは「心臓」といってよいでしょう。
　心臓の拍動が血液循環の主役、ということにまちがいはありません。このことから、心臓は「ポンプ」役と表現されることがあります。
　じっさいに心臓が拍動を止めてしまえば、ほんの数秒であったとしても意識はとんでしまいます。失神発作といわれます。意識の中枢である脳は、わずか数秒の血液循環の停止で支障をきたすところなのです。
　さらに心停止が数分をこえてくると、生命の維持も困難になってゆきます。死ということです。
　ですから運搬の停止、つまり心停止状態と思ったら、何はともあれ運搬の援助をしなくてはなりません。死が目の前にせまっているのです。
　これが一般に心臓マッサージとよばれるもので、救急の場では、まずは最初におこなわなくてはならない行為です。ただし今は「胸骨圧迫」といいます。心臓、というと胸の左側を押してしまう人がいるから真ん中の胸骨という名前をもってきた、のだそうです。押すところは心臓ではなく、胸骨ですよ。でも心臓は胸の真ん中、胸骨の真下にあります。
　胸骨圧迫なんて実際にやったことがなくて怖い、なんていわないで、やってみる。オッパイの真ん中あたり、つまり胸骨の下方をグイグイと手のひらが5cmくらい沈む力をこめて押しこむ。リズムはアンパンマンのテーマ曲に近い、1分間に100回から120回ほどです。ただし実際にアンパンマンの歌を口ずさんでもよいかどうかは、その場の状況で判断しましょう。
　まずは、それだけ。呼吸は明らかな誤嚥、窒息状況でない限り気にせず、胸骨圧迫に集中してみる。見よう見まねでも胸骨圧迫をすることで明らかに現場の救命率が上昇する、という論文もアメリカの一流医学雑誌にのっていました。
　だって心臓が止まってしまったら死にまっしぐら、しかないのですから。

とはいえ命の流れの一大部門である「運搬」をただひとり心臓だけがになっている、と考えてしまうのは「大坂城を築城したのは豊臣秀吉である」と答えてヘーゼンとしているのに近いセンス、といってもよいでしょうか。
　いうまでもなく大坂城を実際につくったのは大工さんであり、左官屋さんであり、瓦職人であり、建具屋さんであり、石屋さんであり、といった数えきれない多くの手によるものです。さらに、その原材料となる木材や土木をとりだす人、運ぶ人も必要です。そして造成の基盤となるのは、築城の財源をおさめた多くの領民です。つまり、その時代、その地域といった大集団がひとつの大事業をなしえていったわけです。もちろん、これだけの音頭をとってまとめあげていった秀吉の業績が低くなることはありませんが。

　カラダの中の運搬部門だって、心臓ひとりの単独事業ではありません。
　まずは心臓からの血液を直接うける動脈だって循環サポートをします。弾力性にとんだ動脈壁は心臓から送りだされた血液の圧力をうけてひろがり、その次には自身のもどろうとする弾性力でさらに血流をおし進めます。プチ心拍。
　血液環流をになう静脈は、とくに下肢の静脈では竹のフシ様の構造をつくって逆流してしまうのを防いでいます。つまり形態で血流維持を支えます。
　肺を中心とした胸郭内循環は、呼吸によって肺の中の圧力を変化させることで血液の流れを生みだします。呼吸運動は、空気出入りのみならず、血液循環もになっているわけです。
　重力も血液循環には多大な影響力をおよぼしています。

　そしてランナーにとくに着目していただきたいものとして「第2の心臓」があります。

第2の心臓、第2のポンプ

　小さいころ、牛のオッパイしぼりを経験したことがあります。近くに牛をかっている人がいて、子供だったわたしに遊ばせてくれたのです。牛のオッパイをキュッとしぼりあげると、お乳がいきおいよくシャーとしぼりだされま

す。金属製のバケツに受けとるわけですが、しぼりだされる勢いとバケツにあたって発する大きな音が印象にのこっています。
　しぼりあげる力の大きさ、を強く感じました。

　起きているときに血液循環が渋滞しやすいところは、どこでしょうか。
　一般には、下半身、とくに下肢です。なぜなら一番下にあるので重力の影響をもっとも強くうけますし、心臓ポンプがすくいあげるのにも遠いからです。つまり下肢は血液循環がとどこおりやすい場所、ということです。
　つまり、運搬部門の「難所」となりうる場所です。
　ではこの時、足をオッパイしぼりのようにキュッとしめ上げたらどうでしょうか。足の中に停滞気味になっていた血液がキュッと流れてゆくはずです。足の静脈には逆流をふせぐ弁装置がありますので、逆流はしません。一気に血液はドッともどってくれるのです。
　まさに足の乳しぼり効果です。
　でも、だれがキュッとしぼりあげてくれるんじゃ？
　いやいや、人にたよる必要はありません。
　足の筋肉がキュッキュッと収縮、弛緩をくりかえせばよいだけです。

　足の筋肉をキュッキュッさせるには、どうしたらよいでしょうか。
　簡単です、歩ける人は歩くことです。走れるならもっとキュッキュッします。つまり一歩一歩をふみだすたびに、足は自身の筋肉収縮によってたまった血液をしぼりあげてくれるのです。
　これって、まるで足の中に心臓が内蔵されてるようじゃないか。だんだん、ふくらはぎが心臓にみえてきませんか。
　そうです。ですから、ふくらはぎは「第２のポンプ」なんていわれるのです。本家の心臓とのちがいは、歩いたり走ったりと、動いてはじめてポンプに変身するということです。

　エコノミークラス症候群というコトバを耳にされたことがあるでしょうか。
　旅客機のエコノミークラスという比較的せまくて自由度の少ない空間に長時間にわたって同じ姿勢ですわりつづけていますと、下肢の静脈内にとどこおった血液中に血栓ができてしまい、歩きはじめたとたん血栓が流れだし肺につ

まって呼吸困難がでてきてしまう、というものです。
　この現象はエコノミークラス以外の座席でも、同じようにすわりつづけて足を下にしたまま動かなければおこりうる、ということが知られるようになって旅行者血栓症とよばれるようになりました。
　いや、ことは旅行に限った話ではありません。
　災害等で住む家を失い、自家用車のようなきゅうくつな空間で寝泊まりするといった同じような状況にいると、やはり下肢静脈内に血栓ができてしまうことがあります。
　全身麻酔をかけられ、ピクリとも動けなくされた状況下で長時間の手術のために手術台の上で寝かされていると、手術が終わった時点でやはり下肢に静脈血栓ができていた、という事例の報告もあります。

　いずれの状態も、下肢の動きが長時間ないという共通点があります。コトバをかえれば、第2のポンプが長時間はたらけない状況、です。
　というわけで、今はエコノミークラス症候群というコトバは使われなくなってきました。かわりに静脈血栓症とよばれるようになり、とくにこれは下肢の深い場所にある静脈内におこりやすいことから深部静脈血栓塞栓症という名にかわってきています。
　と、医学的正確さに振りまわされていますと主題からはなれていってしまいかねませんので、このへんにしておきます。
　わたしの伝えたいことは、足のポンプ、第2の心臓って捨てたもんじゃないね、ということです。そして足のポンプは、動いてこそのポンプだよ、です。

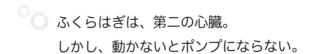

　　　ふくらはぎは、第二の心臓。
　　　しかし、動かないとポンプにならない。

走りと「命の流れ」の勘所

体力はまだ尽きているわけではないのに、もう走れない。

第三章　調息の章（息をととのえる）

　その原因として、とばしすぎ、ペース配分の無謀さ、エネルギー切れ等さまざまな云い方がなされています。
　たしかにさまざまな可能性が考えられますが、さまざまなものを、さまざまなままにしておくと、しばしば混乱しか生まないことも少なくありません。
　とくに走っている最中に「今、力が尽きてゆきだしているけど、その理由はなんだろうか？」なんて冷静に考えてゆく芸当はなかなか困難をともないます。少なくとも、わたしには無理です。

　そこで体力をのぞく走りの力の尽きてゆく原因を「命の流れ」という中でとらえ、流れが不足したときにカラダはついてゆかなくなる、と考えてみませんか、というのが本章の提言です。

　すると、「運搬」部門の渋滞状態がみえてまいりました。
　もちろん運搬の中心をになう心臓は、文句をいわずにけなげに必死になって働いてくれます。でも、心臓ひとりにまかせきりにならないようにしたい。
　一番簡単な方法は、走るペースをおとすことです。そうすれば運搬部門はたちどころに回復してくれるでしょうし、そうなればまた走りだせます。
　とはいえ、なんでもかんでも息苦しくなったら走りをおとす、あるいは歩く、あるいは立ちどまる、では芸がありません。
　走りつづけながら「運搬」の負担を軽くできないか。
　そこで着目したいのが第2の心臓、第2のポンプでした。

ピッチと心拍数

　足のふくらはぎに内蔵されている第2の心臓、第2のポンプの特徴は、動かないとポンプにならないことです。これが24時間働きつづけてくれる本家心臓との決定的なちがいです。
　本家心臓の働き具合をみるひとつの指標が、心拍数です。
　いっぱい働いているときは、心拍数はあがってきます。
　それでは、第2の心臓の心拍数は、どのようにみたらよいでしょうか。

はい、ピッチ、です。

ピッチというコトバは、本来は「くりかえしの速さ」という意味ですが、走りの世界ではしばしば「1分間の歩数」という意味でつかわれています。
本書でも、そのような使い方をさせていただきます。
ピッチ80というのは、1分間に80歩をきざむ、という意味にします。
これを「命の流れ」という観点でみますと、下肢に内蔵された第2の心臓が1分間に80回の収縮で血液をおし上げている、という意味となります。ですから、心拍数をもじれば「足拍数」といってもよいでしょうか。わたしの造語なのでセンスはありません。
それでも足拍数、覚えておいてソンはない概念です、たぶん。

ピッチ180の魔術

ランニング界に染まりはじめると、しばしばピッチ180というコトバを耳にします。
つまり1分間に180歩をきざむ走り、ということで、この走り方がひとつの目標になる、ということです。
洋の東西をとわず、多くの方が語られています。ただ、その理由はあまり明快に説明はされていません。
1分間に180歩、けっこう速いです。いそがしいです。
でも、なぜ180なんでしょうか。
その点を考えたり、疑問に思われたことはありませんか。

わたしは、ピッチ180を「第2の心拍数」という観点から着目しています。
しつこくて申しわけありませんが、わたしたちは「命の流れ」が保たれていれば、歩くように走りつづけられます。この流れに支障をきたすようになると、走りの障害が生じます。
命の流れが保たれている限りは、誰だって走りつづけられるんです。
ところが、命の流れをこえるペースに入りこんでしまうと、やがて「息苦し

　　　　　　　　　　　　　　　　　第三章　調息の章（息をととのえる）

さ」という体の声を聴くことになります。
　ただし、息苦しいといっても、その原因は肺の障害ではなく、命の流れの中での「運搬」部門、もう少し具体的にいえば「血液循環」が間にあわなくなっていることでした。

　この時、ホンモノの心臓はどうしているでしょうか。
　そうです、生きてゆくことに決して手をぬかない心臓は、命の流れが速まれば速まった分だけ心拍数をあげて必死に自分の仕事に没頭してくれます。
　つまり、ドンドン速く走ろうとすると、それに応じて心臓もドンドンと心拍数をあげて運搬部門の責任をはたそうと必死になってくれるのです。
　とはいえ、心臓にも限界があります。
　あまりに高くなった心拍数は心臓への負担を強めますし、ただ単に心拍数をふやしていったところで1拍ごとにすい上げておし出す血液量が減ってゆくようなら意味がなくなるからです。つまり効率も低下します。

　どこまでガンバれるか。
　この値が、最大心拍数とよばれるものです。

　最大心拍数の算出方法はいくつかありますが、簡便なものとして「220－自分の年齢」というのがあり、ひとつの参考になると思います。でも、個人差も大きいことに注意してください。
　たとえば、カメさん（仮名）101歳、が肺炎と脱水症で緊急入院してきました。マラソンのゴール付近のようなあえぐ呼吸で、心拍数は1分間に150回、呼吸数は1分間に28回にもなっています。
　きびしいな。なにしろ「220－自分の年齢」からみても心臓にかかっている負担は尋常ではないと考えられます。アナコンダに追われている状況と同じです。心臓、もたないかもしれない。
　ところが3日目には熱もおちつき、カメさんは快方にむかうと同時に食欲までアップしてきています。心拍数は70回におちつき、呼吸数だって毎分14回。命の流れはもどっています。もといた施設に帰れる日も近いことでしょう。カメさん、本当に万年生きるかも？

いや、何の話でしたっけ。
　そうそう、走っているときの最大心拍数です。
　一般には、160台から170台くらいじゃないでしょうか。ハアハアと、とてつもなくガンバってみたところで、せいぜい180台くらい。まあ、若くてきたえた方は違うかもしれませんが。
　最近では、比較的簡便に自分の走っている最中の心拍数がはかれるようになりましたから、チャンスがあったら調べてみるのもおもしろいと思います。
　ここで着目していただきたいことは、ふつうの人が走ったときの最大心拍数は180を超えないくらい、ということです。いやあ、180という数値がでてきました。
　走り出す。だんだんスピードをあげてみる。命の流れが速くなる。それにこたえようと心拍数もあがってゆく。120台、130台、140台、150台、160台、170台、も、もう限界となってスピードが落ちはじめる。心拍数もちょっと下がりはじめる。こんな感じじゃないでしょうか、一般人は。

　ところで、命の流れの中の最大難所「運搬」部門の中でも、走っているときに最も渋滞しやすいのはどのあたりだったでしょうか。交通情報でおなじみの渋滞地点です。
　それは、下肢からのもどり、でしたね。下半身です。
　重力プラス心臓からの距離、という点からみて避けられないハンデとなる場所です。２本足で立ったサダメです。
　だから、なのかはわかりませんが、それゆえここに「第２の心臓」ともよぶべき「第２のポンプ」が組みこまれるようになったのです。４本足で、足へのとどこおりがおこりにくい犬や猫や馬にはふくらはぎみたいな立派な下腿はありません。必要ないんです。あくまで、わたしの珍説です。キュッキュッとけなげにしぼりあげるふくらはぎポンプは２本足で立った人間だけが必要にせまられてつくられたものなのです。
　さて、どのくらいのしぼりあげをすればよいでしょうか。
　それがピッチ数です。心拍数にかけて「足拍数」といったものです。
　ピッチ180でしぼりあげたら、どうでしょうか。
　カラダの中で血液が一番停滞しやすい下肢から、心拍数をこえる勢いで血流がかえってくる。うれしくありませんか。

第三章　調息の章（息をととのえる）

　これは心臓ひとりの問題ではありません。命の流れという生命現象全体からみても、願ったりかなったり、の状況じゃありませんか。ひとつのエンジンで走るのと、ふたつのエンジンが協力して走るのと、どっちが楽で力強いか、というような発想です。

　走っているときは、命の流れが渋滞しやすい。その勘所は「運搬」能力の限界からくるものです。
　しかしピッチが第2のポンプとして、心臓以上に活躍してくれる。ここにふたつのポンプという両輪の花がさいてくるのです。全身の血液の運搬をになう心臓、下半身の血流運搬を強力サポートする第2の心臓。ピンクレディーにまさるとも劣らない最高のペアの誕生です。

　ふたつの心臓が活躍できれば、鬼に金棒。

ピッチに意識を

　本家心臓の「心拍数」とピッチからうまれるふくらはぎの「足拍数」との最大のちがいは、自律性と随意性です。
　心拍数は、命の流れ具合によって3大奉行の監督下、自然に調整されていて、かつ絶対に休みません。これを自律性をもっている、と表現することがあります。
　一方、足拍数は自分でつくりあげるピッチ数です。自分次第です。動いていない限り、働きはありません。では、これまで「足拍数」にどれだけ注目してきたでしょうか。

　のぼり坂にさしかかると、息苦しさが増してゆきます。命の流れが大きくなってきた証拠です。これは「重力」のため、とふつう思われています。たしかに重力にあらがうために、平地よりも大きなエネルギーを必要とします。
　同時に、多くの方はピッチがガクンと落ちています。スピードが落ち、さら

に歩幅は大マタで駆けあがろうとして、さらにピッチが低下してゆく。ピッチが落ちるということは、特に下半身の「運搬」業務が渋滞にはまってゆくことになります。命の流れの停滞。足拍数の低下。よって、さらに息苦しくなる。まさに悪循環です。

いや、平地だって同様です。

息苦しくなってくると、ピッチは落ちはじめます。これが「運搬」部門全体の渋滞を増大させて、さらなる息苦しさに拍車をかけてゆくのです。

ということを納得していただければ、息苦しくなったときの走り方はどう工夫したらよいでしょうか。

そうです、ピッチを増やす。休まなくてもいいんです。

ピッチを増やしてみると、「運搬」部門が活性化してゆきます。よい流れがうまれます。結果、息苦しさからの解放。何もスピードを落とさなくてもすみそうです。

ピッチの増やし方は簡単です。「歩幅」をちぢめればいいだけです。2歩でゆく距離を3歩にしてみればいいんです。ピッチって、おもしろいですね。そして奥が深い。

ピッチ180が走りの運搬を安定化させてくれるのなら、もっとピッチを増やしていったらどうなるでしょうか。たとえば200とか、220とか。足拍数は自分でかえられるんです。

ふと、そんな考えが頭にうかびませんか。

だったら、やってみる。

実践して確かめられることが、走りの世界のいいところですね。

じつはピッチ180は、ちょっと慣れてくると案外と簡単に楽しめるようになります。

ところがピッチ180を常時こえるようにしてゆくのには、ちょっと壁がありそうです。クンレンとか、ワザとかいうものが必要になるかもしれません。わたしには足がからんで無理なようですので、いい結果がでたら教えていただきたいものです。

異次元の世界の話をひとつ紹介させていただきます。

マラソンオリンピック走者でもあった瀬古利彦選手は、現役時代はピッチ240くらいだったと何かの本で読んだ記憶があります。出典を忘れてしまったので、間違っていたら申しわけありません。

でも想像するに、もしピッチ240なんて世界で走りつづけられるとしたら、命の流れからみた場合でも、すばらしい走りになってゆくのではないでしょうか。本家の心臓、ずいぶん助かります。

 心拍数より足拍数が多い世界を楽しむ。

もうひとつのピッチ180の世界

本章では、ピッチ180を命の流れ、とくに運搬という理論のなかで紹介させていただきました。

じつはピッチ180は「運搬のカナメ」以外にも、もうひとつのオススメの理由があるんです。

それは省エネ走法に結びつく走り方になる、ということです。この部分は「調心」編の主題となるテーマになってゆきます。詳細は次章でふれてゆく予定です。

ここでは、ピッチ180にはもうひとつの意味がある、という点を覚えておいていただけるとありがたいです。予告編でした。

ピッチ180の会得法

ピッチ180の走りを実感してみたい。

いや、一気にピッチ180の世界に突入しなくてもけっこうです。170でも、160からでも、無理のないピッチからで十分です。じっさい、わたしのふだんの走りは160台くらいです。自分のそのときの心拍数をこえるくらいでいい。

ところで、ピッチはどのように感じたらよいでしょうか。

リズムをとる、という目的でわたしに思いうかぶのは「メトロノーム」です。

メトロノーム、知っていますね。

学校の音楽室、ピアノの上にのっていた木製のピラミッド型の大きな置き物、というのがわたしの記憶の中にあるメトロノームです。ゼンマイで動き、振り子についた重りの高さを調整することでカチカチカチと、さまざまなリズムをきざんでいました。この場合のリズムは、ピッチになります。

同時に、ペギー葉山さんがうたう『学生時代』の光景も浮かんできます、まったく私的な感情です。タイムスリップをさそう道具です。

しかし、あんなに大きく重いメトロノームを、どうやって利用したらいいんでしょうか。

それこそ「調身」感覚を身につける目的と一石二鳥をねらって、頭の上にメトロノームをくくりつけて走ってみることでしょうか。重いものは、かつぐかのせる。人類の大発見でした。それができたら、文字通りピラミッドパワーまで加わって無敵の走法を身につけられるかもしれません。

いや、無理です、たぶん。

見回してみると、時代は進歩していました。

今やメトロノームの世界も、ゼンマイ式の大型道具ではなくなっていたんです。電子化、小型化の波がここにもおよんでいました。しかもボタン式電池採用のメトロノームともなると、おどろくような小型サイズのものまで登場していたんです。

そういう中で、わたしがみつけたのはヤマハ製の「N89」という型番のものです。ひとつ2000円ほどです。スポーツ店にはありません。楽器店にあります。

小型も小型、かつてのたまごっち以下の大きさと形をしています。たまごっちをひと回り小さくして、後ろ面にしっかりとしたグリップをとりつけた形のメトロノームです。グリップがついているので、シャツやベルトやポケットなどさまざまなところにはさんで使えます。

使い方も簡単。ここがミソ。

デジタル画面に180という数字をだしたら、スイッチをポンとおすだけ。あとは指示通りのピッチ180のリズムをかなでてくれます。
　普通のケータイも使いこなせずにいまだに簡単ケータイ利用、スマホって何ですか、というわたしにも使えます。
　そういえば、スマホアプリにも、メトロノームってあるようですね？

　わたしは普段のくらしの中でもこのプチメトロノームをポケットにしのばせていて、ちょっとした距離、たとえば50メートルでもピッチ180で移動してみたりしています。おおげさにかまえなくても、日々の買い物、ゴミ出し、なんでも30秒あれば楽しめるのです。

　そしてピッチ180にあわせるコツは、ともかく歩幅を短くすることです。2歩のあゆみを3歩にする。それだけです。小マタにする、ということです。ここにつきます。
　筋トレして、体力つけて、ではありません。力んじゃ、意味がなくなります。脱力でゆこう。

呼吸で感じ、ピッチでこたえる

　走るときのペース。
　これを本章では、自分の「命の流れ」にのせて楽しんでゆこう、と提唱をさせていただきました。
　自分の「感覚」が主体、ということです。タイムにしばられない。

　ちまたでは、ラップ走、あるいはペース走が主流でしょうか。
　つまり1キロメートルを7分できざむペースで走ってゆければフルマラソンは5時間で完走できますよ、だとか、5分40秒でゆければ4時間をきれますよ、という発想のもと、ペースの取り組み方などの紹介があります。
　客観的な数値目標を相手に走りに取りくむ、というのは特に記録をねらう人には参考になると思います。

でも長く走りを楽しみたいというときには、しばしば無理を生じる結果になってしまうことも少なくありません。
　だれだって、年とともに老いるわけです。変化してゆくんです。
　しかも無理の重ねすぎは故障の原因にもつながってゆきます。
　というか、無理のきかない、無理は極力したくないわたしのようなグータラ人間にはハードルが高すぎてしまいます。

　もっと自分自身の声を聴きながら走ってみませんか。ココロを大切にして、ね。
　ただいきなり自分の声、といってもすぐには聴こえてこないかもしれません。そこで「命の流れ」なんです。とり入れ→運搬→活用→片づけ、という自分の中の流れを感じてみる。意識してみる。
　ふだんの生活では、命の流れは「無意識下」に流れているだけです。
　ところが走りはじめると、命の流れを意識できるようになります。

　あらわれた意識の中で「命の流れ」の停滞は「息苦しさ」で感じとれることを学んできました。
　次には、感じるのが息苦しさであっても、流れをアップアップさせている最大要因は「運搬」部門であることを確かめてきました。
　そして不足した運搬のサポート体制として、ふくらはぎという第２の心臓を利用するピッチがひとつの主役になってゆくことまで考えてきたのです。

　遠い昔、学生時代の体育の授業で走らされたときに感じたことは、「走るのは苦しい」ということだけでした。苦しくなる理由なんて考えもしませんでしたし、教わることもありませんでした。以来ずっと走りから遠ざかっていましたが、息苦しさの意味を知り、息苦しさの解消法までわかり、息苦しくなく走れるようになってきた今は、走るのは本当に楽しい、です。
　息苦しさの意味がわかったことへのよろこび、そして息苦しさの原因としての運搬部門のしくみが解明できたときのヒラメキ感、そして息苦しさを解消してゆける手段を手に入れた快感、どれもこれも、命の流れのすばらしさに感動しながら走っています。
　それでも長い時間を走っていれば、だんだんとカラダは疲れて、しんどく

なってゆきます。つぎはいよいよ「体力」の問題が浮上してくるのです。でも、できるだけしんどくならない走り方ってないものでしょうか。

さあ、そのキモは次章「調心」編で解決してゆきましょう。

さっそく突入だ。

調息でかなえるペース感覚の極意
命の流れ具合を「呼吸感覚」で知る。
命の流れの運搬を「ピッチ」で支える。

第四章　調心の章（イメージをととのえる）

この章の目的

イメージの極意を会得する。

口上

　よい心で走りましょう。
　なぜなら、よい心で走ると、世の中が平和になるからです。
　という流れで「調心」編への突入をこころみようとしましたが、足が止まってしまいました。どうやら「調身」編や「調息」編と同じノリは通用しないようです。考えてみれば、「身」にしても「息」にしても、具体的でとらえやすさがありました。一方で「心」はつかみにくい。目にはみえませんし、感じることも容易ではありません。
　そもそも、よい心って何でしょうか。
　よい心なんてもちだして大丈夫なんでしょうか。
　はい、適切ではありません。だって、わたし自身、よい心なんてもちあわせていません。いじけた心とか、よこしまな心なら、お手のものですが。
　すると最終コーナーにさしかかって挫折でしょうか。オマエのレース展開といっしょじゃないか。いえいえ、早合点しないでください。
　なぜ走りの極意が「調身」「調息」「調心」の３つにまとめられるのでしょうか。３つが必要だからです。ひとつとして欠いてはならないのです。
　とすると「調心」だけがわかりにくいとか、抽象的であるとか、別次元であるとか、特別扱いをしなくてはならないことではないはずです。「調身」や「調息」と同じ土俵でとらえられるはずです。
　ということで、講釈が長びいてしまいましたが、「調心」編で求めてゆくも

のは、もっともっと具体的な「心」つまり「イメージ」です。走りのいいイメージがいい走りをうむ。もちろんイメージするところは、不自然じゃない、自然な走りです。それこそが「調心」編の目的になってゆきます。

　それでは、具体的に自然体の走りのイメージするところは何でしょうか。
　その答えは、ズバリ「キモノで走るイメージ」です。
　ズッコケないでください。真剣です。
　もちろん最終的な飛脚走りのイメージは、飛脚棒をかついで気持ちよく走ってゆく姿です。だって、飛脚走りっていうくらいですから。
　おもしろいことに、いきなり飛脚棒をかついで走ってみますと、飛脚棒は飛脚棒として静かに肩にのってはくれません。バンバンと肩の上でとびはねてしまって、飛脚棒は「あばれん棒」にしかなりません。
　ところが、「キモノ走り」が板についてくると、飛脚棒は肩に、カラダに、さらには走りになじんできて、文字通りの「相棒」となって飛脚の走りに変身してゆきます。同時に、走りが根本的にかわってゆくんです。それは飛脚さんが証明しています。飛脚棒がジャマものだったら、飛脚はかつがなかったはずですから。
　本章の目的は、飛脚棒が肩になじまないランナーが、なじんでゆける方法を会得してゆこう、というものです。そのとき、きっと新しい走りの世界をみることができるでしょう。その過程を、時代考証とあわせて、楽しく取り組んでゆきたいと思います。その上で、キモノや飛脚棒のもつ意味への考察、走りがかわってゆく意義にふれてゆきたいと考えています。
　そして、この過程に欠かせないものが「ココロ」なんです。

　方法は、ここでもチョー簡単です。
　ただし、例によって、用意していただきたいものがあります。さあ、実践だ。

キモノにゾーリの用意

いきなり、キモノにゾーリはないだろう。

はい、少々壁が高いと感じています。誰でも可能と思ってはいません。そうです、ある程度のキモノにゾーリ姿の「イメージ」がもてる方なら、本当に用意していただかなくても大丈夫です。でも、最初からそう言いきっちゃうと、立つ瀬がありません。

なにより、だまされたと思って、実際にキモノにゾーリ姿になっていただければ、わたしのいっている意味にピンときていただけるはずです。絶対にソンはさせません。必ずしや、江戸文化の恩恵に涙を流して感激していただけると信じています。

どうして最初にこんな言い訳からはじまるのかといいますと、するどいツッコミが予想されるからです。

わかっています。飛脚は、キモノ姿で走っていなかったのではないのか、ということです。

ふだんのくらしはキモノだとしても、走るときは普通のキモノ姿ではありません。キモノのスソを引っぱりあげて腰ヒモの中にたぐりよせています。あるいは、下半身はフンドシ姿か、モモヒキ姿であったと考えられます。それなのに、なぜキモノが必要なのか。キモノにこだわるのか。

答えは「ふだんの装いがキモノにゾーリだったから」です。何をするにしても、キモノにゾーリ。朝おきたときから、トイレにゆくのも、食事をとるにも、くつろぐときも、寝っころがっても、つまりは寝るまでキモノだったからです。いえ、寝るときもキモノですか。

つまり、わたしたちが洋服で１日をすごしているように、江戸人は老若男女をとわず、キモノ姿であったということです。

そうすると、どういうことがおこるでしょうか。江戸人は、物心がつく前から、カラダがキモノにゾーリの動きになっているんです。すべての所作に、キモノにゾーリ姿が宿っています。もちろん、走るときも、です。

でも、キモノにゾーリ姿で走ることなんて、できるのでしょうか。キューク

ツじゃありませんか。走りにくくありませんか。それこそ不自然じゃありませんか。
　ここです。こういう疑問が貴重なのです。宝ものです。
　なぜなら、ここに飛脚走りの核心が宿ってくるからです。
　アタマで考えてみれば、ありえない、おかしい、かえって非効率。そういう自分からは考えられないことを、実際にためしてみる。空想や空論だけの決着法で物事を決めつけない。結論をいそがない。
　日常ではしないことをあえて試してみましょう。そのとき、カラダは何を感じとるでしょうか。このときのカラダの声に耳を傾けてみます。カラダの声、聴きとれますか。

キモノとゾーリのウンチク話

　そもそも、キモノはいつごろから庶民の間に定着してきたのでしょうか。なぜ、キモノが江戸の定番衣装になっていったのでしょうか。
　というのも、昔からキモノがあった、というわけではないからです。
　はじめ人間ギャートルズ時代の衣装は、原典によれば、エモノとしてとらえた動物の毛皮を身にまとう程度のものであったと考えられます。くわしくは、園山俊二さんのマンガをみてね。
　やがて衣装としてひろまったのは、洋服です。ハニワ時代の衣装は、ズボンにシャツ姿です。現代のよそおいに通じるものです。
　ところが、やがてキモノ姿があらわれると、だれもがキモノ姿になってゆきました。江戸時代の国民服といってもよい位置どりです。
　なぜ洋服時代を経験したわたしどもの祖先は、洋服をすててキモノを選んでいったのでしょうか。理由は、キモノのほうがよかったから、です。権力に強制されたわけではないはずです。日本の気候にあっていた、という説もあります。しかし一番の理由は、カラダに、そしてカラダの動きにあっていたから、ではなかったでしょうか。

　なお注意していただきたいことは、わたしのいうキモノとは江戸庶民が日常

着として身につけていたものです。今日の成人式や結婚式で女性がまとうような高級高価なイメージのものではありません。着付け教室に通わなくては着られないモノではありません。そういう特別なハレの舞台でまとうものは漢字の「着物」として、本書では区別してゆきたいと思います。

あくまでも、江戸時代の、男女がまとう普段着であり、仕事着であり、作業着でもあります。ふつうの庶民が、ふつうに手にいれることのできるシロモノです。

ですから、本書でキモノ、キモノとさわいだからといって、高級呉服店に入られてもこまります。地域のオバチャマ御用達の、日用衣料品店の片すみにおいてあるような安価なキモノです。ですから「ゆかた」というイメージでとらえてもよろしいかと思います。ひとつの具体例は、時代劇の町民姿です。ただし、時代劇にでてくる町民のキモノは、やはり高価そうですか。

キモノで注意していただきたいのは、腰ヒモのまき方です。

腰ヒモは、文字どおり、腰にまきます。女性もです。骨盤にかかる、ということが大切です。腰で固定するのがキモノの帯です。ウエスト、つまりおヘソの高さでまくのは、子供まきです。ね、大五郎。

ハキモノは、うす底で、ハナオのあるものです。

いちばん容易に手に入って安価なのがゾーリです。海水浴のビーサンです。ビーサンといえば、知る人ぞ知る「ギョサン」という漁師さんもご愛用の名品もありますが、そこまでこだわらなくても結構です。

うす底をすすめる理由は、自分の足ウラ感覚に目を向けていただきたいからです。ハナオがほしい理由は、親ユビ山と小ユビ山に別々の感覚をもっていただきたいからです。

ゾーリ感覚になれたら、タビや地下タビもおすすめです。わたしのふだんの走るときのハキモノは、もっぱら地下タビです。レースでは、ときどきワラジもふえてきた、という感じです。ランニングシューズには、もう何年もご無沙汰しています。

ハナオ感覚に着目、なんていいますと、花魁がはく高下駄のポックリなんかを見つけ出してきてしまうランナーがいらっしゃるかもしれません。そういう発想の方、個人的には好きですが、走る前からポックリいきそうで、わたしか

第四章　調心の章（イメージをととのえる）

らはおすすめしません。
　常識を期待します。って、キモノにゾーリがどの程度の常識かわかりませんけど。

キモノデビュー、ことはじめ

　さっそく、キモノ姿で歩いてみます。
　とってもな違和感が、第１歩目から出現してくることでしょう。あるいはキモノをはおった直後からでしょうか。さて、そのギクシャクした正体は何でしょうか。このカラダからの声が大切な天の声になってゆきます。
　まず、歩きにくさです。もうすこし具体的に表現すると「足の出しにくさ」になっていませんか。
　とくに、はやく歩こうとすればするほど、あるいは大マタになろうとすればするほど、キモノの抑制感がきわだってきます。
　キモノがカラダにからみつく、というような感覚です。同時に、キモノは着くずれてゆく。いってみれば、忘年会シーズンの旅館の大宴会場でくりひろげられる、みっともなくもハダけた酔っぱらいオヤジの浴衣姿、を想像していただければ話がはやくすみます。いやいや、そんな光景、思いうかべたくもありませんか。すみません。
　なにしろ、それがキモノです。ツツ状の衣装です。足が前に出しにくいのは構造上の宿命です。歩幅をかせごう、というモノではありません。アグラもかけません。
　それなのに、いったいなぜ江戸人は、みながみなキモノでくらしていたのでしょうか。どのように歩いたのでしょうか。本当に、キモノで１日をおくれたのでしょうか。キュークツさ、ハンパない気がします。

　不便ではないか。そういうすなおな疑問を大切にもって、さあ、キモノで歩く工夫をしてみましょう。このさい、キモノ生活になっちゃおう、と大決心をとげてしまってもいいくらいです。そのくらいの価値観を、わたしはキモノにもっています。

実際にキモノを着ていれば、人により多少の差はでますが、キモノ歩きがだんだんと板についてくれるはずです。カラダのもつ順応性です。あれあれ、キモノだって歩けるじゃないか。いそごうとすれば、いそげるじゃないか。
　この瞬間、カラダの中で、何かが切りかわったことに気づかれることでしょう。切りかわったから、キモノで歩けるようになったのです。
　いったい、カラダの中で、何が切りかわったのでしょうか。カラダに問いかけてみます。

歩行に、意識を

　わたしたちがふだん歩くとき、歩くことを意識しません。自分の思いのままに歩けます。つまり、何の制限もなしに歩けます。歩いています。
　もしあるとすれば、ハイヒールのような特別なハキモノ、といった付加的なモノによってもたらされるくらいでしょう。もちろん、歩幅も自由です。というか、歩幅なんて考えずに歩いています。
　一方、キモノ姿になりますと、まず最初にカラダをつつむキュークツさと歩幅の制限が生じます。同時に、足の上げにくさが気になります。ヒザやモモがキモノに当たってしまうのです。
　キモノで大マタ歩行をしようものなら、キモノのすそが引っぱられて、あるいはモモ上げがキモノにジャマされて、大幅な動きの制限が生じます。歩きの制限、歩幅の制限、こんな感覚はキモノを実際に着てみませんと、なかなか味わえません。
　そのため、キモノを「歩幅に制限をうむヨソオイ」とよんでおきます。

　それに対して、現代のわたしたちの衣装は、歩幅を制限しません。ですから、ズボンでもスカートでもまとめて「歩幅に制限のないヨソオイ」と表現させていただきます。
　まずは、いまの自分の歩き方をあらためてふりかえっておきましょう。つまり「歩幅に制限のないヨソオイ」でどう歩いていますか。無意識を意識化してみるんです。つまり、カラダの声をきこうとしてみることです。

さて、どこから歩きだしているでしょうか。

足からです。

足を前に出すことで、つまりモモとヒザを前に持ちあげることで、歩み出せるのです。足を上げて前に出しているあいだ、うしろに残った足は体重を「支える役目」をおっています。くわえて、カラダを前におし出す役目もです。少し前傾して重力を利用して歩きだす、というのも結局は前足を先にもってゆきやすくする方法のひとつです。短距離走者のスタートダッシュは、この究極のしぐさです。

むつかしい話ではないでしょう。わたしたちのふだんの歩き方の描写でしかありません。

モモをしっかり上げなさい。

こういう指導を最初にうける場面は、小学校の運動会の行進練習のときでしょうか。やがてカケッコのときも、しっかりモモを上げなさい。

その延長線かもしれません。マラソン大会会場でも、モモをグイグイひき上げてウォーミングアップをされているランナーを目にします。その姿は、いかにもはやそう、強そう、そしてエネルギッシュです。クラブチームでしょうか、みんなでモモ上げ準備体操している光景もほほえましいです。

軍隊の行進では、そりゃあもうビックリするほどの前足上げ、モモ上げ行進です。カラダを支え、カラダをおし出す主役は、うしろ足です。

 足から歩く現代人（うしろ足で支えるカラダ）。

キモノ歩きの世界

キモノ姿になってみました。

歩きにくい。だって、足が動かしにくいのです。モモ、ヒザを上げようとすると、キモノのすそがジャマをします。キモノは、モモ上げを想定しない衣装です。

観光大国ニッポンをうたっているおかげでしょう。多くの外国人観光客が日

本をおとずれています。日本観光の目玉のなかに、ニッポン体験があります。
　そのひとつに「着物体験」があります。
　着付けの専門家に手伝ってもらい、着物をはおる。観光なので、よそゆきのある程度の高価な着物ですが、基本的な構造はふだん着のキモノと大差はありません。
　すっかり舞妓さん気分になっていただくと、外の散策もできます。すると、どうなるでしょうか。「歩きにくい」「着くずれしてきちゃう」。あわせが維持できないのだそうです。
　原因のひとつが、歩き方です。着物を着たのに、モモ上げ、大マタというふだんの歩き方はかえない。それでは、着物はくずれてしまいます。

　キモノ姿になったら、どう歩いたらよいでしょうか。
　カラダがみつけた方法は、何でしょうか。
　それは「オシリから歩く」です。オシリのホッペを前に出す感覚で、歩けます。
　まず、オシリを前方に運びます。このとき、前に移動するオシリのホッペを支えるのは、前にきた足です。ですから本当は、オシリだけが前に出ているわけではありません。その前に、あるいは同時に一方の足が先に出ています。前に出るから、前足なんです。ただし「歩幅に制限をうむヨソオイ」ですから、自由にモモをもち上げてグイと前に出すことはできません。ほんのちょっとの前進です。小マタで、ヒザがゆるんでいて、すぐに接地します。つくのといっしょに、オシリのホッペがのってきます。そのため、カラダは「前足で支える」ことになります。その結果、オシリから前にすすむ感覚が生じるのです。ここが一番の変化です。うしろ足は、オシリにぶらさがって残っているような立場ですからカラダを支える立場にはありません。けらない。けれない。ですから、ニュアンスからすると、オシリから歩いているようになります。
　ちがった表現法を用いますと、前足にカラダをのせてすすむ感じ、といってもよいでしょうか。ヒザのゆるんだ前足を意識して、その上にカラダをのせてすすんでゆく感じです。
　大切なのは、感覚です。たしかにオシリのホッペから歩いていくようだ。それを本章では、イメージととらえてゆきます。

それでは実際にオシリを前にもってゆく感覚を大切にして、歩き出してみましょう。さて、オシリの感覚を、どのように表現すると一番シックリくるでしょうか。

 ここでうまれるのが「オシリをおされる」感覚です。

 だれかが横にいて、オシリをそっとおし出してくれる、というイメージが湧きあがってこなかったでしょうか。オシリをおされると、「上半身ののび上がる感覚」とともに、カラダは自然と前にすすみはじめます。つまり、歩き出せるのです。

 この感覚がいまいちピンとこなかった場合、実際に横に立った人にオシリをおしてもらえれば、より鮮明な「オシリおされ感覚」と「姿勢ピンのび感覚」と「前進感覚」をもつことができるでしょう。ここでも、3つがそろいました。

 そしてオシリから歩く感覚がなじんできたら、小さな子の歩き方に着目していただきたいのです。歩きはじめの子は、あたりまえですが、歩き方の手ほどきは受けていません。ですから自然体の歩きといってもよいでしょう。その姿です。あれあれ、キモノ歩きに重なっていませんか。やがて始まるカケッコまでも。

○ オシリから歩く江戸人(前足で支えるカラダ)。

キモノ歩きの2つの不思議な感覚

 キモノ姿でオシリをおされたような感覚をもつと、カラダはキモノと一体化して自然に歩みはじめます。キモノは足の動きをジャマしなくなります。

 同時に、今まで感じたことのなかった不思議な感覚がうまれていることに気がついていただけたでしょうか。2つあげたいと思います。

 ひとつは、自分で歩いている感が少ない、ということです。まるで、何か別の力が発生して、その力におされて歩かされている、というような感覚です。

それを本書では「オシリをおされているようだ」と表現させていただきました。本当に、おしてもらっていないのに、です。
　自分の力ではないような力が生まれてきている。別の力としか表現しようもないような力。ですから、これを「他力」と名づけておきます。
「他力」
　うーん、いいコトバですね。わたくし、大好きです。だって、自分の力、ありませんから。もちろん、こんなふうに「他力」を扱ってしまっては、おこられるかもしれません。他力の本家といえば親鸞上人さまです。他力本願をとなえられました。親鸞上人のことばをあつめた『歎異抄』は、古典中の古典のひとつです。とくに第３章の冒頭文「善人なほもつて往生をとぐ、いはんや悪人をや」はとっても有名ですし、格調高いですね。本書の第三章「調息の章」との歴然とした格差、恐れ入ります。文は人なり。
　『歎異抄』に着想をえた倉田百三の『出家とその弟子』は、若いころのわたしの愛読書のひとつでした。紙質のよくない文庫本にいくつも赤線をひいて、何度も読みかえしているうちにボロボロになってしまった、という思い出があります。

　もちろん親鸞上人のいわれる「他力本願」は、阿弥陀の力に帰依してえられる大願成就という意味ですから、自分の努力を放棄して他人のフンドシで相撲をとる、ということではありません。そもそも、本書では、そういう崇高な語義の世界にわけ入ってはゆきません。いえ、入ってゆけるほどの教養はもちあわせていません。
　単純に「自分以外の力がわいてきたようだ」という感覚を「他力」と称しているだけです。阿弥陀さまに、直接おされているわけでもありません。関係ないけど、あみだくじって、阿弥陀さまが考えたものなんでしょうか。
　しかも「他力」と表現しても、ほんとうは自分の力です。自分の力なんですが、まるで何かが湧いてきたような未知の力で前進をはじめているようじゃないか、という摩訶不思議感を強調したいがための表現方法です。じつは、いまはやりの「体幹力」といってもいいかもしれません。その点は、誤解のなきようおねがいします。

　そして「他力」といっしょに生まれてくるもうひとつの不思議感覚が「気持

第四章　調心の章（イメージをととのえる）

ちのよさ」です。
　腰まわりにまとわりつくモロモロのしがらみ一切が、ふわっと解放されて宙に解きはなされていってしまったような解放感です。
　慢性腰痛の原因をあげればキリがないほどですが、本来の腰の構造が維持できなくなったために生じた痛み刺激と痛み記憶とでもいうような共通点がみられます。
　構造の変化では、多くは腰が後ろにたおれてゆく後屈がしばしばみられます。２本足生活になって、人の腰は後ろ方面にひかれる力がかかりやすいのです。イスにすわった姿勢は、みな腰ひきです。すわる時間、長くなっています。トイレの中でも。
　すると、立っているときも、歩いているときも、だんだんと腰は後方へとひかれるように傾いてしまいがちです。それが腰の疲労感や痛みを発生します。後方への不均衡。

　この腰に、オシリが前方におされる力が生じたらどうなるでしょうか。
　ああ、スッキリ。
　おされる力、あなどるべからず。
　そもそも、現代は「おす」が置きざりにされてはいないでしょうか。大切さばかりか、存在さえも忘れ去られようとしている。価値が低下している。大事にされていない。
　脳卒中になって脳の統御機能が低下しますと、手足にマヒが生じ、だんだん内側に曲がってきてしまうことがあります。これを屈曲拘縮といい、生活上の支障となるばかりでなく、痛みをうむ原因にもなっています。手足は、おす力より、ひく力の方が強いために生じる変化です。
　この予防や改善法は、手足を「おす」方向に動かすことです。おす動作をわすれてはいけません。おす力は、ひく力より、か弱いのです。
　人間だって、オスの方が弱いですね。だってメスより、ずっとずっと寿命も短いじゃないですか。同じ人間として、ひとくくりにしないでください。男女同権、ありえません。
　おすを忘れないで。おすをもっともっと大事にしてね。忘れられ、大事にされてないオスのひとりであるわたくし、「おすキャンペーン」提唱中です。賛同者は、まだおりません。

199

キモノをきて歩き出そうとすると、オシリが後ろからおされるような力が芽ばえてきます。オシリおされ感は、カラダの前進を生じます。その力は、まるで「他力のような軽やかさ」と、「腰まわりの気持ちのよさ」をもたらします。しつこくなりますが、この２点がキモノ歩きで生まれてくる変化です。

なんて、すばらしいことでしょう。

なぜ歩くのですか、と問われたらどう答えますか。

目的地まで移動するため、でしょう。トイレにゆくために、歩く。コンビニにゆくために、歩く。歩く先には、目的があります。

ところが、キモノ歩きをはじめてみますと、もうひとつ別の理由がうまれてきます。気持ちがよくなるから歩いてくる、腰が軽くなるから歩いてくる、です。カラダがよろこぶ。ココロまでスッキリする。そうです、カラダとココロが、ねえ歩こうよ、と要求するようになるんです。ここに目的地はいりません。ただし、歳をとってからこれをやると、徘徊とよばれることがあります。いやな渡世だなあ。

ランニングを趣味としながら、腰痛ともつきあっている、というランナーが多いと耳にします。デスクワークの多いご時世です。あるいは、走りすぎですか。

キモノ歩きで、サッパリしてみませんか。

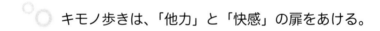 キモノ歩きは、「他力」と「快感」の扉をあける。

キモノではやく歩いてみる

キモノにゾーリ姿で歩くと、力もいらなくなるし気持ちよさまで芽ばえてくる、という感覚を楽しめるようになりましたら、もう少しはやく歩いてみましょう。

車でいえば、アクセルを踏みこんでみる、という意味です。

さあ、カラダの中で、どんなスイッチの切りかえをすれば歩くスピードが増

してゆくでしょうか。

　大マタにしてゆく、というのはどうでしょうか。
　ふだんのわたしたちは、急ごうとすると、自然と歩幅がひろがってゆきます。駅構内でタッタカ急ぐひとの歩幅は、じつに広い。
　大マタ歩行を可能にする動力源は、下肢の力です。足に力をこめて、特にモモ上げをしっかりおこなうことで、大きな１歩が生まれます。それを支えるうしろ足も、ギュッと地面をけり出す。結果として、はやく歩けます。足から歩きの現代人のふつうの方法です。

　ところが、キモノ姿に大マタ歩行はなじみません。キモノをたくし上げますか。
　そうするとキモノでは、はや足歩きはあきらめなくてはならないのでしょうか。
　いえいえ、すでにキモノ歩きのオシリおされ感と気持ちのよさを味わっておられるんでしたら、方法はたやすく見つけられることでしょう。
「オシリをおされる感じが、強まればいい」だけです。より強くオシリをおされる感覚になってゆけば、カラダが前にすすむスピードは自然にあがっています。
　さあ、おされる感じです。そうです、「他力」のアップにほかなりません。自分でガンバって力をこめる、というのではなくて、強くおされちゃいました感です。
　安易すぎないか。そうとも、とれます。
　よろしいでしょうか。キモノではスピードを上げるために大マタになるような足の力はいらない、という点に気づいていただきたいのです。足は、カラダを支えてくれるだけでいい。逆に、モモやフクラハギに力をこめようものなら、オシリをおされるいい感じがかえって低下してしまうのです。足は、あくまでもヒザを中心にゆるむ感じです。
　足の力は、キモノ歩きにとっては、かえってブレーキになってしまうのです。

○ キモノ歩きのアクセルは、オシリのおされ感覚。

いつのまにか、キモノ走りへ

　オシリを気持ちよくちょっと強めにおされる感じで、つまり「他力」増幅感覚で、チョイはや歩きをつづけてみてください。カラダがはや足歩きになじむにつれて、動きのスムーズさが安定してゆきます。
　足に力はこめません。カラダを支えるだけ。オシリのホッペがゆるんだ前足の上にのって進んでいるだけの感じです。
　とうぜん、歩幅はよくばりません。よくばれません。
　この際に求めるのは、はやさよりは、より深い気持ちのよさです。ああ、キモノって、こんなにスッキリと動けるんだ、という快感を思う存分味わってください。
　すると、です。
　突如として「アレアレ」という別次元の世界に、文字どおり足をふみ入れてしまったかのような錯覚を覚える瞬間に出会うことになります。
　このおどろきを、なんと表現したらよろしいでしょうか。
　まず、いえることは「歩きではなくなっている」ということです。歩いているのとはちがう。はや足歩きとはいえない。しかも、カラダがどんどん軽くなっている。はや足歩きをつづけていたつもりなのに、何なのだろう、このスイッチの切りかわり感は。
　オマエはいったい何者なんだ。名を、名をなのれ。って、黄金バットがでてくるわけではありません。

　歩く感覚でなくなっていたら、それを「走り」と表現しましょう。こんな簡単に、そして突如として、歩く世界は走りの世界へと切りかわってゆけるものなんですね。
　それでは、あらためて、ふりかえってみましょう。何がかわりましたか。
　はたから見ているぶんには、かわったことなど気がつかないくらいのビ

第四章　調心の章（イメージをととのえる）

ミョーな変化かもしれません。実際に、区別するのはむつかしい、と思います。
　歩きの定義は、つねにどちらかの足が地面に接していること。走りは、宙をとび跳ねながらすすむこと。とくに、はやく走ろうとすればするほど宙に浮かんでいる時間が長くなる。そのため、着地のさいに下肢にかかる衝撃の強さは、体重の３倍にもなるので、ヒザやカカトなどを痛めやすくなります。故障予防に、いいクッション入りのシューズを着用しましょう。歩きと走りが説明されるさいの、定番の文句です。

　たしかに、歩く競技である競歩では、足が地面から離れてはイケナイ、というルールになっているはずです。宙に浮いた瞬間、歩きではなく走ったとみなされて、ペナルティーが課せられます。
　それでは逆に、走りは宙に浮かぶ時間がなくてはならないのでしょうか。
　いえいえ、そんなカタいこといいっこなし、の世界が走りです。走りに、決まりや義務はないはずです。走りは「自由形」です。どんなスタイルでもいい。そこで本書では、走りの定義を次のように考えたいと思います。

　　１．はやく歩く感覚とは、質的に切りかわっていること。
　　２．はやく歩くより、気持ちのよさを味わえること。

　はや足歩きは、爽快です。オシリのアクセル、すなわちオシリのおされる感じが強まって、腰のノビノビ感が増してくるからです。
　それが、ある瞬間からさらに切りかわり、モットモット気持ちよくなっている状態。ここにキモノ走りの世界があったのです。
　宙に浮くの、浮かないの、は問いません。
　じっさいに、はや足歩きから走りへと切りかわった瞬間から、カラダは宙に浮きはじめているかもしれません。まだ浮いてないかもしれません。そのくらいのビミョーな変化です。それでも、さらにスピードがのってくれば、浮く感覚がはっきりしてくるかもしれません。
　そもそも、浮くの、浮かないの、にこだわる必要性があるのでしょうか。どっちだって、いいじゃないですか。はい、浮かばれないわたくしの、個人的な見解です。

というのも、キモノにゾーリ姿で走ってみますと、浮いている感が生じにくくなるからです。だって、薄ゾコゴムゾーリで、ピョンピョンとび跳ねたいですか。痛いですよ。足は、そっと地面におくという感じになってゆくんです。それが、カラダの自然な反応です。

　ともあれ、歩きか走りかの現象の区別にこだわることより、感覚の差に着目していただきたいのです。キモノ走りになると、キモノ歩きよりさらにカラダがよろこんでゆく、という事実です。これこそが、本書でめざす走り方です。
　キモノ歩きは、キモチがいい。
　はや足歩きは、もっとキモチがいい。
　走りだしたら、究極のもっともっといいキモチ。これです。

　ところで、ふつうに歩いていて、カラダをこわしますか。つまり故障するでしょうか。まず、ありません。歩くことは、日常行為だからです。職場や学校まで歩いていって、あるいは買い物途中で故障した、なんてことは事件事故にでもまきこまれない限り、考えられません。遠足という、非日常的な歩きイベントに参加しても、歩き疲れることはあっても、故障はありません。それが歩行です。
　そういう歩行よりも、さらにさらに気持ちのいい行為なんですよ、走るってことは。
　歩くことより、もっとカラダはよろこぶんです。
　だったら、走って故障なんておこるわけがない、はずなんです。くわえて散歩よりも、もっと深い快感をえられる行為なんです、キモノ走りは。こういう世界が、キモノ歩きのすぐ先にあったんですね。
　走りが生涯のお友だちになる扉がひらかれました。

　走るのは楽しい。
　思いだしてください。楽しいから、気持ちがいいから、簡単だから、わたしたちは物心つく前から、誰に指導をうけたわけでもないのに、走りはじめていたのです。走りながら、声をあげて笑っていたのです。歯をくいしばって耐えていた、わけではありません。
　キモノ走りで出会った世界は、新しい世界でも、画期的な走りでもありませ

第四章　調心の章（イメージをととのえる）

ん。もともと、生まれながらにもっていたものでしかありません。かつて、みんな、こんな走りで家の中を、ご近所をかけまわっていたはずなんです。忘れていましたか。

　そしてキモノ走りが板についてきたなと感じたら、肩に飛脚棒をのせてみてください。
　飛脚棒は、どういう存在になっているでしょうか。肩の上で、バンバンとびはねるあばれん棒ではなくなっているはずです。キモノ走りは、上下動の少ない動作です。足に力が入りませんから。
　おそらく、肩の上で、カラダと一体化した相棒になっているはずです。ああ、肩にのせた飛脚棒が気持ちいい。
　ちょっぴり、飛脚の気持ちがくみとれてきたでしょうか。
　さあ、飛脚走りを思う存分楽しんでゆきましょう。機は熟しました。

　そして、ここまできて、もっともっと走りを楽しみたくなったら、ゾーリは卒業です。同じ感覚で、もっと耐久性のあるハキモノへのバージョンアップをおすすめします。具体例をあげれば、タビや地下タビのようなハキモノです。まとめてタビ類とします。耐久性という面からおおざっぱにいいますと、ゾーリは100キロ、地下タビは1000キロもつ、という印象です。おサイフにもやさしい。
　ゾーリは、ハナオでカラダとつながります。タビ類は、足首でつながります。ハナオは、添えるだけの役目に切りかわります。いくら走っても、たとえばフルマラソンでも、ハナオ部分に負担はきません、痛みません。もし痛みを感じるようなら、まだキモノ走りではないか、タビのサイズがあっていないかのどちらかでしょう。あるいは、ちゃんと足首でカラダとつながっていますか。
　タビにかえても、足やカラダの感覚はゾーリと基本はかわりません。ですから、タビにかえても「ゾーリ感覚」というコトバはそのまま継承してゆきます。

　　◯◯　走るって、楽しい。

飛 脚走りの本質

　走るって、楽しい。
　幼いころは、だれもが抱いていた自然な感情です。だから、笑いながらかけていたんです。小さい子が遊びでかけまわっているとき、いっしょについてくるのは笑い声です。
　そんなときめきを思いだせるようになったら、あとは走りで人生を楽しみましょう。それ以上でも、それ以下でもない気がします。

　ところで、走りの世界には、レースがあります。
　いまや日本全国、というか、世界各国、いたるところでレースは大盛況です。長い歴史をほこるレースもあれば、地域おこしのひとつとして新たにはじまったレースもあります。人気がですぎて、出場することさえむつかしいレースもあります。日本のどこにくらしていても、地元のレースがある時代です。
　わたしは、はじめてのレース出場で世界観が一変しました。
　なにしろ沿道からは「ガンバッテー」の連呼です。声援がわたくし個人に向けられたものではない、順次走りすぎるランナーにわけへだてずにかけられている、というのがわかっていてもうれしいじゃないですか。
　ゴールしようものなら、「オメデトウ」「おつかれさま」と称賛のシャワー。どんなシャワーより、疲れがひいてゆくってものです。

　ふだんのくらしは「手をぬくな」「サボるな」「イネムリするな」「まちがえるな」「マジメにやれ」「ちゃんとなおせ」「心を清めろ」と世間の荒波をザブーンとモロにかぶる毎日です。ビショビショに濡れたココロは、さむさに打ち震えています。ああ、さむい。わたしの居場所はどこにあるの、と凍えるなかでマッチ１本の炎の中に幻想の暖かさしかみいだせなかった『マッチ売りの少女』ならぬマッチ売りのオジサンか、なんていう中高年のうらさみしい人生です。
　それが「ガンバレ」ですよ。声援ですよ。よくやった、なんて褒められるんですよ。拍手でむかえられちゃうんですよ。めいっぱい舞い上がっちゃって悪いか。レース以外で、声援もらったことなんて、ありますか。

第四章　調心の章（イメージをととのえる）

　あ、いや、つい冷静さを欠いてしまいました。オジサンも癒やされるのがマラソンレースです。

　さて、飛脚走りの本質について考えてみましょう。
　飛脚走りときくと、どんなイメージが思いうかぶでしょうか。
　つい、超人的な走りであるとか、驚異のスピードをほこる走りの達人なんていう、現世ならマラソンレースの先頭をきる超有名人的なランナーに重ねあわせたくなるような想像をしがちです。なにせ、じっさいに飛脚に会ってその走りを見たひとはどこにもいません。
　しかし、こういったスゴイランナー風の発想は、たとえば和食といえば、どこぞの有名料亭のダレソレの手による、極上の食材をつかった極めつけの一品で、だれもがうなる味、みたいなとらえ方に重なっていることに気がつかれるでしょうか。
　本当の和食は、ご飯に一汁一菜を基本にした、ふつうのひとが、ふつうのくらしの中で、地元でとれる季節にあわせたふつうの食材でつくる、ふつうにおいしくいただける、ふつうの食卓にのぼるもの、ではないでしょうか。はい、「ふつう」が5つも並んじゃいました。そのくらい、ふつうのもの、です。庶民のくらしに溶けこんだもの、ともいいます。
　田舎の婆ちゃまが、今もかわらずに作ってたべている食事。毎日たべてもあきないもの、です。
　飛脚の走りも、ふつうの日常の延長にあるもの、ではないでしょうか。特別に身がまえなくてはこなせないものではなかった、と。
　だって、飛脚がオリンピック選手みたいな走りをめざしてどうなるのでしょうか。日々をクンレンの中におくつもりですか。
　飛脚の仕事をひき受けるのは、年に1度の真剣勝負。いえ、オリンピックなら4年に1度しかありません。
　そのハレの日にそなえて、毎日がタンレンの日々。夏場には高知県に出かけて高知トレーニング（意味がちがうか）。ときに無理がたたれば、故障で1年を棒にふることもある（棒はふらないで、肩にのせてください）。なんて生活が考えられるでしょうか。
　飛脚の仕事が入らない日は、畑で汗をながす。そんなオッサンが、次の日には飛脚棒を肩にかついで街道をタッタカかけてゆく。それが現実であったと思

われます。

　そういう、ふつうのくらしの中でつむがれる飛脚の走りの本質は「距離と時間」の決まった走り、だということです。
　気のおもむくままに、自分の好きなコースを、好きなペースで走ってゆくだけ、ではすまされないプロの道です。「何処」に「何時」までに、この荷をとどけてもらいたい、という依頼をかなえる走りです。
　そこに必要とされるのは、自分の力の把握です。
　自分は、あそこまでなら、このくらいの時間をもらえればゆくことができる。そういった見通しが立てられるかどうか。これを持てたとき、飛脚としての任務がはたせるのです。
　ですから、仕事だったら何でも気安くひき受ける、ことはしません。無理な注文には、応じられない場面もでてくることでしょう。ことわってこそ、責任をはたせることもあるのです。
　「江戸から越後のちりめん問屋まで、今日中にこの荷をとどけてもらえないか」という依頼は、いくら健脚といえどもひとりの足でのりきるのは無理です。引きうけられません。不可能な仕事はことわる。あるいは、馬を乗りつぐなどの他の方法を考えてもらいます。

　そこで距離と時間が決まれば、あとは自分のペース配分を考えながら、仕事のスタートです。現場には、つねに必死でなければならないとか、歴代記録にならばなければならない、というような必然性はありません。最終目的は、「何処まで、何時まで」をはたすことです。
　ですから、峠の長いのぼり道では歩くこともあったでしょう。茶屋で一服することもあります。自分の体力を考え、そして地理や気候や天気を考え、計画を遂行してゆく。約束の日時までに目的地に無事着くことが大切なのです。

　そこで気がつきましたか。
　ああ、飛脚の仕事は、今日のわたしたちのレースにかぶさってくるものだったのです。
　レースは、決められた距離を、決められた時間内に走りきる場です。手当はでませんし、運ぶ荷もありませんが、なんだか飛脚の仕事に重なって見えてき

ませんか。都合のよすぎる解釈でしょうか。
　走りおえて、ああ、いいレースだった、と思えるのはどんな内容のときですか。
　1等賞をとったとき、大会記録を更新したとき。そういったスタンスを本書では採用していません。わたしには無縁のはなしですし、語る資格もありません。もとから、めざす道がちがいます。
　自分の描いたレース展開を実践できたかどうか、です。
　自分なりの計画で、自分なりの目一杯さを発揮できたなら、それはすばらしいレースだったのです。つまり、自分との対話の結果からうまれてくるものです。
　前半をとばしすぎなかったか、慎重になりすぎて不完全燃焼に終わっていないか、気候をうまく読みきれたか、体調を管理してゆけたか、おもしろい出会いや心にふれる出来事があったか。

　そういう目がもてるようになると、ひとつひとつのレースが自分の中で花をさかせる思い出深いものになってゆくことでしょう。そして、次はこうしたい、こんな工夫をためしたい、という明日につながる種まきにつながってゆくと思います。
　さあ、ある程度のゴールの見通しがたてられるようになったら、もう立派な「飛脚走り」の仲間入りです。そして、レースは、くわえて人生は、見通しどおりにゆくとは限らない、のがおもしろいところです。そんなとき、どんなアドリブで対応できるか。
　そこが、走りの真骨頂の発揮場所です。
　ワクワクする世界が、レースではまっています。

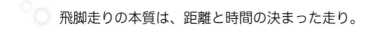
飛脚走りの本質は、距離と時間の決まった走り。

調 心、あらためてココロを考える

　調心。ココロを整えてゆく。ココロで感じてみる。ココロで考える。
　調心とは、文字どおり「ココロ」がテーマです。
　で、あらたまってココロに目をむけようとすると、とまどいが生じてしまいます。さて、ココロって何なのだろう。どこにあるのだろう。どうやれば会えるのだろう。少なくとも「調身」の身、「調息」の息ほど身近な存在ではなかったぞ。
　いつの間にか、「ココロ」は縁遠いものになっていませんでしたか。あるいは、いなくなっていることさえ気づかないでいませんでしたか。これって、八木重吉さんの「心よ」という詩そのものじゃありませんか。紹介させていただきます（『八木重吉全集　第1巻〈詩集　秋の瞳・詩稿1〉』筑摩書房）。

　　心よ

　こころよ
　では　いっておいで

　しかし
　また　もどっておいでね

　やっぱり
　ここが　いいのだに

　こころよ
　では　行っておいで

　昭和の初期に29歳で夭折されたこの詩人は、しかし短い生涯のなかで、たくさんの掌編詩を残してくださいました。3冊にまとめられた『八木重吉全集』は、わたしの癒やしの宝物のようになっています。その中の一編です。

第四章　調心の章（イメージをととのえる）

　「身」が変調をきたせば、あるいは「息」が乱れれば、わたしたちはおかしいと、その変化に敏感に気がつくでしょう。
　ところが「心」は、少し変化しようとも、いえいえそれどころか、どこかにいってカラッポになっていたとしても、案外、気がつかないままにくらしてゆけます。
　心って、そんなものなんでしょうか。あるいは、心にかわるモノを手に入れちゃったからなんでしょうか。

ア タマの時代

　21世紀は、アタマの時代、または脳の時代といわれています。
　脳を人工的につくれないものか、という情熱のもとに進化をつづけているものがコンピューターです。脳とコンピューターは、ときに比較され、ときに類似性を追求されながら、いまや花形技術、王道、主役、トレンドの道を邁進しています。
　脳とコンピューターのいいとこ取りをしたような「人工知能」は、すでに、くらしの中のあらゆる場面で活用されています。ご飯をたくときも、洗濯をするときも、改札口をぬけるときも、どこにでも人工知能が活躍しています。
　さらには、将棋のプロや囲碁のプロ相手に、互角以上の対戦をするまでになっています。病気の診断能力だって、とっくにわたしを超えています。あっ、これはわたしのレベルが低すぎるからですか。

　ところで、現代社会は、どういう方向性を目指して変化していると思いますか。
　わたしは「どうしたらカラダを使わずにくらせるか」という方向に集約されるような流れ、とみています。
　朝おきる。水道をひねれば水がでる。ご飯はたけている。洗いものも洗濯もポン。玄関をでれば、車に電車。情報はITにおまかせ。欲しいものは、スーパーやデパートに何でもある。あるいは宅配でお待ちどおさま。いまどき、テレビのチャンネルをかえるためにテレビまで出向いていってガチャガチャス

イッチをいじる、なんて光景は消滅しています。

　ほら、共通するものは、カラダを使わずにすませられる変化や工夫のオンパレードです。アレとコレのどちらにするか、と選択をせまられたときは「カラダをつかわない方」が選ばれてゆく。そして、その手法を手にいれたモノが勝ち残ってゆく。
　おかげで、カラダは、ずいぶんと楽ができるようになりました。
　いい時代にうまれたものです。

　でも、ここで考えていただきたいのです。それでは、カラダは何のためにあるのでしょうか。カラダの価値はさがる一方なのでしょうか。
　そして、脳やアタマの価値はどうなってゆくのでしょうか。

　そこで、あらためて、カラダとアタマの関係を見つめなおしておきましょう。
　本来のカラダとアタマの関係は、カラダで感じとった情報をアタマに送り、アタマはそれを分析して判断し、どういう行動をとればいいかをカラダに伝達し、カラダで行動をおこす、というのが典型例でしょう。つまり「カラダで情報収集」→「アタマで判断・指令」→「カラダで行動」という３つの流れです。
　このように３つにわけてみますと、カラダとアタマの関係は、どっちがエライなんていう発想に意味はなく、どっちだって大事だということがわかります。
　そうです、どっちだって大事です。ところが時代は、カラダは使わない方向に向かっていました。カラダを使わなくてすむ、ということはカラダと一体の関係にあるアタマの出番も少なくなってゆきます。アタマもさぞやヒマになったことだろう。
　ところが現実は、アタマひとりが３つの関係の中で突出してゆきます。どうして、こんなことになっていったのでしょうか。

第四章　調心の章（イメージをととのえる）

ア タマひとつが突出する時代にあって

　カラダを使わなくてもくらせる工夫に走る現代では、感じるカラダも、行動するカラダも出番がへって、カラダの役割は低下する一方です。動かなくてもすむくらし。
　カラダからの情報の入力がへる、加えて、カラダを動かす指令も必要性がへってゆく。実際、カラダを動かさなくなる。だったら、アタマの出番もなくなってしまうはずです。ところが、アタマは独自に、そして勝手に活動を活発化させていました。カラダからの情報がへっているのに、カラダを動かす指令の必要性もへっているのに、なぜアタマだけが活発化してゆけたのでしょうか。

　じつはアタマ、つまり脳には、カラダを介さなくても外界の情報と直接に通じる道があったのです。それが「目」と「耳」でした。アタマは、目を通して、耳を介して、外の情報をとり入れることができるのです。視聴覚情報です。

　それを知ってか知らずか、現代社会は目と耳への刺激を最大限に利用しはじめます。目と耳を支配できれば、現代の勝ち組になれる。そこで考えだされた道具がスマホであり、パソコンであり、携帯音楽プレイヤーであり、AIスピーカーです。
　カラダへの負担を気にしなくてもいいように、どれもが小型化を競いあっています。
　この発想が、カラダを使わずにすむくらしにドンピシャ当たりました。
　今や、多くの人が、小さなモニター画面にうつし出される情報の取りこみに時間をさき、小さな音源から流れる情報に耳をかたむけています。昨日は、それらにどれくらいの時間をついやしましたか。

　アタマがひとり歩きしている時代です。いえ、もっと深刻な事態に入ってきているかもしれません。アタマの暴走です。
　なぜアタマのひとり歩きが怖いのでしょうか。

そこは、カラダがどう感じているのか、カラダをどう反応させるのか、という人の基本的なしくみが成り立たなくなった世界だからです。つまりは、生身の感覚の欠如ということです。バーチャル世界。
　たとえば、無理したときの「痛み」や「つらさ」がわからなくなってゆく。痛みやつらさは、カラダがもつ基本的な感覚であり、メッセージであり、ブレーキです。
　カラダから切りはなされたアタマには、具体的な痛みやつらさは生じません。実際に脳ミソをつついてみても、痛みは生じません。脳自体に痛覚はないからです。痛みなどの実際の感覚は、カラダでしか感じられないのです。
　自分の痛みを知ることは、生きてゆくうえの基本です。
　他人の痛みを知ることは、世のたしなみです。

　歴史をふりかえってみたとき、大きな人災の裏には、アタマの暴走がひそんでいたことに気づかされます。他人の痛みを感じられない人為の暴走が、多くの悲劇を生みだしてきました。戦争だけじゃありません。大資本の暴走、環境破壊の暴走、原発の暴走。そこにあるのは、人の痛み、すべての生きものの痛み、環境の痛みを感じることのできない人の暴挙。

　アメリカ大陸には、太古の時代から、おそらくはわたしたちと同じ祖先をもつ人々がくらしていました。そこへ航海術を手にいれた西洋人たちが続々と上陸してゆきます。彼らは、あろうことか、先にくらしていた人々の土地をうばい、小さな居住地へ押しこみ、あるいは虐待をしてゆきます。
　インディアンの長老が、そんな西洋人にこう語りかけたそうです。
「あなたがたは、アタマで考える。わたしたちは、ここで考える」
　長老はさした手を、自分の胸につけていました。ココロで考えているんだよ、と。
　自分たちの欲のために、こんな仕打ちをして、あなたはココロが痛まないのですか。ココロは、肉体の中にあります。カラダと一体化しています。カラダと一緒だからこそ痛みを感じるんです。
　さて、ずいぶんと遠回りをしてしまいましたが、ココロがもどってまいりました。ココロは、カラダと一体のものでした。カラダの声を聴くところでした。アタマや脳との決定的なちがいです。ココロを忘れていると、カラダの声

が聴こえなくなってくるのです。ですから、八木重吉さんのコトバを借りると「また、もどっておいでね」。

本章の主題は、ココロに着目することです。ココロを大事にして、カラダの声をじっくり聴いてゆきましょう。カラダは何を語りかけてくれるでしょうか。そこから、走りの核心にせまりたいと思います。

○ カラダの声を聴くココロ。

重心足という視点

カラダからの声かけを、受けとめるところがココロでした。で、何を聴きますか。

歩きや走りで、まず一番に耳を傾けていただきたいのは、重心足からの声です。

重心足。また、聞きなれないコトバが登場してしまいました。すみません、わたしの造語です。すなおに「自分の体重がのっている足」と、とらえてください。

重心足という概念をもつようになると、歩きや走りの意識がかわってゆきます。歩きや走りの幅が広がってゆきます。そのために、まずは次の2つの概念を覚えていただけるでしょうか。「歩き方」と「歩き型」のふたつです。

まずは「歩き方」です。

人は2本足で歩きます。今日は1歩も歩かなかった、という人はよっぽどの状況におかれていなければありえないでしょう。

それでは、どのように歩きますか。

答えは、交互に足を出して歩く、です。右足を出したら、つぎには左足を出して、つぎにはまた右足を出して、というくり返しです。

両足をそろえてピョンピョンすすむ、という人はみたことがありません。バニーちゃんも、歩くときは足は交互です。足が車輪に変身してクルクルまわっ

てすすむ、のは『天才バカボン』に登場する本官さんが急ぐさいの定番ですが、マンガの世界の話です。
　つまり、歩き方は、人類共通です。

　つぎは「歩き型」です。
　交互に出した足は、交互というくらいですから前後しています。そのさい、自分の体重を前後の足のどちらに、より多くのせているでしょうか。
　前にきた足に体重をのせていますか。うしろの足に体重をのせていますか。この見方をしますと、前足派、うしろ足派の２つに大別されます。この分類法を「歩き型」とよばせていただきます。「走り型」も同様に考えます。
　そして、前足に体重をのせて歩くのを「前足重心歩き」、走るのを「前足重心走り」と命名させていただきます。同様に、うしろ足に体重をのせて歩くのを「うしろ足重心歩き」、走るのを「うしろ足重心走り」とします。

　ここで注意していただきたいことは、２つの「型」を比べてどっちがエライか、という話ではないということです。どっちにしましょう、という話でもありません。ここは誤解のなきようお願いします。
　そもそも、わたしたちは無意識のうちに「歩き型」を使いわけています。
　たとえば、階段をのぼる時は、うしろ足で体重をささえながら前足をあげてゆきますから、うしろ足重心歩きになります。
　反対に、階段をおりる際は、前足で体重をささえていますから、前足重心歩きです。
　つまり、どっちもできるし、状況にあわせて無意識に使いわけています。
　それでは、町の中ではどうでしょうか。家の中ではいかがですか。そして走る際は。
　重心足という視点をもつと、歩行や走法のモロモロの核心がここに集約されてくることに気がついてゆきます。さあ、すすめましょう。

　　歩き「方」は、人類共通。交互に足を出す。

第四章　調心の章（イメージをととのえる）

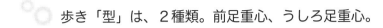
歩き「型」は、2種類。前足重心、うしろ足重心。

現代人の歩き「型」

「歩幅に制限のないヨソオイ」の現代人は、うしろ足でカラダを支えながら歩いている、ということを考察してきました。つまり「うしろ足重心歩き」ということです。

その理解のためには、多くの人の歩く姿を観察させていただくことです。

観察の際のキーワードとして、モモ上げ、カカト着地、大マタ、けり出し、などを意識しておくとより鮮明に確信がもてるのではないでしょうか。

とくに、元気よくウォーキングしている人や、急いでいる人の姿は、うしろ足重心になっているのがよくわかります。

そして何より、自分の歩きを振りかえってみてください。ココロでしっかりと受けとめてみてください。大切なのは、自分はどうなっているか、ですから。

車でいえば、後輪駆動ということです。人ですから、うしろ足駆動と名づけてもいいくらいです。

現代人の多くは、うしろ足重心歩き。

江戸人の歩き「型」

キモノにゾーリ姿で歩くとどうなるか、の結論です。

キモノは足をふみ出せません。そのため、カラダはオシリから出るようになってゆきます。オシリから上の体重は、そのため前足にのってくる、ということを経験してきました。

217

そうすると「前足重心歩き」じゃありませんか。
キモノをまとうと、そうなる。ですから、江戸の人たちは、みなそうだった。
車でいうと、前輪駆動になります。人でいえば、前足駆動でしょうか。ただし、こちらは足で駆動はしていません。あくまでオシリが中心となっています。足は支えるだけで力は入りませんし、足に力が入ると前足重心にならなくなってしまうからです。

 江戸人は、前足重心歩き。

歩き「型」からみた体型

うしろ足重心と前足重心。
カラダをのせる足のちがいは、カラダを使う部分のちがいを生み出します。その結果、体型までも特徴づけられてゆきます。とくにその差は、足にあらわれてゆきます。
この点をみてみましょう。

まずは「うしろ足重心」のカラダです。
うしろ足はカラダを支えるカナメです。くわえて、移動のカナメでもあります。そのため、足ウラ全体、とりわけ親ユビ山を中心に力がはいり、同時にふくらはぎもギュッとひきしめる必要があるので、ふくらはぎ中心によく育ってゆきます。
前足は、カカトからの着地になりますから、カラダのもつクッション性を活かせません。そのため、足首、ふくらはぎ、ヒザ、モモ、股関節、腰、背骨などへの負荷が高まります。それに対応できるように、さらに足の筋力がついてゆくことでしょう。
つまり、前足もうしろ足も大活躍を期待されるのがうしろ足重心です。足の筋群は使えば使うほど育ってゆきますから、結果、立派なおみ足ができあがっ

218

第四章　調心の章（イメージをととのえる）

てゆきます。成長をとげてゆくことでしょう。これを、ダイコン化ということもあります。

　足の成育が特筆すべきものである、というのは４本足動物の足と比べてみるのも興味深いものです。４本足だと、足はつくだけですから、細いままです。イヌやネコの足をよく観察してみてください。骨のまわりを毛皮でまいただけじゃないか、なんて思わせるほどです。体重が何百キロもある馬も同様ですね。

　イヌやネコのふくらはぎをさわってみましょう。どこにある。

　つぎに「前足重心」のカラダに着目してみましょう。

　移動の主役は、オシリの中の筋群です。なかなか観察しにくいのですが、腰の中、オナカの中にかくれているはずです。体幹筋群なんて称されるものです。

　足は、力が要求されずに、カラダを支えてくれるだけでいい、なんていう立場です。脇役です。主役になれない。役目が少ないものですから、大きく立派に育ってゆくということがなかなかできません。

　太くなれない。ダイコン化、無理です。ゴボウです。

　イヌやネコと同じです。

　いやいや、人間は２本足なんだぞ。４本足と比較する意味なんてあるんでしょうか。

　おっしゃるとおりです。それでは、ケニアやエチオピアのマラソンランナーの足を観察させていただきましょう。マラソン中継をみてみますと、だいたいテレビ映りのいい先頭集団で活躍されていますから、観察は比較的容易です。

　どんな足をされていますか。

　ダイコン派でしょうか。いえいえ、圧倒的にゴボウ派です。しかも、ちょっと栄養不足で出荷もできないようなやせゴボウです。あるいは「棒」のようだ、なんていってもいいくらいです。そうすると、２本の棒ですから、ゴボウではなく一ボウです。

　そんな細さじゃ走れないだろう。でも、なんで先頭の方に陣どっていらっしゃるんでしょうか。そして気がついていましたか。

　キモノ走りが似合う走りをしていませんか。そう前足重心走りのお手本。

○○○ 歩き「型」は、足の見た目の違いにもあわられる。

前 足重心生活と和式のくらし

　キモノにゾーリ生活になってゆくと、うしろ足重心から前足重心に移ってゆく。
　ことは、歩きや走りにとどまりません。
　前足重心になるということは、足でいえば、ふくらはぎなどの後面より前面への刺激が強まってゆくことになります。こういう見方ができるようになると、和のくらし全体が前足重心になっていることに気づかれないでしょうか。
　たとえば正座です。足の前面がグッと刺激される姿勢です。そればかりではありません。和のくらしは、しゃがむ文化でもあります。火おこし、和式トイレ。大きな段差のある家。すべてが前足重心に直結していませんか。
　ですから、前足重心に馴染もうとしたら、何もキモノにゾーリだけが方法論ではないのです。和のくらしになればいい。そうすれば、キモノにゾーリだけでは味わえなかった前足重心感覚がさらに深まってゆくことでしょう。

　ところで、前足重心生活の中でも、疲れることがあります。
　疲れを感じたら、それでは具体的にカラダのどのあたりが一番疲れているのかなあ、と探してみるのも興味深いものです。カラダのいろんなところをさわってみる。押してみる。曲げてみる。伸ばしてみる。
　すると、おもしろい一点を発見しました。
　ヒザ下です。お皿の直下、その外側のくぼみ部分です。
　わたしの発見ではありません。昔からのチョー有名な場所です。名前もちゃんとついてます。「足三里」です。ツボといわれています。
　松尾芭蕉の『奥の細道』にも登場していましたね。「三里に灸すゆるより、松島の月まづ心にかかりて……」という名文句。古典の定番の一節です。
　旅にでるんだったら、足三里へのお灸を欠かしてはならない。足三里にお灸の痕のない人とは一緒に旅にでるな。当時の旅の常識でした。健脚を保つ定番

のツボでした。いえ、旅だけではありません。庶民の日々の健康のツボでもありました。

　ちなみに「里」は距離をしめす単位で、親ユビ１本の横の太さをさします。これが１里。ですから、親ユビ３本分の長さが３里です。これは人指しユビから小ユビまでの４本のユビを並べた長さに相当します。ヒザのお皿の外側、むこうずねに沿った深みにお皿の下端から手のユビを４本並べた地点が「足三里」です。こまかな位置より、押して気持ちイイところを優先しましょう。

　足三里を刺激すると、そこだけでなく、足の先の全体まで気持ちがよくなる感覚につつまれます。ポッとあたたかくなる。そして足全体の疲れが軽くなります。実は、その直下には腓腹神経が走っていて、足の甲までひろく伸びているということにも関係するようです。

　くわえて、足三里の本来のはたらきは、胃腸系をととのえるツボといわれています。オナカ全体を快適にする。消化吸収能力を高めてゆく。その結果、疲れをとりのぞき、体調や気力を高めるというのです。うーん、すごいことになっています。

　ムカシの人のなかにも、ノリやすい性格の方がいました。足三里はさらに進化します。一里が約４キロメートルですから、ここに灸をすえると12キロ余分に歩けるようになる、と。これは単位の勘違いからきたようですが、そうかもしれないと思わせる変化を実際にカラダにもたらすこともあります。

　ここで再度確認しておきたいことは、足三里は前足重心生活のなかでこそ、真価を発揮する意義の大きなツボになるということです。ふくらはぎでなく、足の前面を使う生活になっているからです。座を中心とした和の生活は、足三里をふくめて足前面の刺激が多いうごきになっています。

　足三里をふくめた経絡は、しゃがむ姿勢の中で自然に刺激されていたのです。

　キモノのくらし、前足重心歩きのくらしは、正座をはじめ、しゃがむ動作のなかで足三里にこだわらなくとも自然にカラダは癒やされていたのです。たしかに、正座をすると気持ちいいです。和式トイレの中でも、草むしりの最中にあっても、カマドに火をいれるときであっても。

視点がかわると世界がかわる

　見方がかわるだけで、これが同じ世界か、とビックリすることって枚挙にいとまがありません。プロ野球ファンやサッカーファンでしたら、球場やサッカー場で、たまには相手側サポーター陣営に入って観戦してみたらいかがでしょうか。常識が180度かわるかもしれません。
　ふだんのうしろ足重心から、前足重心への変化も一度おすすめしたいものです。

　うしろ足重心は、脚力が主役になっている移動方法です。うしろ足重心走りで、足首やふくらはぎや膝や股関節や腰などを痛めてしまった経験はありませんか。
　長い時間や治療のすえに、ようやく痛みがひいた。さあ、また走りだそう、としても同じ走法では同じ故障にむすびついてしまうかもしれません。
　なら、いっそ、走法をかえてみよう。
　そこで、江戸流にもどって、あるいは幼少期の走りにもどって、前足重心走りを体験してみる。
　おどろきますよ。カラダの使い方がこんなにも違っているのか。もちろん、その違いを知るためには、ちゃんと聴くココロをもっていなくてはなりませんが。
　痛かったところが痛くない。というより、痛かったところを使わないじゃないか。
　故障の経験のあるランナーの方ほど、そのかわった世界に驚いていただけるのではないでしょうか。

前足重心生活のびっくりビフォーアフター

　ひとりの女性に登場していただきます。運動とはまったく縁のない方です。キモノにゾーリ姿の生活になると、こんなにも世界がかわるのか、という一例

第四章　調心の章（イメージをととのえる）

です。
　その方は、三砂ちづるさん、といいます。わたしよりもひとつ年下ですので、ほぼ同年代、立派な中高年世代です。学者さんで、運動経験はなく、ランニングなんてどこぞの世界の話か、というくらいです。当然、身体のおとろえも自覚してきました。「駅まで20分と聞くとげっそりし、10分といわれても、うれしいとは思えなかった」というくらいです。くわえて、ピッチリと体型をとじこめる下着や洋服もしんどくなってきた、のだそうです。その気持ち、わかります。
　この先生とわたしは、まったく面識はありません。本で知りました。

　さて、体力の衰えとともに、カラダにも衣類にも違和感を覚えるようになったこの先生がとった手段はなんだったでしょうか。もちろん、運動をはじめよう、なんて発想はありません。いわんやランニングをや。学者さんです。
　正解は「着物生活にしよう」でした。発想がおもしろいです。

　そこで和服にくわしい人に相談し、昔の日常着だった和服を調達し、着方をならい、一気に和服生活に突入してゆきます。つまり、日常着としてのキモノとゾーリ生活です。結婚式の晴れ着ではありません。
　この先生のとった行動は、それだけです。
　学者生活は同様につづき、運動が加わるわけではありません。筋トレをはじめるわけでもありません。ランニングなんて、絶対にしません。
　それなのに、何なのだこの変化は、というようなビックリ仰天の出来事がカラダに起こりはじめます。その驚きようは、一冊の本にして見知らぬ人にまで伝えたい、という衝動をおこすまでに至ります。その結果できたものが『きものは、からだにとてもいい』（講談社）です。少々長くなりますが、感動を抜粋させていただきます。

　　わたしは歩くのがおっくうになっていたのだ。なんと恐ろしい。
　　それが、歩くのがうれしいのである。きものを着て、草履をはいて歩く。ちっとも疲れないし歩きやすい。急に歩くのが楽になって、きものを着始めたら、「徒歩20分」がなんでもない、と思えるようになった。むしろ、歩かなければならない、という状況がおこると、なんだかうれし

い。「ああ、歩ける」という素朴な喜びである。これはいったい何なのだろうか。まわりはおしなべて、「草履じゃ歩きにくいでしょう」と言うし、「ちょっと歩くのですけれども、草履で大丈夫ですか？」などと気遣ってくださるのだが、実際には、ずいぶんと違う。草履の快適なことは驚くばかりである。なぜ「きものだと歩きにくい」ということになったのだろう。

　草履は足にぴったりとついている。平坦な形なので靴をはいているときのように、ときおりバランスが崩れて、足がぎくっ、となる、ということがない。靴のように足先を締め付けることがないので、指がゆったりとしていて、力もかけやすい。先の細いパンプスや足にあわない靴をはいて、外反母趾になる女性が増えているが、草履をはいていれば、当然、外反母趾になるはずもないであろう。

　鼻緒があって、足の指で鼻緒をはさんでいる、ということが歩きやすさのコツのひとつなのだろう。きものを着て歩いていると、自然に上半身から力が抜けるので、重心はこころもち後ろにあるような感じである。ひざはちょっと曲がっていて、からだの勢いで足が前に出ている。上半身はまっすぐで、てれっとしていて、足だけさっさと前へ前へと出る、といえばいいのだろうか。足が自然に運ばれていく。靴をはいているとき、長く歩いていると、痛くなるのはふくらはぎあたりだったような気がするが、草履で長く歩いていると、ふくらはぎあたりに痛みを感じることはなくて、ふとももの後ろあたりが少し張るような感じがする。足の使い方がぜんぜん違っているのだ、と思う（筆者注：オシリ歩きになったのです）。

　歩くのはいい。歩きやすいのだから。でも、急いでいるときは走れないのではないか、という危惧は正直言って、あった。きものに草履で、急ぐときにはどうするのか。急に走らねばならなくなったら、どうしたらいいんだろう。走れないのだろうか。陸上競技みたいに、つまり、小学校から体育の時間に走らされていたように、よーい、どん、という感じでは走れない。しかし、ちょっとトカゲ走りのような感じで、ちゃらちゃら、となら走れる。手はぶらぶらして、足は両側にひらひら動くような走り方なら、きものでも走ることができる。これは、けっこう速い。もちろん、これで50メートル走を走る、という感じの走り方ではないけれど。なんだ、走れるではないか、心配するほどのこともなかった。（中略）

歩くのが楽なので、今ではふつうの生活として、職場までの４キロを歩くようになった。運動靴ならともかく、女性の仕事着を着て、パンプスをはいていてはとても歩けないだろう。草履は本当に歩きやすい。

どうですか。

運動とは縁のない学者先生であり、ちょっと歩くのさえしんどくなってきた中高年オバさん（失礼）、それがたかだかキモノにゾーリ姿になったとたん通勤ランならぬ片道４キロの通勤ウォークまでやっちゃうような大変身をとげてしまったのです。運動や、筋トレが加わったわけではありません。本人は自覚されているかどうかわかりませんが、うしろ足重心歩きから前足重心歩きになっていった、だけです。それが、これほどの感動をうむ原因です。この学者センセイに飛脚棒をかついでいただけたなら、次は走りの話をうかがえるはずです。「おもわず走り始めちゃいました」なんていう。

こういう歩き、があったのです、キモノの世界には。

洋服だったわが祖先が、やがて誰もがキモノ生活にかわっていったワケです。そんな世界を、なぜ明治に入ると捨てていってしまったのでしょうか。本当に文明開化だったのでしょうか。

歩き「型」の指導でよく語られるのは、胸をはって、足をあげて、ワンツーワンツー、という『三百六十五歩のマーチ』的うしろ足重心歩きがすすめられる世の中ですが、それだけじゃないんですよ、という話です。

キモノとゾーリ感覚で手にいれることのできる前足重心移動能力。

本書では、こちらを取りいれてゆきます。なんたって、飛脚走りですからね。

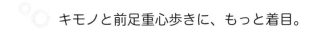

キモノと前足重心歩きに、もっと着目。

足ウラ考察

歩くにしても、走るにしても、大地と直接に接するのは足ウラだけです。

それでは、足ウラのうち、どの部分をいちばん使うでしょうか。特に接地のときです。じつは、ここにも歩き「型」や走り「型」による特徴をみることができますので、ちょっと道草がてら考えてゆきたいと思います。

　足ウラには、3つの山がありました。親ユビ山、小ユビ山、そしてカカトです。足ウラ3山といってもいいでしょう。
　移動のさい、最後に大地から離れる部分も、接地や着地のさいに最初に大地にふれる部分も、だいたいはこの足ウラ3山のどれかです。単独か、複数同時か。山構造で飛びだしているからです。足の指さきも関係しますが、カラダ自体を離したり接する主役ではありませんので、指は考察からは省略させていただきます。
　さあ、これまで、意識したことはありますか。
　大地から離れるときは、「型」にかかわらず、親ユビ山か小ユビ山という共通点がみられるでしょう。足ウラ前方からです。
　接地時は、足ウラ後方のカカトからですか、あるいは親ユビ山か小ユビ山の足ウラ前方でしょうか。これは個性がみられるところです。
　しばしばウォーキングや走りの指導で推奨されているのは、カカト着地ですね。

足ウラ3山の解剖学的特徴

　カカトをつくる骨は、たったひとつです。
　名称は、文字どおりの「踵骨」です。覚えやすくっていいなあ。単純でいいなあ。
　一方、親ユビ山をつくるのは、小ユビ山をつくるのも同様ですが、たくさんの骨の集合体です。たくさんの骨が腱や筋肉でつながりあって、ひとつの山を形成しています。その数や接続具合にあたっては、すでにわたしの理解力を超えています。複雑です。医学生時代の解剖学のときから、マスターできていません。さいわい、試験には出ませんでした。たぶん、というか絶対にわたしはこの構造の詳細を知らぬまま人生を終えることになるでしょう。

それほど、複雑です。複雑ですが、暗記という目的をもたずに図譜をながめるぶんには、見事なネットワーク構造に感動してしまいます。クモの巣構造、あるいはトランポリン構造といっていい模様です。人体、なんて美しいんだ。

　形態は、機能を内包します。
　カカトは、ひとつの骨ですから、本来は、大きな柱を支えるイシズエみたいな働きです。神社の大きな柱の下には、柱よりもっと大きな石が土台として鎮座しています。そんなイメージです。漢字でかくと「礎」です。
　支えるのが本来の仕事ですから、ここにクッション性などの動的な機能を求めるには無理が生じます。
　実際に、カカトから飛びはねてみてください。なかなか、できません。
　次にその場ジャンプで、カカトから着地してみてください。とっても痛いです。しかも、痛みはカカトだけにとどまりません。足首から、ふくらはぎ、ヒザ、太モモ、股関節、腰、背骨、首、さらには脳天まで、つまりはアタマのテッペンまで衝撃がもれなく走ります。
　これらのあげた部位のどこかに故障をかかえていらっしゃるランナーはおりませんか。カカトから着地する走りとの関連性は、いかがなんでしょうか。
　ちなみに４本足動物、たとえばイヌのカカトは、ふだんは人でいうとヒザの裏部分に相当します。歩行時には、宙にあって地面とは無縁です。だから、何なのだと言われそうですが。

　その場で飛びはねたり、着地するさいの主役は、親ユビ山か小ユビ山になるでしょう。弾力性とクッション性を兼ねそなえているからです。これは、構造からも納得がいきます。
　実際に親ユビ山や小ユビ山から跳ねたり着地すると、その弾力性やクッション性にあらためて驚かされます。それは、足ウラだけの弾力性やクッション性ではないということです。
　つまり、カラダ全体の弾力性やクッション性のスイッチも入ってくるということです。実際にその場で飛びはねたり、着地してみてください。カラダ全体、足首からヒザ、股関節、胴体の体幹、腕までもが連動します。ほら全体での動きになってゆきませんか。人の構造と機能というのは、こういうものです。

カカトは、イシズエ構造。支える役目。
　　親ユビ山と小ユビ山は、トランポリン構造。弾力クッション性。

手から考える、親ユビ山と小ユビ山の関係

　親ユビ山と小ユビ山は、弾力性やクッション性をそなえたトランポリン構造、というのはよろしいでしょうか。働きが似ています。
　そうすると、親ユビ山と小ユビ山は、一卵性双生児のように、瓜二つの関係にあるのでしょうか。そういえば双子のザ・リリーズというのがいたなあ。『好きよキャプテン』のレコード、買ったなあ。
　そこで、このふたつの山の関係を考えたいのですが、なかなか足ウラをじっくり眺めることには無理があります。ということで、手ではどうなっているでしょうか。まずは手から考察してみましょう。そうすると、手にも親ユビ山と小ユビ山がありました。しかも、ジックリ観察できます。よおし、ここは石川啄木になって、じっと手を見つめてゆきます。

　台所にいって、キャベツの千切りを作ってみましょう。包丁を握ることになります。その際、包丁を握る中心となる手の山はどこになりますか。
　田舎くらしの基礎、草刈りで握るカマは、どのように握りますか。野球のバット、剣道の竹刀はどうでしょうか。
　あれあれ、みな小ユビ山が主役になっていませんか。小ユビ山で握らないと、うまい千切りができません。草が刈れません。バットが振れません。竹刀が打ち下ろせません。
　それでは、今度はリンゴの皮むきをしてみましょう。アレアレ、キャベツの千切りと同じようにはまいりません。親ユビ山が活躍をはじめます。こまかな作業は、親ユビ山の活躍がないとできないことに気づきます。

　あらためて、じっと手をながめてみましょう。

するとおもしろい発見ができませんか。
　小ユビ山は、ウデと直接につながっている。親ユビ山は、ウデ構造から離れて、横に独立するようについている。なるほど、ミトンというのは、だから親ユビだけが別に入れられる構造になっているのか。
　ですから、背骨から肩甲骨、上腕骨、前腕骨と続くウデは、小ユビ山をへて人指しユビから小ユビへと一連のつながりをつくっていたんです。そのため、ウデを使うときに主役にたつのが小ユビ山というのは当然の流れでした。一心同体の関係にありました。
　親ユビ山から親ユビは、ウデ一連構造から離れて、独自性をもたせています。おもしろいと思いませんか。

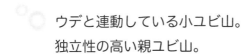
ウデと連動している小ユビ山。
独立性の高い親ユビ山。

足ウラの親ユビ山と小ユビ山の関係

　手の構造と機能の関係は、身近に感じられます。
　ところが、足ウラへ目をむけようとしても、手のようにはまいりません。足ウラで包丁を握ったり、バットを振ることは無理です。

　ということで、まずは手に着目してみたわけです。さあ、次はいよいよ覚悟を決めて足ウラに挑戦です。それでは、包丁を握れない足ウラで、どのような考察をしてみたらよいでしょうか。
　ここでのオススメは、その場とびジャンプです。
　ピョンピョン、軽くでいいので、ジャンプをくり返してみてください。まずは親ユビ山から飛びはねてみましょう。そして親ユビ山から着地。
　どうでしょうか。力強さを感じませんか。力をこめやすい。自分でコントロールしやすいのです。それは、手の親ユビ山が独自性をもっていたことと同じではないでしょうか。ですから、短距離のスタートダッシュが必要な場合

は、親ユビ山で思いきり蹴り出しますね。ただし、親ユビ山は、独立峰です。あまりに親ユビ山に負担をかけてしまうと、親ユビ山へつながる筋群を痛めてしまうことがあります。足底筋群とよばれるところです。

　次は、小ユビ山に主役をうつしてみましょう。
　すると感覚は、親ユビ山よりは、しっとりと感じにくくはありませんか。ちょっとあいまいです。小ユビ山が、小ユビから人指しユビへと連なる大きな一群であることにも関連しているのかもしれません。くわえて、小ユビ山独自の動きがとりにくいことも関係するかもしれません。小ユビ山に着目しようとしているのに、小ユビ山はカラダ全体と一体化した弾力機能やクッション機能をになってしまうからと考えられます。
　小ユビ山は、足ウラ独自の感覚よりも、すでにカラダの一部となっているのです。
　そうすると、手と一緒じゃないか。
　あらためて、構造をふり返ってみると、確かにアシも太モモからつらなる一体構造を小ユビ山がになっていました。

　さあ、足ウラのおさらいです。
　カカトは、カラダを支えるスタンド。
　小ユビ山は、カラダと一体化したアシそのもの。車でいうと車体の一部です。親ユビ山は、足ウラ独自の活動をになうかなめ。ハンドルです。
　ですから、前足重心で歩いたり、走ったりするときに中心となる山は、小ユビ山になっているんですね。
　ただし、ここで注意していただきたいことは、じゃあどの足ウラで走ろう、なんていう短絡的な発想には陥らないでくださいということです。
　足ウラ話は、あくまでも動作の解析結果でしかありません。結果として、こうなっている、というだけです。モノをいうとき、数値や着目しやすい部分をとりあげ、議論するのは、どんな分野でも好んで用いられる手法です。本質とは、また次元のことなる話です。
　足ウラを意識して歩いたり、走ったりは、不自然でしかありませんし、本末転倒でしょう。
　どういうカラダの使い方をすると、どういう足ウラの使い方になるのか、と

いう意識だけで十分です。たとえば、うしろ足重心になると、カカト着地になる。前足重心では、力がぬけていると小ユビ山着地になる、とか。

○ 足ウラ解析は、動作の結果でしかない。

脚走り、世紀の大発明

いよいよ、飛脚走りの核心です。
飛脚は、なぜ飛脚棒を肩にかついで、長い距離を駆けぬけていったのでしょうか。ふつうだったら、棒を肩にかついで移動しませんものね。
飛脚は、なぜ物も満足にない時代に、長距離の走行が可能だったのでしょうか。
答えは、飛脚棒を肩にのせて、前足重心走りを行ってみることです。自分のカラダに問いかけるのです。もちろん、それを聴くのはアタマではなく、ココロです。ああ、そうだったのか、という感動ポロポロの世界にひたることができませんか。

答えのひとつは、飛脚棒は立位姿勢時の自然体を一瞬で手にいれることができる、ということです。これは、「調身」編の主題でした。
もうひとつの答えは、前足重心走りの判定法になっていることです。これこそが、本章「調心」編の主題です。前足重心走りは、足に力をこめないがゆえに上下動がとっても少なくなります。前方にすすむだけになります。なので、肩にのせた飛脚棒は「相棒」となって肩の上に気持ちよくのってくれるのです。
一方、うしろ足重心になると、脚力が中心になってゆきますから、力強さとともに上下動も強まります。すると肩の飛脚棒は「あばれん棒」となってしまいます。つまり、一転しておジャマ棒化してしまうのです。重心足で、こんなにちがうのです。
長い距離をひた走る間に、カラダにはさまざまな負荷がくわわります。

できるだけ、楽に、つまりは自然体で走りぬきたい。そのための走法は、前足重心走りの継続です。生まれもった、くわえてキモノにゾーリ生活の中ではぐくまれる自然な走法です。しかし疲れの中で、走りも不自然さの方へと流されていってしまうことがあります。前足重心走りがくずれると、上下動がはじまります。すると、さっきまで肩の上でおとなしく、気持ちよくのっていた飛脚棒が、あばれん棒化してきます。すると一瞬で、「あ、走りが乱れてきた」とわかるのです。肩にのせた飛脚棒は、それこそ走りを見守る名コーチの役割ももっていたのです。飛脚棒は、走り方を判定するリトマス試験紙であったわけです。

　こんなことを考えついた江戸飛脚って、どんだけ天才だったのでしょうか。
　キモノ生活になるだけで、一本の棒が肩にのるだけで、こんな恩恵を授かれるのです。

　いや、でもちょっと待ってください。前足重心走りって、そんなに自然な走りなんですか。効率のいい走りなんですか。
　走ってみれば、わかります。でも、理屈もおもしろいのです。この点について、これから考えてゆきたいと思います。まずは走りの「力」から入ってゆきます。

　飛脚走りは、究極の自然体走りだった。

「力」と「動作」

　気になっていましたか。いませんでしたか。
　本書は、これまで何度も「力」というコトバをつかってきました。アタリマエのようにつかっています。走りの世界でも、アタリマエにつかわれています。力をつけよう。
　ここで、ちょっと立ち止まってみます。

第四章　調心の章（イメージをととのえる）

　そもそも「力」とは何者でしょうか。力の正体です。
　そこを押さえないでつかうと、方向性がぶれてしまいませんか。
「力」というのは、物理学的表現をお借りすると「ベクトル量で示されるひとつのエネルギー量」となります。いきなり、ドン引きしないでください。これから理科や力学の世界に入るわけではありません。
　力の単位は「ニュートン」です。
　これが世界共通単位ですが、わが国では伝統的に「馬力」という単位が愛用されていました。10万馬力の持ち主は、ごぞんじ鉄腕アトムです。
　しかしこの先、人の力を考えてゆくわけですから馬力はないだろう。馬にはかなわないよ。人なら人の「人力」とでもいう力の単位があってもいいんじゃないか。
　ありません。

　ベクトルの話にもどります。
　ベクトルというのは「向き」と「大きさ」という、つまりは方向と量という２つの概念をあわせもったものです。２つが、そろっていなくてはなりません。
　ピンク・レディーみたいなものです。
　ところが、現実は、「大きさ」だけがひとり歩きをしている場面がしばしばみられます。しかし、ここが大切なところですが、ピンク・レディーは、ひとりじゃありません。大きさだけでは「力」にはなれないのです。向きが欠けては、意味をなさない。
　ですので、10の力より100の力のほうが大きい、という量の比較は、こと力としての意味はありません。力をつけよう、とガンバって筋トレしても、向きがともなわなければ、いい方をかえると、使い方をともなわなければ現実的には意味が少ないという話です。

　こういう例をださせていただくのは適切かどうか、むつかしいところですが、パーキンソン病という神経系の変性疾患があります。高齢化社会となるなかで、患者さんの数が増加中です。
　パーキンソンさんがいいだしっぺのこの病気の本態は「全身の筋肉に力がこもっていっちゃう病気」です。

力が入りっぱなしになる。つまり力の「大きさ」だけが一方的にふえていっちゃうのです。その結果、全身の筋肉に強すぎる緊張状態がもたらされます。
　そのため、特に手足の筋肉などはプルプルとふるえるようになってゆきます。さわらせていただくと、かたい。すごい力のこもりようです。
　でも、よろこべません。
　力がついてよかったね、なんてノンキな状況にはなりません。だって力が入りすぎた結果、動作は逆にギクシャクしてきてしまうのです。つまり、「方向」を示せなくなってしまうのです。関節もつっぱり手足の動きがぎこちなくなり、体幹筋群のつっぱりも大きくなるため、寝返りや起きあがりといったひねる動作もむつかしくなってゆきます。やがてベッドから出られなくなる。
　ここに「人に見られている」というような緊張がくわわると、ますますツッパリ力が暴走してゆきます。ですから、緊張しやすい人前や狭い場所では、動作の不自由さが倍増してしまいます。つまりうごけなくなる。一方で、ひとりのときにはポッと力の緊張がほぐれて、瞬間的にうごけてしまうこともあります。これがひとりのときはうごけるのに、人前ではうごかずに介助を求めてくる甘ったれ、みたいにとらえられ、なにかと誤解をうけやすい病気でもあります。正しい知識が必要です。

　顔の筋肉もつっぱり、表情がつくりにくくなり、笑うことも、しゃべることもむつかしくなってゆきます。ノドの筋群がつっぱりはじめると、ゴックン動作がむつかしくなり、たべ物をうまく飲みこめなくなってしまいます。
　力は増えればいい、なんて単純な発想ではありません。
　この病気は、「力」を考えるときは、その「量」と同時に「方向」も考えないと意味がない、という教訓を教えてくれます。

　あっ、マラソンレース後に人前で平気で着がえたり、打ちあげで大さわぎできるアナタは、将来、自分はパーキンソン病になったらどうしよう、なんて心配はいりません。この病気は、色白の神経質で几帳面な方が度がすぎたために出現してくる病気だからです。

　「向き」と「大きさ」という２つの概念はよろしいでしょうか。
　よろしくっても、日常的に２つを別々に評価するなんてことは、意外に面倒

第四章　調心の章（イメージをととのえる）

です。いっしょにあつかえる方法はないものか。
　あります。
　まとめて「変形」としちゃうのです。変形というのは、力の向きと大きさが合体してみせる実際の動きを内包してくれる概念です。
　ということで、力を「変形」という目でみてゆきましょう。
　いくら力の量があっても、変形できなければ動くことができず、歩きにも走りにもならないのです。ダルマさんがころんだ。

○○○　**動作の本質を、変形からながめてみる。**

変形をおこす力の正体

　変形をおこすもっとも基本の力はなんでしょうか。
　それは「重力」です。
　異論はあるかと思いますが、とりあえずすすんでください。
　では「重力」とは、どんな力でしょうか。
　とくにことわりのない限り、本書では重力を「カラダが地球の中心にむかって引っぱられる力」としておきます。
　というのも、重力はモノとモノが存在すれば、すべからくその両者に発生してくる力だからです。

　たとえば月も大きいので、地球と月との間には、無視できない重力が発生しています。潮の満ち引きは、月との間に生じる重力の変化がうみだしている、ということは理科で習いましたね。海の水のザバーン、ドバーンです。
　いえ、潮の満ち引きだけじゃありません。
　わたしたちのカラダだって、6割が水分でできているわけですから、月の影響を受けないでくらすことはできません。月にひっぱられてくらしています。わたしたちより、さらに水分の多い妊婦さんに至ってはどれほどのものになるのでしょうか。新月と満月の夜には産気づきやすい、ということは有名な話で

す。月の動きにあわせた月の暦は、カラダの生理に直結するんです。月の暦でくらすことは、理にかなっていると感じます。わたしも、ふだんのくらしに月の暦を愛用しています。

　いえ、わたしばかりか、木々や植物も月の暦と相性がいいようです。月の暦は、農作業には欠かすことのできないものです。アパレル業界も、月の暦にあわせて季節をよんでいるようです。

　そんなに大きな話でなくても、Ａ男クンとＢ子さんの間にだって、重力はうまれています、理論的には。ただし、最近Ａ男クンとＢ子さんが引きあっている、という話は重力のせいではありません、多分。
　でも、本書は、重力を自分と地球との関係というふうに単純化した路線ですすめてまいります。

　ニュートンさんの、リンゴの実が木から落ちるのをみて、急いでひろってかじったらうまかった。やっぱリンゴはよく熟したものに限るなあ、という逸話は有名ですね。
　さあ、わたしたちも、重力を感じてみましょう。
　たとえば、ここにひとつの生タマゴを用意します。ニワトリのタマゴです。それを、わたしたちの身長に満たない１メートルほどの高さから床に落としてみます。生タマゴは重力によって落下し、床面がかたければグシャリとつぶれ、中味がとびちってゆきます。重力あなどるべからず。
　生タマゴでさえ、こんな目にあわされる重力です。人間がこけたら、どうなるでしょうか。何も高さ１メートルも要しません。ふつうに歩いて、けつまずいて転倒しただけで骨までおれちゃう事態だってあるんです。そうやって足の付け根の股関節というところの骨折事故は、日本だけで年間15万件もおこっています。

　今度はイスにすわってみましょう。
　そのまま足を前になげ出してみます。ヒザの位置よりちょっと先でけっこうです。その姿勢で、腕の力などは使わずにたち上がってみましょう。無理です。
　次に足をヒザの手前まで引きもどしてみます。でも、おデコを腰より前に傾

けずにたち上がってみましょう。おデコが前にゆかないように指でおさえてもらってもけっこうです。やはりたち上がれません。

　なぜ無理なのでしょうか。重力に負けてしまうからです。

　寝たきりというのは、おもに重力にあらがえなくなってしまった状況をいいます。

　ですから、重力とどう折り合いをつけてカラダの変形、つまり動作に結びつけてゆけるか。ここの着眼点が重要になります。

　重力に負けないようにガンバレ、という「量」的発想だけでは動作は無理なんです。重力って、強いんです。重力にうち勝って地球の重力圏を脱出できるのは、まだロケットという人工物しかありません。そのロケットだって、ときに重力圏を突破できずに玉屋の花火みたいに散ってしまう例もありますね。

　重力を利用する、というより、重力と仲よくなる。地球上で生きてゆくうえのチエであり宿命です。重力に打ち勝とうなんて、現代のドン・キホーテをめざすつもりですか。

　とはいえ、空気と同じように生まれる前から当たり前のようにある重力という存在に、なかなかイメージをもてないかもしれません。

　スーパーにゆくと、お米は1キロ、5キロ単位で売っています。

　5キログラム入りの米袋をもってみましょう。けっこう重い。これを2袋にすると、相当な重さとなります。それで10キロです。

　ところで、高校を出てから、体重はどのくらい増えているでしょうか。高校卒業時点でだいたい肉体的な成長は止まっていますから、以後に身につけた体重はほぼ脂肪細胞集団ということになります。5キロですか、10キロですか。毎日持ち運び、ご苦労様です。

　お米の基本単位は「俵」です。1俵は60キログラム。なかなか重いです。

　昔の人は、1俵60キロの米俵を、ひょいひょい持ち上げていたそうです。両手にもって運んでいる絵なども見ることができます。フォークリフトなんてなかった時代の話です。カラダの使い方が根本的にちがっていたのでしょうか。

　とまれ、1俵60キログラムの米俵を運ぼうとしたら、ちょっとやそっとの

力ではむつかしい。それは重力が地球の中心部という方向に引っぱりつづけているためですね。

　それを42キロメートル先まで運んでゆこう、というのがマラソン競技です。自分の体重ってどのくらいでしたっけ。1俵ですか。もっとありますか。返す返すも、ご苦労様といいたい。重力、あなどるべからず。

　重力の中でうまれ、重力の中で育ってきたわたしたちは、どのように重力とおりあいをつけてゆくか、という着眼点のもとに「活動」という行為を身につけてきました。そして「動物」になっていったのです。
　はじめに重力ありき、といったのは、このためです。
　重力場のなかで、大きく2つの力がうまれました。重力に「あらがう力」と、重力を「利用する力」です。これらは、自分の力です。

　まず、カラダのなかで、重力にあらがう力をうむ主役を考えてみましょう。それは「筋肉」です。ただし筋肉はこの力の先頭にたつ一部署である、というのも理解はたやすいことでしょう。筋肉を維持する骨、筋肉に指令をつたえる神経、筋肉に栄養を供給する血管、とまさに全身一致団結しての「力」だからです。関節の役目も、わすれてはいけませんね。
　それでも現場で先頭にたつものといえば筋肉にまちがいありませんし、この役割を卑下する理由はどこにもありません。ということで、重力にあらがう中心力を「筋力」とさせていただきます。
　重力の次に着目してゆきたい力です。

　つぎに、重力を利用する力の主役を考えてみましょう。
　これも筋肉でしょうか。いいえ、少なくとも筋肉が主役、とは断言しにくくなります。
　だって、力をぬきさえすればいいんです。そうすれば、万能力の重力が勝手に力をうみだしてくれます。手をはなしたタマゴ、木からおちるリンゴ、と同じです。
　そうすると、カラダの臓器に直結する発想では、とらえにくくなってしまうのです。本書ではこれを、すなおに「脱力」と表現させていただきます。
　重力、筋力につづいてでてきた3番目の力です。

第四章　調心の章（イメージをととのえる）

　改めまして、重力、筋力、脱力。
　３つがそろいました。キャンディーズの完成です。
　この３つを、わたしたちのカラダをうごかす「３大力」としたいと思います。勝手に決めてしまってゴメンナサイ。
　わたしたちは、この３つの力をうまく利用して、地球上で動物としてのくらしを営んでいるんです。もちろん、歩くときも、走るときもです。
　ということを確認して、いよいよ次は筋肉の話にはいってゆきます。

　　○○　**身体活動のみなもとは、重力、筋力、脱力。**

「筋力」について考える

　個々人にそなわった力として、まっ先にとりあげておきたいものは、筋肉が中心となってうみだす「筋力」です。
　これまでの話の流れから、わたしは筋力をケギライしてるかのような印象をあたえてしまったかもしれませんが、そんなことはありません。わたしが好きになれないのは、筋トレです。つまんないし、きついからです。
　筋力は、カラダの変形をおこす大切な主役です。欠かしてはなりません。筋力のスイッチが入りませんと、動作はままなりません。

　ところで、筋肉のはたらきは大きくわけると２通りになります。「ちぢむ」と「ゆるむ」です。筋肉は、自身で「のびる」ということはできません。のびているようにみえる場合は、別の筋肉によって「ひっぱられた」だけです。
　筋肉の解明をつづけてゆくと、ミオシンとかオクチンとかの聞きなれないコトバの世界に入ってゆくことになります。さらにわけ入ってみますと、理解しかねるようなオタク的ウンチク満載の世界がまっています。というのに最も根源的な問題、筋肉はどのようにエネルギーを利用してちぢんでゆくのか、という点については未だ充分には解明されていません。
　単純な問題なのに、一番肝心なところがよくわかっていない。学問の世界

は、往々にしてこういうものです。まだまだ、未知の世界は広大です。
　たとえば、あんなにちいさなツバメがどんなエネルギーと筋肉の使い方をすれば重力にうち勝って途方もなく長い距離を飛びつづけてゆけるのでしょうか。むつかしい問題です。まだ十分には解決できていません。ちびっ子電話相談室に相談しても、わかりません。

　そこのところを謙虚に受けとめておきましょう。
　現実には、わかっていないからこそ、筋肉活動をめぐってはいろんな仮説がだされています。
　それらの仮説にのっとって、各派があり、それぞれの商売もなりたつ。多種類のサプリメント類や医薬品なども、ひとつの例です。いろんな仮説があってもいい。いろんな商品があってもいい。お酒はぬるめの燗でいい。でも盲信はしないよ、という心がけは必要でしょう。

　ところで、人体の筋肉を腑分けしてゆくと、およそ600ほどに分類されるといわれています。
　筋肉にはひとつひとつに名前があって、名無しのゴンベイ筋というのはありません。さらにそれを支配する神経は何神経か、どことどこを結びつけているか、その結果どんな働きをうむか、というようなことが筋肉の基礎知識セットです。つまり名称、支配神経、起始部、終始部、作用です。かける筋肉数600の暗記が、解剖学の筋肉編の基礎となります。
　わたしの医学生時代は、昔からの名残で、これらをラテン語で覚えさせられました。
　たとえば首の横をななめに横切ってゆく「胸鎖乳突筋」という筋肉があるのですが、このラテン語読みは、ムスクルス・ステイノクライドマストイデウスです。長くて、寿限無みたいやなあ、なんて感じで、最初は舌をかむようでした。
　こういうヘンな世界に足をひっぱられると、性格も変わってゆくようで、ヘンに長いものが好きになってゆきます。こういうのもあります。「産医師、異国にむかふ。産後薬無く、産児、御社に虫散々、闇に泣くころにや」。今でも口にでてきますが、この通りに数字をふってゆくと、円周率が35ケタまであらわせる、というすぐれものです。

第四章　調心の章（イメージをととのえる）

　こんなものが何かの役にたつのか。
　たちません。

　それにしても、なぜ今もムスクルス・ステイノクライドマストイデウスが口をついてでてくるのでしょうか。記憶力がいいのか、そんなことはありません。昨日の夕食のオカズの名前もでてこないくらいです。それは、こんな長い名前があるんでっせ、と自慢したくなるからです。ほら、今も自慢している。わたしだけの悪趣味かと思っていましたが、どくとるマンボウこと北杜夫さんも『どくとるマンボウ青春記』という本に同じことをかいていました。
　逆にいいますと、勉学のために覚えた残り599個の筋肉のラテン語名は、すっかり忘れてしまいました。人生は、はかない。

筋肉の働き方

　筋肉の働き方を、おおざっぱにとらえておきます。
　わたしが、おおざっぱなので、こういう展開になります。
　筋肉の働き方は、場所によって大きく2つにわけられます。
　場所というのは、「手足」と「カラダの中心部」です。
　手足は「拮抗」する、カラダの中心部は「協調」する、です。いいですか、本当におおざっぱです。はい、血液型はO型です。

　拮抗的、というのは、ほぼ等しい力が相対抗しているさま、を示します。ジャイアンツとタイガースの戦力は、拮抗的とはいいません。ああ、タイガースファンのみなさま、バカにしているわけではありません。気を悪くしないでください。わたしもタイガースファンです。
　カラダのなかで拮抗的にはたらいている代表選手が、ウデと足です。ですから、手足を構成する筋群を四肢拮抗筋群なんて表現することもあります。
　まげる側の筋群と、のばす側の筋群が、ほぼ等しい力で拮抗しあっています。まげる側の筋群がちぢむと手足はまがります。のばす側の筋群がちぢむと手足はのびます。おおざっぱに、ああそういうことか、で通過しておきましょ

う。

　一方、協調的というのは、いっしょの方向をむいてガンバル、ということです。手に手をとりあって、という美しい友情みたいな働き方です。
　場所でいうと、カラダの中心部を支える筋群、つまり体幹筋群がこれに相当します。なぜなら、体幹筋群は四肢筋群のように、アタシまげる人、アンタのばす人というような相反する働き方を求められていないからです。いっしょに背骨をとりかこんでカラダを支えよう、という共同体です。
　運動会の棒倒し競技で、みんなで棒をかこって支えあおう、というイメージが適当でしょうか。棒が倒されそうになったら、みんなで倒されない方向に支えてゆく。
　こまかなツッコミを入れればキリがありませんが、そういう感じでとらえておいてください。
　以上のようなザックリとした見方をしておくと、筋肉のはたらきや刺激に対して、カラダは大きく２通りの反応がおこりうる、ということがわかってきます。

　まずは、筋力が増強したときのカラダの反応をみてみます。
　手足の筋力がついたというと、ここは拮抗筋群ですから、自分も強くなったけれど相手も強まったという意味になります。自動車でいうと、車体重量と排気量の増加です。加速も強まった反面、車体は重くなり燃費は落ちてしまう、ということです。
　体幹筋群は協調的だから、こういうことはおこりません。

　もう一点は、筋肉への刺激の差です。
　手足の筋群は、休息時間がしっかりあります。つまり手足は使っていない状態では、筋群への刺激はとっても少なくなっています。手足の筋肉は使っていないと、しぼんでたれさがってゆきます。１カ月間、寝たきり生活を余儀なくされると、手はやせ細り、足も自力で立つことすら困難になっています。

　それに対し、体幹筋群は、年中無休です。休みません。起きているときはもちろんですが、寝ている時間だって胴体を支えつづけなくてはなりませんか

ら、働いてます。ねがえりも忘れずやっています。もしサボってしまえば、目覚めたときに床ずれができていた、なんてことになってしまいますから。つまり、寝てもさめても、活動を休まない。自分のなかに、そんな働きものがいたなんてビックリです。

ですから、体幹筋群は特別なことをしなくても、生きている限りその能力を保っていることになります。寝たきり生活のベテラン選手も、体幹筋群はシャンとしています。そもそも体幹筋群が機能しなくなったら呼吸もアウトです。

また脱線で申しわけありませんが、体幹筋群から四肢筋群をつなぐものとして「ハムストリングス」とよばれる筋肉群があります。オシリからモモ後面をつくる大きな筋群で、人体で一番大きな筋肉、といわれています。大きいからベンチのようなクッションのない椅子にすわっても大丈夫なんです。そう、クッション代わりにもなります。

もちろん、大きいのは人間だけじゃありません。ブタさんのハムストリングスも立派です。あまりに立派なものですから、ハムストリングスを切りだし、燻製にして保存がきくようにして商品化しています。ただし、名前が長いもんですから省略して単に「ハム」とよんでいます。

ブタさんのハムをみて、実際においしくいただいて、歯ごたえを感じて、わたしたちのハムの大きさにも思いをはせてみましょう。ブタさん、筋トレしてますか。毎日ランニングしていますか。しなくっても、体幹につらなる筋群は、くらしているだけで、あのように立派なんです。

 手足筋と体幹筋は、イロイロとちがう。

筋力のピーク

人生は、山あり谷あり、そのためピークというものがあります。
自分のピークはいつだったでしょうか。

小さいころに子役として人生のピークをむかえちゃった芸能人がいます。超有名幼稚園や小学校に入学したのがピークだったかなあ、と感慨にふけられる方もあるでしょうか。難関大学に入学したときがピーク、一流大企業に入社がそれだった、というのもあるでしょう。会社のなかで昇進も大きなピークになることでしょう。結婚がピークという人がいる一方で、相方の葬式がピークなんていうこまった満足感を覚える方もいるようです。ナムナム。
　いやいや、大器晩成、これからピークをむかえにゆくぜ、と明るい老後を思いえがかれる方もおられることでしょう。
　そして、わたしのようにヘコみばかりでピークのなかった人生、とさまざまです。

　さて、筋力のピークの話です。
　じつは人生とちがって、筋力のピークは人類共通です。つまり、男女差、人種差、文化圏の差、運動歴の差、好きなアニメの差、なんてのを考慮に入れても、そんなに違いはありません。みんな同じ。それは一体いつなんでしょうか。

　具体的な数値で示すより、もっと根源的な表現を使わせていただきます。それは「生殖適齢期」です。
　この大原則は、生き物全体に共通してそなわったオキテです。これがあるから、子をうみ育て、種をつなげてゆくことができるのです。逆にこれがかなわない種は、絶滅に導かれてしまいます。
　赤ちゃんをうみ、手のかかる時期を育てあげてゆく。この時期にあわせて、筋力、もっと大きくいえば体力はピークをしめす。だから大変な育児もこなしてゆけるんです。
　医療技術もない太古から綿々と種を維持してこられたのは、こういうしくみが人間にもそなわっているからです。出産、育児をこなす体力がない種は自然淘汰の危機に直面してゆくんです。人間だけの話ではありません。
　ですから、筋力や体力に依存するスポーツ系のピークをみてもわかりませんか。その時期が過ぎたら、体力の限界とかいって現役引退してゆきます。

　ピークというのは、それが過ぎ去ったあとはくだります。どんなに高い山

だって、頂上を登りおえれば、あとはくだる。例外はありません。筋力だって、まぬがれえない宿命です。長生きすれば、必ず階段の昇降がきつくなり、やがてお風呂をまたぐのさえきつくなる。

そうして生活に支障をきたすようになってしまったお年寄りに、若く熱いリハビリマンが運動部の監督のように「ガンバレ」とゲキをとばしながら筋力増強訓練などをおこなっている光景があります。

大丈夫なのかな。

もちろん大丈夫に決まってるじゃないですか。投げちゃ、いけません。ほら、足だって太くなってきたじゃないですか。一生訓練。

いや、よくみてみましょう。それって、ムクミじゃないですか。息もハアハア苦しそうだし。

明日のために今日をガンバル。という発想は、ピークをむかえる前の世代には有用な発想かもしれません。一方、同じことしてたらカラダにさわるでぇ、という年代もあるということです。年をかさねて、若いもんと同じ筋トレしちゃあ、故障しませんか。

そもそも明日のベストをめざして今日をガンバル、という精神は「アスベスト」といって有害ではありませんでしたっけ。

今日が一番、明日は明日の風がふく。

いやいや、話が暗くなってきてしまいましたか。

本節の目的は「筋力のピーク」がすぎたら、ジタバタするのはやめましょう、と引導をわたすものではありません。

逆です。

筋力にふり回されるな、歳にこだわるな、です。

だって、田舎にくらしていると、自然とそういう発想になってくるんです。

田舎にきたら、田畑に出むいてみましょう。

今日、野良で活躍している世代は、圧倒的に中高年です。少なくとも生殖適齢期なんていう青年にはとんと出会いません。田んぼのわきにとめてある軽トラには、2台に1台は「もみじ」マークがはりつけられています。運転手さんは70歳以上ですよ、という案内です。

農作業は機械化がすすんでいます。かつての重労働、一家総出の田植えや稲

刈り、なんていう光景をみることはありません。ひとりでもできる。しかし肝心のところでは、まだまだ人の手が基本です。暑いさかりの農作業ともなると、走っているほうがナンボか楽だわい、という状況もままあります。そのため直面する課題は、後継者問題です。きつい仕事は好かれません。

　そこで一念発起、数年前、ある地方都市で定職をもたずフリーターのような生活をしている都市在住の若者を、住居、手当、指導つきで田舎によびよせ、農業研修をおこなって次世代の育成をしてゆこう、という画期的な取り組みがおこなわれました。

　ところが、田舎にやってきた若者たちはことごとく脱落してゆき、ついにはだれもいなくなり、結局のところ計画は頓挫してゆきました。やめていった若者たちの理由は、「体力がもたない」でした。

　あれあれ、筋力のピークをむかえている若者を呼びよせたんじゃなかったでしたっけ。少なくとも、田畑で指導もしてくれる現役農家のひとたちに負けるはずがない筋力があったはずなのに。なんで負けるんだ。

　田畑の作業というカラダの「変形」をうむ作業は、「筋力」だけでは語れないのかもしれない。だって、バリバリの指導者といっても、若者からみれば立派なおジイさん世代なんですから。でも仕事ブリは、若者をもってしてもかなわない。

　そういえば、日本の伝統芸能である能や舞踊や歌舞伎といった世界で主役をはっているのも、田畑で精だす現役農家に重なっています。決して若くはありません。

　ということで、カラダの「変形」をうむ力は、筋力だけではないのかもしれない。

　という理由から、多くのランニング指導者が筋力アップをめざし、筋トレ指導に熱心なのとは反対に、本書では筋トレ以外の力に着目したいわけなんです。よっぽど筋トレ、嫌いなんだなあ。

　さあ、その主役が「脱力」です。

第四章　調心の章（イメージをととのえる）

○ 筋力にはピークがある。

脱力

　脱力って、筋力にかぶっていませんか。
　はい、その通りです。
　そうなんですが、どうしても筋力とは一線を画した概念、としておきたいのです。それだけの意味のある力です。だから独立させたんです。

　脱力というのは、文字通り、力をぬいたときに生じるカラダを変形する力です。ですから、筋肉だけが担当ではなく、重さをもつカラダのあらゆる部位がにない手になります。

　力をぬく。いいコトバですね。わたしの生き方の目標です。仕事の中では、最も得意とする分野です。いや、自分を正当化したいがためにもってきたのではありません。
　世の中には「押してもだめなら引いてみな」という格言があり、その通りの事例にはこと欠きません。尺度はひとつではない、ということです。右があれば左があり、上があれば下があり、オモテがあればウラがあり、プラスがあればマイナスがあり、タテマエがあれば本音があり、大盛りがあれば小盛りがあり、一番があればビリがあり、そのまた中間に無数の選択肢があり、というように人生イロイロなんです。みんなが同じ、なんて恐ろしいことじゃないですか。
　オモテで勝負はせずに、ウラで作戦を遂行するのを、オモテナシなんていいます。この効力はオリンピック誘致までできるんでっせ。

　うまくゆかなかったのは「力」がたりなかったせいである。
　くらしのいろんな場面で教訓的、反省的に語られるコトバです。
　スポーツの世界って、とくにそれを感じないでしょうか。わたしは幸か不幸

か、人生の前半生は運動部とは無縁の文学の世界にのめりこんでいましたので、およそ力とか努力なんて概念のないオタク的世界で生きてこられました。中高年になり、走ることを通してスポーツ界の空気にチョットだけ触れるようになって、力の大切さを強く耳にするようになりました。まだまだ力好きなひとが支配する世界なんでしょうか。

　たとえば、力がないばかりに達成できない、と思っていたことが、実は別のモノに支配されていた、なんていう経験はお持ちじゃないでしょうか。
　わたしのおそらく最初の、そしてキョーレツな体験は、鉄棒の「さか上がり」でした。小学校時代の出来事です。
　さか上がりというのは、鉄棒を両手でにぎって、足を前にふみ出してゆき、その勢いで上体を回転させながら鉄棒の上にオナカでのる、という小学生バージョンの技です。
　さか上がりが生まれつきできる人、というのは存在しません。
　成長して、鉄棒をにぎれるようになって、地面をけり出す力がついてきてからチャレンジを繰りかえすことでできるようになるものです。習得の過程に個人差はありますが、少なくとも練習しないかぎりできるようにはならないでしょう。

　わたしも、小学校時代、さか上がりができるようになりたい、と願った時期があります。
　およそオナカを鉄棒の上にまでもってゆくのですから、並大抵なことではありません。そもそも足が上に上がってゆかない。いわんや上体をや、です。
　鉄棒をにぎる手にも、力が入ります。け上げる足にも力が入ります。上体が回転しないことには鉄棒にのることはできませんから、オナカにも力が入ります。
　でも、できないものはできない。
　やがて手のヒラにマメができて、つぶれる。けっこう痛い。
　どんなに繰りかえしてみても、できないことはできません。多分、力をこめればこめるほど動作がぎこちなくなっていったのかもしれませんが、そんなことを小学生でわかるはずもありません。
　無理なものは無理。鉄棒というのは、できるかできないか、をはっきりわか

第四章 調心の章（イメージをととのえる）

らせてくれます。いくらくりかえしても、オシリは鉄棒のラインより上にはゆきません。世の中には、不可能なことがあるんだよ。ああ無情、レ・ミゼラブル。

そんな、ある日。
夕方でした。きれいな夕焼け空が遠い記憶にむすびついています。秋だったかもしれません。
今日もやっぱりダメ。手は痛いし、鉄棒をにぎる握力もだせなくなっている。だから、だったのでしょうか。逆に力を入れないまま鉄棒で遊ぶ感じでからんでいると、ヒョイと上体が回転してしまったのです。オナカが鉄棒の上にのっている。さか上がりができた。
えっ。
自分でもビックリです。力、入れてないのに。どれほどビックリしたか、は今もそのときの驚きの感情がよみがえってくるほどです。
一度さか上がりができると、あとはグンと精度があがってきます。確実にできるようになるのに時間はかかりませんでした。

力はいらないのか。
小学生時代の鉄棒から、わたしは人生の深い教訓をえた、わけではありませんが、とっても不思議な感覚だったということは確かです。
さか上がりのコツは「脱力」にある。
そうか、そうか。というわけで、その後のわたしの人生でやたらと「手をぬいている」といわれるようになったのは鉄棒体験があったから、なのかもしれません。アタシは、人生の大切なことを鉄棒から学んだ、なんちゃって。

 力をぬいて、できることもある。

介護場面の光景から

　筋力の節で、「筋力のピークは生殖年齢に比例する」という話を披露させていただきました。種の保存のための鉄則です。ピークがすぎれば、下り坂。
　しかし、ここでいそいで強調しておかなくてはならないことがあります。「機能的な筋力は、死ぬ日まで保たれる」です。
　下り坂に入ったからといって、ゼロまで落ちてゆくということはありません。くらしの中で必要とされる力は、ちゃんとあの世にゆくまで保たれています。保てなくなったから、重力のないあの世にくらす場所をかえにゆくのです。

　年老いて、病気や障害で日常の行為に支障がでてしまった人がいます。そういう方に、立ち上がって歩いたり、お風呂に入ったりする行為を手伝うのを「身体介助」といいます。文字通りの、動作への介助、カラダの変形への介入です。
　介助をするような人は、基本、性格がマジメです。
　介助を受ける本人もガンバル。介助者は、もっとガンバル。
　美しい光景ですが、現実は双方の力がうまくかみあわずに、ぎこちない身体介助になってしまう場面も少なくありません。
　とくに目立つのが、受ける側はキンチョーでこわばる。介助者は、それに打ち勝とうとメイッパイの力をこめてゆく。結果として、介助場面というよりは、お相撲さんが相撲をとっているときみたいな力対力のぶつかりあい、です。ここはフロ場でなく土俵か。介助の専門職としての介護福祉士が介護力士士となる場面です。せえの、ドッコイショという介助場面が、ハッケよーい残った残った、と重なってしまう。結果として、介助者は肩や腰などを痛めて休場、なんてこともあります。

　そういうとき、まずは筋力をみてみましょう。
　筋力はゼロではありません。しかもさらによくみると、筋力低下が主原因というより、力の使い方がわからなくなったがゆえに動作の支障が生じている、という場面がけっこうあります。キンチョー力でいつもよりも大きな力が生じ

第四章　調心の章（イメージをととのえる）

ていることさえあります。そうです、ふつうのくらす力はあるのにさか上がりができない、のと同じ状況です。
　ガンバロウとすればするほど、逆に力みでギクシャクしていることが少なくないのです。
　絶対的な力の問題ではなく、力の使い方の問題、なのです。つまり、力の「方向性」が混乱している。

　身体介助の教科書は「自分」です。
　自分は、こう立ち上がる。
　自分は、こうにしてフロにつかる。
　だから、相手もそうだろう。かつては同じように動いていたんです。
　それがうまく立ちまわれなくなってしまったから介助を要請してくるのです。だから余分なキンチョーをほどいてもらって、自分と同じ動きになる工夫を考える。同じにならない部分だけに関わる。手を出しすぎない。
　同じ動作ができれば、同じ行為になっている。これを繰りかえしていれば、やがて要領を身につけ、ふたたび自分でできる範囲も広がってゆきます。さか上がりがスムーズになってゆくように。文字で表現しようとすると、こうなります。
　力対力の介助場面では、自分だったらそんな立ち上がり方はしない、そんな移り方はしない、そんなお風呂の入り方はしない、というような場面が目立ちます。不自然さを、力で押しきる。力相撲ではあるかもしれませんが、介助ではキツイでしょう。
　くらしのいろんな場面で、まずは余分な力をぬいてみる。キンチョーをほぐす。今は1年中キンチョーしている人が多くなっているように感じます。かつては、キンチョーの出番といえば「夏」だけだったのに。

　力をぬくのも大切な行為です。脱力なんて意識しなくてもできるよ、ではなく、あえてひとつの力として認めておく。ソンはない、でっせ。

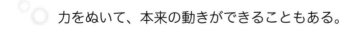　力をぬいて、本来の動きができることもある。

剣豪の秘伝

　江戸時代、もっと前の戦国時代、世には剣豪とよばれる有名無名の剣士がいました。
　何をもって、剣豪といわれたのでしょうか。
　わたしは脱力の達人、ゆえの剣豪と考えています。

　いきなり背後からおそわれることがあります。
　一度に何人ものテキを相手に、剣をまじえなくてはならないこともあるでしょう。相手はスキをうかがい、どうしたら倒して名をあげられるか、に真剣です。
　このとき「ウォーミングアップするからちょっと待ってくれ」とか「息がきれたから10分の休息タイムとしよう」というわけにはまいりません。素早く戦闘モードに入れる、相手をすべて倒すまで戦いつづける、は必須の条件です。これができないようでしたら、名を上げる前にあの世に旅立っています。

　俊敏さ、持続性、これらのコツは何でしょうか。
　筋力で克服しようとしたら、大変でしょうね。ところが、脱力なら可能となるんです。
　フッと相手を倒し、前から姿をくらまし、気配を消し、なんて行為は脱力だからこそできるものではないでしょうか。脱力というと負のイメージや軟弱さのイメージをともないやすいのですが、剣豪の剣豪たるゆえんを支える秘伝でもある、というのが不肖わたくし忍者オタクの結論です。
　重力、筋力、脱力。力の3役がそろったところで、次は力の「エネルギー」に視点をうつしてゆきます。

○○　脱力も、案外すごい。

第四章　調心の章（イメージをととのえる）

力からエネルギーという視点へ

　エネルギー問題は現代の地球にくらす誰もが、避けては通れない課題となっています。ただしこれまでのエネルギー問題というと、何を使うかという「選択」の問題、そして使える量はどのくらいあるのかという「埋蔵量」の問題、の２点が主役でした。
　しかし今は別の次元の、そしてもっと深刻な問題に直面しています。後始末問題です。
　つかったエネルギーは、「熱量」を産生します。ですから、使えば使うほど、大量の熱が地球をおおってくる。その量は、地球は大きいから大丈夫、という限界をこえてきています。つくった熱の後始末です。原子力はその中でも群をぬいて大量の熱を放出しつづけ、冷却水として海水温もドンドン上げています。
　そしていっしょに出される「排泄物」そのものの後始末です。エネルギーの排泄物というと、今は二酸化炭素ばかりが目の敵で語られるよう世論が誘導されています。でも本当はそれだけではないはずです。半永久的に放射能を放出する物質はもっとやっかいな排泄物です。
　使ったはいいが、その後も何万年も熱量や放射能を放出しつづけ、後始末もできないエネルギーなんか選択していいのか。大丈夫か、未来。

　話はかわりますが、体重60キログラム、米俵１個ぶんのランナーがフルマラソンの距離を走ると、およそ2500キロカロリーのエネルギーが必要になる、といわれています。
　今や高機能腕時計やスマホのアプリを使えば、自分の体重、身長、性別、年齢、干支、星座、血液型、出身地、好みのタレント、英検の級なんかを入力しておくだけで、自分の走ったぶんの消費カロリーが数値化されて示される、という時代になりました。
　ところで、どのようなしくみでエネルギー量が算出できるんでしょうか。わたしの不勉強もありますが、理屈がよくわかりません。まあ、そういうものなのか、ということにして先に進みます。

世界のランニング状況に目をむけると、ケニアやエチオピアのランニング集団をはずすわけにはゆかないでしょう。それこそ、世界中の主だったマラソン大会に彼らの活躍がないことはない、といった勢いです。当然、彼らへの研究もすすみます。
　その報告のひとつに、ケニアのマラソンランナーが日々の練習で消費しているエネルギー量は、実際にたべている量ではとてもまかなえきれていない、というのがありました。あんなに走っているのに、毎日の食事内容が質素すぎる、というのです。
　これはランナーのみならず、ケニアの地元の学校に通う小学生にも同様の結果がえられたようです。毎日10キロほども離れた学校に徒歩で通うエネルギー量にみあった量のたべ物をとれていない、というのです。

　研究は貴重ですが、現実と整合性がとれない結果がでてくることがあります。
　両者がうまくかみ合わない場合は、アタマ学問の研究の方がまだ未完成、というだけです。
　燃費の概念が、あまり考慮されていなかったと思われます。燃費は車で必ず語られます。ある車は30キロメートルを1リットルのガソリンで走れる、別の車は同じ距離を3リットル必要とする。こういうのを燃費といいます。
　ただし、燃費はよければいい、というわけではなくて、力とか快適性とか、さまざまな要素で比較しなくてはなりません。ひとつの指標だけにしか目がいかないのは、こわいです。
　さて、ランニングだって燃費を考えてもいいんじゃないか。
　と、これがいいたくて、3つの力を考えてきたんです。

　3つの力、つまり重力、筋力、脱力です。
　このうち、どれを利用するかで、自分が消費するエネルギー量はちがってきます。どのくらいの差が生じるか、ざっと考えてみましょう。

　まずは「重力」です。
　重力は、自分のカラダが地球の中心にひっぱられる力です。
　この力は、地球上にいるかぎり、常時、24時間、例外なく、一生涯、無条

件に作用しています。水に浮かぶというような特殊な状況以外で、重力からのがれることはできません。重力の大きさは「体重」であらわせます。

　自分の体重そのものが、重力の大きさです。大きいです。

　大きいので、重力にさからうときには巨大なエネルギーを必要とします。逆に、重力を利用するとなると、大きな力を得ることができます。ころんだくらいで骨折してしまうくらいの巨大な力ということです。

　つぎは「筋力」です。

　筋力をうむ力は、基本すべて自前です。自分のエネルギーをつかって、筋肉細胞を収縮させてうむ力が筋力だからです。というくらいにして、次にすすみます。

　そして「脱力」の登場です。

　脱力の本質は、ぬく力です。ぬくっていうくらいだから、筋力よりはつかうエネルギー量は少ないだろう、というくらいの理解にしておきます。ゼロではありませんが、筋力に比べればつかうエネルギー量は相当に少ないはずです。

　そこで３つの力をつかうさいの、おおまかなエネルギー量の比較を表にまとめておきます。

ざっとまとめた３大力比較

力の種類	要するエネルギー量
重　　力	利用時はタダ、さからうときは高い
筋　　力	ほぼ100％自前
脱　　力	けっこう少なくてすむ

歩き型、走り型からみるエネルギー比較

　歩き「方」や走り「方」は、人類共通でした。交互に足をだして前進する、です。

次に、前足に自分の体重をのせているか、うしろ足にのせているか、という視点をもってみました。そうすると前足に体重をのせる「前足重心」と、うしろ足に重心をのせる「うしろ足重心」の２つに大別できました。この見方を歩き「型」、走り「型」といいましょう、という提案をさせていただきました。

ここからいよいよ歩き「型」、走り「型」別にみる「エネルギー量」の比較へとすすめてまいります。

まずは多くの現代人の走り「型」と思われる「うしろ足重心」から考えてみましょう。

つまり、うしろ足に体重をのせ、前足をモモ上げによって前方に出し、カカトから着地すると同時にうしろ足をけり上げ、そのくり返しで前にすすむ歩き「型」、走り「型」です。

この一連の動作の中心をになう力は、まぎれもなく「筋力」です。なぜなら、前足を出すためにはモモ上げを中心とした下肢筋力が不可欠だからです。そうしなければ、足は前にふみ出せません。このさい、重力に打ち勝って足を前上方にひき上げる、という部分にも目をむけておきましょう。

前足がカカトから着地するさいは、米俵級のカラダ全体の荷重、つまり重力がかかりますが、カカトには着地の際のクッション機能がないものですから筋力でもちこたえねばなりません。ここで要求される筋力は、足底から足首、ヒザ、股関節、腰、首から頭のテッペンまでの衝撃をささえるためであるという意味で全身性のものです。この荷重に筋力がまけると、その部分は痛みを生じ、すすめば故障してしまいます。

もちろん、うしろ足でけるさいも、けるというくらいですから、筋力が主役をしめます。アキレス腱やふくらはぎもしっかりきたえておく必要があります。

こうしてみますと、一連の動作の多くが「筋力」優先、ということがおわかりになると思います。「脱力」の出番は、あまりなさそうです。

さらに「重力」に対しては、打ち勝つという方向性の力が要求されます。重力にたちむかってゆく力が必要なのです。

現代のランニング界のトレーニング法の中心が「筋トレ」という風潮は、うしろ足重心走りを考えてみれば、うなずけます。筋力に強く依存した走りですから、筋トレが必要なんです。

第四章　調心の章（イメージをととのえる）

そして、きたえれば力強い歩き「型」、走り「型」を身につけてゆくことが可能です。努力は、うらぎりません。その程度は、足につく筋肉の太さで知ることができます。

筋力イコール走力、という世界を「うしろ足重心走り」はつくっています。

○　うしろ足重心の中心をになう力は「筋力」。

次に「前足重心」を考えてみましょう。

前進は、オシリがうしろからおされたような他力感覚で上体が動きだす、というところからはじまります。すると上体からぶら下がった前足側も引っぱられるように前にすすみますが、足には力が入っていないため、すぐに床面に接地してゆきます。そのさいは前足部のとくに小ユビ山が中心になります。小ユビ山からの着地は、そのまま足首からヒザ、股関節にかけてのおよそ全身性のクッション機能と連動していますから、ふんわりとしたものになっています。

具体的には、キモノとゾーリ姿のイメージでした。ここで主役となっている力は自分の体重、つまり「重力」、そしてカラダの重さから勝手に折れ曲がってゆくクッション機能という「脱力」です。ここで足に力をこめたら前足重心にならなくなってしまいます。

このようにして前に出たカラダをささえているのは前足です。ささえるためには筋力が必要ですが、あくまでも重力がうみだす体重をささえるだけなので、それ以上の特別な力は要求されません。強い着地衝撃も生じてきません。

うしろに残された足も、カラダが前方に移動することで、自然に上体に引っぱられてゆくだけなので、けるなどの筋力をつかった行為ができません。できないから、ふくらはぎは、つかえません。つかいません。ですから、ふくらはぎが痛むことはありません。きたえて太くすることもできません。

走って、ふくらはぎに違和感をかんじるのは、うしろ足に重心がある証拠です。

こうしてみると、前足重心では、足はカラダをささえるだけ、という感覚になってゆきます。といって、カラダをささえる力を甘くみないでください。

しゃがんで、30分くらい草むしりができますか。和式トイレで、ゆっくりウンチができますか。草むしりも和式トイレも、前足重心行為です。

前足重心になると「重力」「脱力」が活躍しだす。

　歩き「型」、走り「型」で、カラダの使い方はこんなにもちがってくるものなのですね。
　うしろ足重心は着地時の衝撃のみならず、全般に足への筋力依存度が高い移動方法です。ですから、歩き過ぎ、走り過ぎは、足を痛めてしまう可能性が高まるのです。ですので筋力を十分きたえておく必要があります。筋トレ、クンレン、大事にしましょう。
　一方、前足重心は、足はささえるだけ、という感覚になってゆきます。特別にきたえる必要もないでしょう。歩き、走りは楽しめればいいんです。きたえたければ、草むしりでもしていれば十分です。そう、草むしりも前足重心行為なのです。和式トイレ座りも。大事なことなので、何度もいいます。
　都会の人は、草むらをみつけたらチャンスとさけばねばなりません。草、むしれますか。もっとむしりたかったら、わたしの畑に手伝いにきてください。

　しつこくなって申し訳ございませんが、重心足の話は理屈ではなく実践で考えていただきたいのです。両方の違いを体感してみる。たかだか体重をのせる足が前側かうしろ側かでこんなにもちがうのか、という事実にビックリしていただけたらうれしい限りです。
　それぞれの特徴をまとめてみました。

歩き「型」と走り「型」と、3つの力関係

型分類	重力	筋力	脱力
うしろ足重心	うちかつ相手	中心動力（とくに下肢筋力）	たよらない
前足重心	利用する相手	補助動力（おもに体幹筋力）	自然な主役

　このように、どちらの足に体重をのせているか、という見方ができるようになりますと、「型」によって「つかう力」がかわり、その結果「つかうエネルギー量」に差がでてくることがわかってまいります。

おもしろく思いませんか。
　わたしが「フルマラソン42.195キロメートルを走ったときにつかうエネルギー量の出し方がよくわからない」といったのは、こういう多様性をもつ行為にそう簡単には結果がだせないんじゃないか、と思っているからです。
　くり返しますが、人は筋力だけで走っているわけじゃないんです。
　ですからケニアのマラソンランナーの食事量は、運動量に対して足りないとかいう報告をうのみにするのではなく、消費エネルギーの低い走り方をしているのかな、というような現実のほうに着目したいのです。
　わたしもできるだけ筋力に依存しない走り方を楽しみたいと思っています。なんせ、筋力、ありませんから。くわえて根性も。

前足重心と、心臓

　本書の主役である「飛脚」は、前足重心歩きでくらし、走れば前足重心走りでかけぬけてゆきました。
　いえ、飛脚だけに限らず、江戸の人はそういう生活スタイルだった、という話です。何度もくり返しますが、どっちがエライ、どっちにしよう、という話ではありません。そういうのもあったんだね、ということです。

　さて、前足重心になじんでゆきますと、ある特別な感覚を味わうようになってゆきます。ある感覚とは、脱力感です。脱力感といっても、仕事がうまくゆかなくて力がぬけるシオシオのパー的脱力感ではありません。
　ふっと、カラダが休まるような感覚です。それは前足に体重がのり、カラダ全体のクッション機能がきいたときに瞬間的にあらわれます。
　あれあれ、これって、どこかにありませんでしたか。

　それは、心臓です。
　心臓の働き方は、一人ひとりが「型」でわけられるような個性はありません。みな共通です。
　心臓には、生まれてこのかた、1日の休みもなくずっと働きづめで活躍して

いただいております。マラソンでは途中で歩いたり立ちどまったりしちゃうランナーであっても、心臓は立ちどまりません。なにしろ、たったの数秒休んでしまうだけで意識はストンと落ちてしまいますし、1分をこえると命に関わってきてしまいます。休みなんてもってのほか、というブラック企業もハダシで逃げる、という過酷な現場です、と思ってはいませんか。

　いいえ、心臓だって自分の身内です。そんなにいじめていいわけがありません。しかも心臓だけが抜群の根性をもっているわけでもありません。
　心臓の働き方をイメージ的に描写するとスーパーの298円均一コーナーです、というのがわたしの中高年の主張です。口にだすと「ニッ、キュー、パッ」です。これを「ニッ、キュー、パッの法則」と名付けさせていただいております。はい、だれにも認められてはおりません。
　これは一回の拍動をしめしています。この単調なくり返しが心拍の本質です。今も、寝ているときも、食事中も、走っているときも、心臓のこの基本は変わりません。
　そのココロは「ニッ」と一瞬ゆるんで、「キュー」っと収縮と同時に血液をおくり出して「パッ」ともどる。
　心臓の主な働きは「命の流れ」の循環部門の主役で、血液を肺や全身に回してゆくことです。「キュー」でおくり出すと、「パッ」で回復とすい上げ。このどちらか、あるいは両方の働きが十分担えなくなった状態が、心不全です。そして、このキューとパッの前に「ニッ」という一瞬の休みが入ります。
　オタクの話になりますが、心電図をみてみますと、「ニッ」がP波、「キュー」がQRS波、「パッ」がST波、におおむね相当しています。
　ですから、収縮「キュー」担当のQRS波が間延びしてきている心電図は、うまく血液をおくり出せなくなっていることを知らせているので注意、注意、という行動をとらなくてはなりません。QRS波の幅の変化に着目できるようになると、「デキるヤツ」と一目おかれる存在になれます。QRSがのびてきたら、SOSです。
　えっ、どの波もでていなくて平坦だって？　そういうときは、まず心電計のリードをはりなおしてください。はずれています。
　ここで大事なのは「ニッ」です。「ニッ」で心臓は、毎回ちょっと脱力、つまり休息をいれている。うーん、なんてかしこい。やっぱり、休みは必要なん

です。

　話は心臓だけではありません。
　心臓とは一蓮托生の肺も同じでした。
　呼吸担当の肺も休みなしのようにみえますが、やはり「ニッ、キュー、パッ」です。キューですって、パッではく。その前に、毎回の呼吸ごとにきちんと休みをいれている。わかりますか「ニッ」が休息。

　休みなく働いているようで、実はキチンと規則正しい休みをいれながらコツコツ自分の仕事をこなしてゆく。長くつづくヒケツでしょうか。だから何十年も働いてゆける。
　休んでばかりのわたしの云い方では説得力もあったものではありませんが、ナルホドと思っていただけたら幸いです。
　そして、しつこいですが前足重心歩き、そして前足重心走りです。心臓や肺の動きをイメージしつつ、前足に体重がのった瞬間に生じる「ニッ」とした休息感覚（＝クッション感覚）をつかんでいただければうれしい限りです。
　この完成度があがれば、走りも、心臓や呼吸のようにできるんとちゃうでしょうか？　見果てぬ夢物語。

歴史のおもしろさ

　話題は、ガラッとかわります。ここから、歴史の話をさせていただきます。
　歴史は、お好きでしょうか。
　なかなか歴史大好き、という方はおられないようです。というのも、歴史ときくと「いいクニつくろう鎌倉幕府」みたいに年代を次々に暗記させられるツマラナイ学問、というように感じているからでしょうか。意味のない暗記は、苦痛なだけです。でもそれは、学校用歴史とか受験用歴史とでもいうような特殊な世界の話、ということにしておきましょう。歴史の本道ではありません。

　わたしは歴史が好きです。

ここでいう歴史は、「新しいモノや人」が登場して、人や社会がどう「変化」していったのか、その結果の世の中の「検証」という3段階を楽しむ、あるいは学ぶこととします。
　つまり「新しいモノや人」の登場→「変化」→「検証」という3つの流れの醍醐味が歴史のおもしろさと思っています。しかも架空の小説の中の話ではなく、実際におこった物語なんですから。

　たとえば新しい考えをもった人が野心の末に権力を得るようになる。そしてこんな制度を制定して世の中を変えていった。それはその後の人々の考えやくらしをどう変えていったか。というような、物語です。そして検証。
　たとえば、新しい発明品が登場して、またたくまに世の中に広まっていった。その結果、どんな生活様式の変化がみられていったか。そして、その検証です。

　徳川家康の登場、電球の発明、蒸気機関車の発明、スマホの登場。こういった人やモノの登場が世の中をどう変えていったか。
　そして、それは世の中にどんな結果をもたらしているのか、さらにその結果の検証です。じつは、この検証部分が特におもしろいんです。

　そして昔も今も「こまった時代」に突入するのは、この「検証」をないがしろにするときです。不幸は、ここから始まる。
　今、ちゃんと「検証」される時代になっているでしょうか。

　たとえば赤字国債。赤字国債という「新しい制度」をつくりだしたわが国は、借金し放題の放漫予算を組みだし、もはや自分たちの世代では返すメドもたたないほどの赤字国家という「変化」を生みだしています。にもかかわらず、相変わらずのバラマキ行政。「検証」できる人間がいません。
　福島に大きな原発事故という「事件」がおこり、多くの住人だけでなく、一帯の生き物、環境すべてに取りかえしのつかない人災をまきおこしている、という「変化」。今も回復のメドからほど遠い状況にあります。この「検証」も乏しい。検証のかわりに電気使い放題の生活はつづき、イルミネーションやイベントの競合ではしゃぐばかりです。

ちなみに、今から400年ほどさかのぼる1611年に東北は慶長三陸地震にみまわれ、大地震と津波の大きな被害をうけました。
　その次におこったわが国の大地震は、それから8年後の肥後八代地震で、熊本だったそうです。このときの揺れは、朝の余震につづいた昼の本震で八代城が倒壊しているのです。
　さらに14年後にはふたたび広島、愛媛、熊本に大地震が発生し、広島城も熊本城も石垣が崩れたということです。伊方には大きなお城はなかったでしょうか。あるのは原発くらいですか。

　検証を欠く人の口からでてくるコトバは「想定外」です。
　そりゃ、検証を欠いてりゃ、なんだって想定外になります。
　わたしたちは、安易に想定外なんてコトバで逃げてしまうような人を「責任者」とか「有識者」なんてものにまつり上げていて大丈夫なんでしょうか。そもそも、そんな民主主義を踏みにじるような制度を誰がつくった。

　わたし自身は、これまで何百人という方の死に接してきました。どんなことをして、その「結果」の死です。その生き方、亡くなり方の検証というか反省をつみ重ねてゆくと、最期のときの過ごし方への介入方法はずいぶんと変わってきました。
　検証、忘れてはいませんよね。
　情報技術がすすんだ現代では、新しいモノの出現から世の中の変化まで、いままでとは格段のはやさでまわっています。検証、追いついていますか。
　歴史を学んでゆくと、「100％よかった変化」というのは、まずめったなことではありえない、ということに気づかされます。得たものの陰で、何かが失われている。いいね、いいね、で喜んでばかりいる気分には到底ひたれません。

八 キモノの歴史

　とほうもなく長い歳月を、人はハダシでくらし、ハダシで移動してきました。それこそ、2本足で立って以来ですから、もう何万年ものあいだというこ

とになります。
　しかし、ハダシには弱点があります。
　たとえば、足がよごれる。
　たとえば、木の根っこやトゲでキズを受けることがある。
　たとえば、やけるように暑い夏の大地や、雪でおおわれた氷の大地では、なかなか立っていられない。

　そこで考えます。
　こういった不便さを、なんとか工夫できないものだろうか。足をきたえる、という運動部的着想から飛躍して新しい発想をえられるのが、人間の特徴です、たぶん。
　こうして考えられたのがハキモノであった、のではないでしょうか。ハキモノという発想をもち、実際につくってしまった生き物は、おそらく人間だけです。
　ハキモノの登場は、画期的だったと思われます。
　足がよごれにくい、キズから守ってくれる、暑さ寒さの大地にも立てる。その便利さは、あまねく地球全体に広まっていった、という点からもうかがい知ることができます。世が世なら、ハキモノの発明者にノーベル賞をおくりたいほどです。つけ加えるに、個人的には「ハ」をとったキモノの発明者にも、です。

　そして、さらにハキモノは「新しい」付加価値をもたせることで「変化」をとげてゆきます。
　変化を生みだす原動力は、人の欲求でしょうか。もっと快適なものはつくれないか。もっと売れるものはできないか。もっとカッコイイものにはならないか。
　その結果、大きなスポーツシューズ店に入ろうものなら、めまいにおそわれるほどの種類のハキモノに圧倒されます。いえ、めまいは単に歳をとったからですか。
　ランニング雑誌においても同様です。たくさんのシューズの紹介。それぞれが、新しいコンセプト、新しい付加価値で競いあっています。つまり「新しいモノ」の提示です。それらによって、わたしたちはどんな「変化」を受けてい

ますか。そしてその「検証」です。
　歴史の視点をもつと商品のCMも、おもしろいですね。
　そして、どこにも目のつけどころはあるものです。

　ハダシだったとき、そしてキモノにゾーリ姿であったときまで、おそらく人は「前足重心」で歩いて走っていただろう、という話をさせていただいてきました。
　だって、ハキモノはクッション性や快適性をまだもっていなかったからです。そのため、自分のカラダが本来もっている機能をつかうしかありませんでした。それが前足重心なのです。実際にためしてみればわかるはずです。進化のなごりは歩きはじめの、前足重心の赤チャンの動作をみてみましょう、という流れでした。

　その対比として、現代人の多くは、大マタ、カカト着地の「うしろ足重心」である、というわたしの観察結果をつぎに紹介させていただきました。
　これも自分の歩き方や走り方をふりかえってみたり、街中の人の観察で確認してみてください。
　わたしたちは、最初の一歩は「前足重心」だったのに、いったいいつごろから「うしろ足重心」になっていったのでしょうか。
　そのキッカケは、どこにあったのでしょうか。

　この大きな要因として「クッション性のよいハキモノ」の登場をはずすわけにはゆかないでしょう。
　じつは快適なハキモノは、わが国では、たかだか数十年の歴史しかもっていません。100年前にはありませんでしたし、おそらく50年前もありません。わたしの少年時代は、まだゼンゼン進化していません。ですので、運動会では、みなハダシでかけまわっていました。クツをはくより、動きやすいし、自由が感じられたからです。
　今は、小さな子のハキモノも立派なクッション性をもつ快適さがウリになっています。

　移動時のカラダにかかる負荷をハキモノで代償してもらえるようになった結

果、わたしたちは歩行時やカケッコ時の大地からうける衝撃に無頓着になりがちになりました。だって、自分にそなわるカラダのクッション性を意識しなくても、ハキモノが立派にカラダを守ってくれるからです。どんな歩き方や走り方をしようが、こまらない。

　ただし、快適なハキモノだけで前足重心がうしろ足重心に変わってゆくか、となるとどうでしょうか。わたしはここに、集団生活というキッカケを重視したいと思っています。
　ほとんどの人は、ある年齢になると、集団生活がはじまります。保育園や幼稚園、そして小学校からはじまる学校制度です。ここでは、一定の規律性が求められるところです。つまり「みんなと同じ」が大切。
　歩くときは、みなと同じように歩く、同じようなスピードで歩く。和を乱さない。
　すると、どうしても「姿勢を正しく、歩幅も大きく、ウデもふって」というような行進式歩行が顔をだすようになります。つまり、うしろ足重心的な歩き方を教えられるというか、馴染ませられるわけです。
　このときから、生まれもった前足重心が離れてゆくのではないか、というのがわたしの考察です。うしろ足重心、集団生活の先駆者は、クツ好きの西洋人です。

　クッション性のよいハキモノと、行進的な歩き方指導、という「新しいモノと指導の登場」が人をうしろ足重心という「変化」へと導いていったという歴史的私説です。う〜ん、賛同者はおりませんがね。

　そして、ひとはうしろ足重心へとなじんでゆく。
　さあさあ、その「検証」を楽しみましょう。自分自身のカラダで、できるのです。

　よろしいでしょうか。
　くり返しますが、高機能のシューズという「新しいモノ」を手にいれ、その結果、わたしたちのカラダの使い方や歩き方や走り方がどう変わっていったかという「変化」をみつめ、それがどのような影響をうんでいるのかという「検

第四章　調心の章（イメージをととのえる）

証」という歴史の3ステップをふんでみる。歴史の目で切りこむことって、興味深いと思いませんか。

○○　走りの世界にも、歴史の3ステップを。

カラダの使い方的ハキモノ考

少しまえ、ハダシ歩きやウス底シューズが着目されました。それは、今も細々とですがつづいています。

これには賛否両論がありました。

賛成派は「より人間本来の歩きや走りができる」といいます。だって、そうですね。移動時のカラダへの衝撃をハキモノでなく自分のカラダにそなわっている機能で受けよう、というものですから。

反対派は「足を痛めるし、無謀だ」といいます。

たしかに故障の危険性があるかもしれませんが、大事な前提が置き忘れられている、ということに気がついてほしいのです。「うしろ足重心のまま、ハダシやウス底シューズは危険」ということです。着地時のクッション性をハキモノに大きく依存するカカト着地のうしろ足重心のまま、つまりカラダがもつ本来のクッション性をうまく活用できない「型」のまま、前足重心が前提のハダシやウス底シューズではカラダのイロイロを痛めてしまうのは当然だからです。カラダのクッション性を機能させるためには、カカトから着地したらうまくいくわけがありません。その場とびジャンプで、カカト着地してみれば、一目瞭然のことです。簡単に検証できることです。

なんてことはない、カラダの使い方の違いで求めるハキモノは変わってくる、というだけのことです。

ハキモノより、まずカラダの使い方。カラダの使い方が、ハキモノを選んでゆくのです。

よ ぶんなもの

　時代がゆたかになる。
　その結果、わたしたちはたくさんのモノで囲まれています。たくさんのモノがつくられています。たくさんのモノを手に入れています。あって、あたりまえ。もっと欲しい。
　でも、ときにモノで身動きがとれなくなってしまうことはありませんか。
　あるいは、便利さにかまけて、自分のカラダやココロを忘れてはいませんか。
　本章の視点は、さまざまなモノを手に入れて利用するのもいいけれど、本来もっている「自分」の機能にもちゃんと目をむけよう、ということです。その方法は、アタマで判断してゆくのではなく、カラダと直結したココロと対話しながら、です。
　そこで気がついた余分なモノは、整理してみる。もっと自分のもっている本来の機能を使ってみる。はい、走る終活か、なんていわれることもあります。半分図星ですが、それだけではありません。

　高村光太郎さんの「智恵子抄」（『高村光太郎詩集』岩波書店）に、こんなすてきな詩があります。

　　　　あなたはだんだんきれいになる

　　をんなが附属品をだんだん棄てると
　　どうしてこんなにきれいになるのか。
　　年で洗はれたあなたのからだは
　　無辺際を飛ぶ天の金属。
　　見えも外聞もてんで歯のたたない
　　中身ばかりの清冽（せいれつ）な生きものが
　　生きて動いてさつさつと意慾する。
　　をんなをんなを取りもどすのは
　　かうした世紀の修業によるものか。

第四章　調心の章（イメージをととのえる）

　　あなたが黙つて立つてゐると
　　まことに神の造りしものだ。
　　時時内心おどろくほど
　　あなたはだんだんきれいになる。

　附属品とはいったい何でしょうか。
　歳とともに増えてくるモノの総称といってもいいかもしれません。
　生きていればどんなところにも、くらしの中でも、走りの中にだって、さまざまな附属品がたまってきます。モノというのは、具体的な品物ばかりじゃありません。自己記録とか、順位とか、連続記録とか、月間走行距離とか、目には見えないかもしれませんが、ときに執着したくなるモノもふくまれてきます。アレもコレもソレもと、背負いこみすぎてはいなかったでしょうか。
　ときには、附属品を整理してみる。
　身軽になってみる。

　フナ釣りの話をします。
　フナ釣りをしたことがありますか。釣りかたは簡単です。
　春になると、田んぼの中のため池に、たくさんのフナが泳ぐようになります（昔の話ですよ）。小さなフナが集団で泳ぐ姿は、じつに俊敏です。
　そんなフナが泳ぐ水中に、うどん粉をまるめただけのエサをつけたハリを投げこんでみる。すぐにビビビッと震えるような小気味いい感触が竹ざおをとおしてカラダに伝わってきます。もち上げれば、糸の先にはピチピチとはねるフナがまぶしい。わずか数センチほどのフナの感触か、と不思議に思うほどの大きな力が釣りの醍醐味を味わわせてくれます。
　だれにだって、釣れます。

　ここで釣りに興味をもち、『釣りキチ三平』を愛読するようになると、釣る対象はフナからより大きなもの、より困難なものへとうつってゆくようになります。次は、アユを釣ってみよう。やがて山深い渓流にわけ入り、ヤマメやイワナをねらうようになる。あるいは大海に出て大物をひき上げる。最後はカジキマグロか。

かける時間も、お金も、体力も膨大になってゆきます。

　いろんな釣りを経験してゆくなかで、ある日、昔のフナ釣りで味わった手の感触を思いだす。そんな釣りの日もあった。
　いつしか、うららかな春の日差しをあびながら、ちいさな池にポチャンとツリ糸をたれてフナ釣りにかえってみる。
　その手に感じる感触は、少年時代のフナ釣りの感触であって、でも同じものではない。もっともっとちがった、いうにいえない深みを感じる感触。
　これを「フナ釣りにはじまり、フナ釣りにおさまる」といいます。

　いろんな走りを経験してみる。
　いろんな大会にチャレンジしてみる。
　いろんな記録をめざしてみる。
　いろんなマラソングッズもためしてみる。
　そんななかで一番幸せなことは、かえってゆく走りがあるということではないでしょうか。かえってゆくフナ釣りのような走り。わたしたちは、幼いころ、たしかにはしゃぎながら駆けていたはずです。あのころ、走ることは楽しかったはずです。

　ただ走る。だって走るって、楽しいことですから。気持ちいいことですから。そして何より、ときめくことですから。
　わたしは、レース以外では、いつもひとり走りです。畑のあぜみち、田んぼ道、山手の坂道、そして少しばかりの歩道。まず、だれとも出会いません。自分の世界で、自分の感覚で、自分のペースで走る。ココロは、ひとりで走るときに特に語りかけてくれます。
　それでも本心をいえば、ひとりで走るのもいいですが、「ひとりで走るのっていいよね」と語りあえる人がいるっていうのは、もっと素敵だと思っています。
　調心編、おつきあいありがとうございました。

自分のカラダとココロで対話しながら走る。

第五章　そして飛脚走りはつづく

こわきもの

　世の中で、もっともこわいもの、といったら何が思い浮かびますか。
　幽霊、借金、ゴキブリ、義理、津波、連れあい、ヘビ、暗やみ、虎の穴、宿題、ケガ、病気、まあ、それぞれさまざまな思いがあることでしょう。われにこわいものなし、なんていう勇敢な方もおられるかもしれません。

　わたしは「思いこみ」と「思考停止」がこわい。
　思いこみというのは、決めつけてしまうことです。
　思考停止というのは、それ以上、可能性をあげてゆかないことです。
　2つは別のコトバですし概念ですが、両者はしばしば一体になっています。思いこみをもった途端に思考停止におちいっているというのは、めずらしくも何ともありません。
　人生でコケるのも、思いこみや思考停止がキッカケであることが少なくありません。
　実にこわい。
　まんじゅうより、何倍もこわい。
　こわいのに、なぜか思いこみ地獄と思考停止地獄にはまってしまう。
　なぜなんでしょうか。

　それは、こわいにもかかわらず、くわえてこれまでも痛い目にあってきたのにもかかわらず、居心地がいいからです。決めつけてしまって、もう考えたり迷ったりしなくてもいいと自分を納得させてしまうと、落ちつく。何より、気が楽になります。

　忘れられない経験があります。とおい昔となった研修医時代のできごとです。
　大学病院で1年間の内科研修をおえたわたしは、2年目をある国立病院（当

時）の内科にローテーションしていました。そこで70歳台の男性の入院患者を受けもちます。

　主訴は、微熱がつづくことでした。数カ月にわたって、少しポッポする感じがつづき、熱をはかると37℃をこえる熱があるということでした。ほかにめだった症状はありません。熱も、毎日ケナゲに上昇してくるわけではありません。元気はあるし、食事だって普通にとれています。体重もそれほどの変化はありません。

　話をうかがい、検査計画もたてて、いろんな角度からのアプローチをこころみますが、熱の原因はつかめません。特別な異常所見もみつかりません。

　わたしは途方にくれていました。解決の糸口がつかめません。指導医の先生とのディスカッションでも、内科合同のカンファレンスでも、首をひねられるだけです。

「先生、もういいから」

　最初に退院の話を口にされたのは、患者さんからでした。微熱以外はこれといってこまる症状もないし、何より見立てのつかないイライラがつのってきていました。「変わったことがあったら連絡してください」という定型文句を口にして、約２週間の検査入院のすえ、その方は退院してゆきました。

　病気がなくても微熱がつづく人がいるんだな。自分に都合のいい「思いこみ」で幕をおろし、本症例は退院要約をかきあげて「思考停止」となりました。

　１カ月後のことです。

　その方は自宅で胸の痛みを訴えると意識を失い、救急車で病院につく間もなく命を落としてしまいます。心筋梗塞でした。でも、なぜに心筋梗塞。入院時には、聴診所見も心電図も何も異常はなかったのです。

　なぜに、と思われたのは家族も同じでした。

　病因解明のため、病理解剖に承諾されました。亡くなったばかりの臓器は、肉眼的には自然で、どこにも目立った変化はみられませんでした。ところが、それらをホルマリン固定したのちに顕微鏡で観察すると、ほとんどといっていい臓器の小さな動脈が血管炎におかされていました。多発性動脈炎でした。まだ特別な自己抗体も検出できなかった時代の話です。これが、全身の血管をむしばんでいました。そのひとつの所見として心臓の血管が突如つまったので

す。
　診断にむすびつくような異常は諸検査をふくめて何もないのだから、大きな病気はないだろうという「思いこみ」、だからたぶん大丈夫だろうという「思考停止」、がまねいた結果でした。大きな衝撃でした。
　どれだけ大きかったか。わたしは研修医期間がおえると大学院に入りなおし、血管炎と炎症の研究にとびこんでゆきました。そしてこの経験は、反省と考察をこめて専門誌に動脈炎の多様性として報告させていただきました。昔は、カタイ文章もかけました。

　思いこみはこわい。そして思いこみで安心してしまい、思考停止になっているのに気づかないでいると、始末がつかないくらいこわい。万物は流転するのです。
　本書で提唱させていただいている走り方や生き方は、あくまでもひとつの例です。絶対的なものでも、強要するものでもありません。これからのわたし自身もかわってゆきますし（おもに老いと認知機能の低下）、ですから、かえてゆくでしょう。また、そうでありたい。
　でも、思いこみや思考停止で立ち往生していても気がつかないことがあります。
　せめて思いこみと思考停止をふせぐよすがとなるものはないか。
　ないアタマで考えついた結論は、ともかく物事の「視点」だけはしっかりもってゆこう、ということでした。視点、つまり目のつけどころです。目のつけどころをまとめたものがチェックリストです。

目のつけどころ

　思いこみと思考停止をうむ素地は、しばしば整理されていないゴチャゴチャ頭です。
　ちらかったところではモノを見通せませんし、目標のモノをみつけるのもむつかしい。そもそも、手をつけるのさえ億劫になります。
　台所の流しの中が、洗いもので山になっている家があります。

いわゆる片づけられない人。流しの中がそうなら、だいたいは家全体まで同様の状況がみられています。これが進んで、足のふみ場もないほどのモノであふれかえってしまっているのが、いわゆるゴミ屋敷です。
　流しの中には、あるだけのハシ、スプーン、茶わん、コップ、食べのこし、タッパー、トレイ、包み紙、ホイルなどが乱雑につみ重なり、蛇口さえも使えなくなって異臭をはなっています。一人くらしの若者だけでなく、最近ではお年寄りの家庭でも見かけるようになりました。
　きたないのはわかっている。キレイにしたいという気持ちだってないわけじゃない。でも、どこから手をつけていいかわからなくなってしまった。だから手がだせない。もう仕方がない。思いこみ状態ですね。
　このとき、流しの中を見ているようで、じつは見ていない事態におちいっていることに気がついていません。考えているようで考えていない、のと同じです。思考停止です。

　どうしたらよいでしょうか。
　ここで、ひとつの「視点」をもっておく。たとえば流しの中で、「同じモノ」に目をむけることです。手がだせないようなゴミ置き場化した流しの中に、「同じモノ」を見つけてゆく。
　まずは、「スプーン」だけに目をむける。他は見ない。
　スプーンを見つけたら、スプーンだけを手にとって、スプーンだけを洗って立てかけてみる。
　次は「ハシ」だけを見つける。そしてハシだけを洗ってみる。
　以下、同じ。気力がそがれたら、日をまたいだっていい。次はコップだけ。その次は皿だけ。もえるゴミだけ。少しずつですが、流しの底があらわれてくる。

　ゴチャゴチャまとまりがつかなくなって途方にくれてきたら、同じモノに着目してみる。それだけで、一歩前に進みます。
　こういう方法論を、わたしたちは義務教育で学んでいます。
　学びましたよね。
　どこで学びましたか？
　それは数学の時間です。因数分解です。

因数分解すべき数式は、x とか y とか z がゴチャゴチャてんこ盛りで並んでいます。最初はどこから手をつけていいのだろうか、と困惑しませんでしたか。何日も放置された流しの中と同じです。そこをキレイに洗いなさい、いえ、整頓しなさいというのが因数分解のココロです。

　よし一気にカタをつけてやれ、ということであてはまる公式をみつけて一発で決めてやろう、と考えると手におえなくなってきます。片づけは、流しの中も、因数分解も一気にはゆかないんだってば。

　まずはスプーンだけに目をむけてみましょう。いえ、「x」だけに目をむけてみましょう。同じモノだけを集めてくるんです。つぎには「x」の 2 乗だけをみつけて集めてきます。そして次には「x」の 3 乗のモノだけです。「x」がなくなったら、次は残った中から「y」を同じように集めてゆく。

　すると自然に数式は片づきはじめ、いつの間にかピカッと輝くうつくしい形に整ってゆきます。公式ではない。流しの中に乱雑に散らばったモノ達が、コツコツ洗っていった結果、整然と食器棚に収まってゆくのと同じ快感を味わうことができます。

　ちなみに因数分解にでてくるゴチャゴチャ数式は、ちゃんと食器棚に収まるような分量しかありません。入りきらずに途方にくれる、ということはないようにつくられています。流しの洗いものよりも簡単です。

　こういう目のつけどころを知らないまま、「x」に目がいったかと思うと同時に「y」に気をとられ「z」だって無視できずに目移りばかりじゃ、まとまるものもまとまってゆきません。公式で一気に、という発想もアブナイ。むしろ公式なんか知らなくっても、因数分解はできるんです。

　流しの洗いものも、因数分解も、マラソンだって、最初は一歩から。

　因数分解が得意な人は、流しの中もキレイにしておける資質がある。目のつけどころ、をもっているから。そういった「着眼点」が大切ですね。

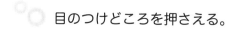 目のつけどころを押さえる。

カゼの目のつけどころ

　カゼをひいたことがない、という方はまずいません。ありふれた病気です。
　わたしも、ひきます。そういう人に患者さんとして向きあうのを商売にしているものですから、よけいにかかりやすい。
　カゼとは「カゼウイルスの侵入によって発症した感染症」のことをいいます。そして、カゼウイルスに対しては、あたたかくして無理をしなければ、自身にそなわっている「３大奉行」の免疫、自律神経、内分泌のはたらきでちゃんとなおってゆきます。
　わたしたちのすべきことは、この３大奉行の活躍をジャマしないことです。つまり、冷やさない、無理をしない、ヘンな薬を飲まない。とにかく、あたたかくして休む。それでよくなります。

　ですから、カゼかな、というときには、本当にカゼウイルスの侵入によっておきている感染症なのかが、大切な目のつけどころになります。つまり、ココが着眼点です。

　ウイルスというのは、細菌という生きものとちがって、複製機能をもった構造物です。物質である、ということです。
　細菌は、生きものですから、生きもの的生き方をします。体内に侵入してくると、まず拠点をみつけます。そこで分裂をおこなって軍勢をましてゆきます。１匹が２匹、２匹が４匹、４匹が８匹、８匹が16匹、といった具合です。最初はゆったりのようですが、30分もしないうちに倍になり、さらに次の30分で倍になり、というくらいのスピードをもっていますから、わずか１日だけでもメチャクチャな勢力増強が可能です。

　それに対して、ウイルスはある一定の大群が一気に体内になだれこんでくる、というイメージになります。打ち破った門に何万もの軍勢が大挙しておしよせている光景ににています。
　カゼウイルスの侵入門は、ハナ、クチです。ハナ、クチから体内に入りこんだカゼウイルスは、ハナ粘膜からノド、気管へと一気呵成にばらまかれます。

とうぜんハナ、ノド、気管はカゼウイルスという粒子で荒らされて、3大奉行の活躍で炎症という反応をおこします。

　具体的には、ハナ水、ハナづまりといったハナ症状、ノド痛、声がれというノド症状、セキ、タンといった気管症状です。同時に自律神経奉行が体温上昇をめざそうとしてゾクゾクという寒気行動をおこします。着目すべきは、ハナからクチ、気管へとつづく「広い範囲」の障害の確認です。各症状の強弱はともかく、3者がそろっていたら「ああ、典型的なカゼウイルスによる感染症だな」といえるわけです。

　そしてカゼウイルス感染症とわかってしまえば、ホッと一安心です。自然になおります。ですから、本来は薬はいらない。

　カゼ診療で、一番気をつかうのは、カゼのようであってカゼではない病気の見落としです。放っておいてはイケナイものがまぎれこんでいる。万病のもと、でもあるからです。

　ノドの一点だけをひどく痛がったりハレたりしているのは、広範じゅうたん爆撃的なウイルスっぽくありません。拠点をつくって勢力拡大をはかるのは、細菌の得意とする作戦です。このときは抗生剤の適応も考えなくてはいけないかもしれません。あるいは、甲状腺がはれていることだってあります。別の手をうたなくてはいけません。

　熱がでて頭が痛いだけなのに「カゼをひいちゃったみたい」といってくる方にも注意が必要です。ハナ、ノド、気管をすっ飛ばして、いきなりアタマに症状をおこすのはカゼウイルスではありません。カゼといってはいけません。

　かように、カゼ診療の目のつけどころは、カゼっぽいけどカゼじゃない病気をしっかりみきわめるところにあります。それらの中には、適切な手をうたないと、とんでもない経過にむすびついてしまうものが潜んでいるからです。視点をしっかりもっておく。

　　○°　カゼと思ったら、ハナ、ノド、気管の3セットに目をむける。

クンレンの目のつけどころ

　走りに熱中してきますと、そのトレーニング法も気になってゆくものです。
　ランニング雑誌やランニング教本には、まず必ずクンレン法がのっています。主題にもなっています。それだけ、必要性も需要も大きいのでしょう。
　いろんなクンレン法がありますが、共通する思想は「練習はウソつかない」「走った距離は裏切らない」という、まことに立派な、前向き姿勢です。

　本書も、ようやく「飛脚走り」を語るところまでやってきたものですから、そろそろ日々のクンレン法まで言及しなくてはならないでしょう。
　と、考えたところで、再び立ち止まってしまいました。
　わたくし、クンレンを語る資格がない。クンレンしていない。そもそも、クンレン、きらいです。長つづきしたためしがありません。筋トレにいたっては、なんでアンなもの、とさえ思っています。残り少ない人生、クンレンよりも楽しみたい。
　だから、走るだけです。走るのは楽しいから。といっても、月間で200キロをこえて走ったことは一度もありません。ウルトラマラソンに参加させていただき、1日に100キロメートルを走った月でさえ、200キロには届かない。平均で100キロちょぼちょぼ。逆に、100キロをわることもありません。だって、走るのって楽しいですから。

　ただし、これは走りの世界ではかなり異端である、というのも自覚しています。
　いまの世の中、ランニング業界だけにとどまらず、よろず「クンレン」「運動」万歳の流れに乗っています。
　歩くことへの推奨は、どこでも目にします。一駅手前でおりて歩こうキャンペーン。う～ん、わたしの地元のローカル線では、駅の間の距離が7.5キロあります。一駅手前でおりちゃった日には、2時間弱の歩行ですか。
　検診で糖尿病やメタボがみつかれば、運動療法の開始です。
　歳をかさねて要支援、要介護になりますと、呼び名はかわりますが、リハビリという名の運動のご登場です。死ぬまで、運動。

運動の専門家も、多くいらっしゃいます。

　もちろん、マラソンレースのテレビ中継にうつってくるようなランナーは、日々きびしいクンレンを課しておられることでしょう。そうしなければ、頂点には届きません。そういう世界もある。
　でも本書は、そんな特別な走りはめざしていません。自分にあった走りをみつけよう、走りつづけられるようになろう、そして自分のお葬式の1週間前まで走りを楽しめるようになろう、が基本方針でした。引退、イコール人生の幕引き、が理想です。

　特別なクンレンをしなくても、走りは楽しんでゆくことはできないものでしょうか。
　それがあるんですね。
　『BORN TO RAN』という、世界中でベストセラーとなった本があります。クリストファー・マクドゥーガルさん執筆、日本語訳はNHK出版で出版されています。走るために生まれた、という意味でしょうか。
　足を故障してばかりで、走ることはあきらめなさいと医者から引導をわたされていた著者は、メキシコの山岳地帯にくらすタラウマラ族をたずねます。「走る民」という名をもつ彼らや彼女らと交わるなかで、自分のカラダのこと、食事のこと、そして走ることなどを見つめなおし、やがて自身も野生児として復活してゆく姿をえがいた感動ストーリーです。
　タラウマラ族の人々は、男女をとわず、レースに出るや淡々と山道を走りぬき、上位でゴールをきるような活躍をみせます。

　ハキモノは「ワラッチ」とよばれる、古タイヤを切って皮ヒモをまきつけて足にくくりつけるものです。どう見ても、日本のワラジそのものです。
　かつて大野晋先生という比較言語学の大家がおられ、コトバや文化の類似性から、民族の流れや歴史をするどい視点で論じる労作を残され、わたしもおおいに影響をうけた時期があります。著作も何冊かもっています。
　その発想法をお借りすれば、ワラッチとワラジが同じ起源で、もともとは東南アジアにルーツをもつ兄弟、と考えるのは自然な発想にならないでしょうか。ワラッチは、カムチャッカ半島を経由してメキシコまで広まったワラジで

す。あくまで、わたしの説です。
　タラウマラ族の衣装は、男性もスカートのようなものをまとっています。スカート、すなわち、腰巻。
　あやや、ここには日本で失われてしまった「キモノにゾーリ姿」の生活があったのです。これまた、わたくしの個人的な見解です。
　タラウマラ族の人たちは、レースやお祭りになると、山岳地帯をかけぬけてゆきます。しかも結構な距離を、何時間も。
　それでは、ふだん、どのようなクンレンを課しているのでしょうか。

　いえ、彼らの日常に、走りはありません。クンレンもありません。ハレの日だけ、走る。ハレの日というのは、お祭りというイベントの意味です。
　実際、「走るクンレンはしていない」と、誰もが口にします。
　かわりに、カラダをつかう生活があります。電気、ガス、水道のない山岳地帯にすむ彼らは、日々の日課として、水をくみあげ、たき木をひろい集め、主食の豆をつくるために畑をたがやしつづけます。宅配はないから、すべて自分たちの仕事です。冷蔵庫はありませんから、毎日新しい調理が必要です。

　レースのない月は、月間走行距離ゼロ。クンレンなし。かわりに、わたしたちが想像もつかないような日々のいとなみのためのカラダ使いがあります。労働、といってもよいかもしれません。もちろん、子どもも家族の一員。いっしょに水をはこび、畑を行き来する。
　そしてスカート姿にワラッチ。
　ああ、かつての飛脚のくらしそのものじゃないか。わたしは感動しました。

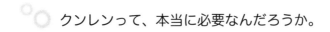　クンレンって、本当に必要なんだろうか。

🄳 舎で考える

　近所をみまわしてみると、タラウマラ族ではありませんが、同じような光景

に出会います。

　畑や田んぼが活気づいてきますと、ワラワラと、地下タビ姿のジジたちが、あらわれてきます。いくら日本農業に機械化がすすんだからといっても、野良作業の基本は、自分のカラダです。よく働きます。立ったり、しゃがんだり、運んだり、掘ったり、めまぐるしいほどです。元気です。本当に70歳か、80歳か。走らせてみたら、どうなる。

　不肖、このわたしも農業収益はゼロですが、田舎暮らしの宿命で、畑や雑木林をもっています。小さいがゆえに、機械化はできません。
　耕作放棄地にはさせられませんので、野良仕事がまっています。ナス、キュウリ、トマト、大根、ニガウリ、摘み菜、ほうれん草、ジャガイモ、里いも、できるだけズボラで育つものを作っています。マメじゃないから失敗もあります。つかう道具は、カマ、ノコギリ、剪定バサミ、スコップ、草かき、スキ、さまざまです。すべて人力でまかないます。
　この野良仕事、けっこうカラダをつかいます。わたしの休日の朝は、一周22キロの畑山コースをひとまわりするところから始まりますが、腰にボトルをくくりつけて、途中休憩なしにめぐってこられます。
　同じ時間を、野良仕事でつづけられるでしょうか。
　とても無理です。走っているほうがナンボか楽です。とくに夏場の畑作業、こたえます。畑で死んでるお年寄りがいますが、他人事ではありません。

　ここで着目していただきたいのは、畑のジジさまたちのくらしぶりです。ババさまも同様ですが。
　そこにクンレンはありません。畑に入ると、準備運動もなく、いきなり作業にとりかかります。ウォーミングアップ、何の話ですか。クールダウン、ありません。あるのは「仕事」あるいは「いとなみ」です。
　かつては、どの人にも、日々のくらしをつむぐためにカラダをつかう「いとなみ」や「仕事」がありました。小さい子だって、赤ちゃんをおぶって子守をしたり、買い物を手伝っていました。わたしの少年時代は、風呂でたくマキ割りが日課でした。
　クンレンは、人によって異なりますが、おこなう日と休む日があります。
　日々のいとなみには、休むとか休まないという表現は、にあいません。あた

りまえに毎日やってくるものです。あたりまえに、カラダはつかうものでした。
　ところが、近代化は「どのようにしたら自分のカラダをつかわずにすむか」という方向性で変化しています。はっと気がつくと、今日はろくにカラダをつかっていなかった、と。

　カラダは楽になったのかもしれません。
　でも気づくと、体力は低下の一途にあった。
　そこで登場してきたものがクンレンや運動というものでした。
　う〜ん、これでいいのでしょうか。

○ **クンレンや運動よりも、日々のいとなみの工夫。**

ラィフライン

　昨今は体幹クンレンというのがハヤリのようですが、くらしの中にカラダをつかういとなみの工夫をとり入れてゆけたら、それで十分ではないでしょうか。
　というか、そういう生活を考えてゆく。
　本書の、ささやかな提案です。
　草むしりひとつとったって、カラダの中心をつかった高度な行為です。ウソだと思うなら、しゃがみこんで、30分ほど草をむしってみてください。2時間走れる人だって、きつくなるはずです。しかも、これが「キモノにゾーリ姿」で歩いたり走ったりすることと、じつによく似たカラダの使い方になっている。というより、股関節や膝をやわらかくまげたり、バランスをとったり、しゃがんだまま重心移動をしたりと、走るよりもっと高度なカラダの使い方や持久性が要求されていることに気づかれるはずです。
　そしてまぎれもない、前足重心になっています。
　これって、走れない日も草むしりをしていれば走る以上の刺激がカラダにき

ている、ということですね。スクワットの比じゃありません。

　というような妄想が、空き家が目立ち、耕作放棄地が年々ひろがりつつある田舎でくらしていると、しみじみと湧きあがってくるんです。
　クンレンの時間を、くらしの行為に切りかえてゆこう。そしたら、日本は変わる。大地がよみがえる。走りも心配ない。

　さきのタラウマラ族の人たちは今も電気、水道、ガスといったライフラインのないくらしをおくっています。そんなくらしの中には、走る基本のすべてがつまっていました。しかも、美しく自然体で走るすべての要素が。
　飛脚の時代も、ライフラインは整備されていませんでした。ライフラインを、自分たちが直接つくってゆくくらし。その中に、走りの要素がみな入っていたんですね。

　大きな災害がおこるたびに、ライフラインがストップして生活に多大な支障がでている事態が報道されます。その対策として、大がかりな備蓄。
　ここで、こんないい方をすると誤解されますし、失礼になってしまいますが、たかだか水道や電気が止まったくらいで大きな支障って、わたしたちはなんてもろい生活になってしまっていたんでしょうか。
　水が水道管から出ないって、じゃあ、くんできたらいいじゃないか。
　電気が止まったって、じゃあ、火をおこせばいいじゃないか。
　たべ物だって、ミソや醤油や漬け物といった保存食がどの家にも常備されていたんです。畑にでれば、何らかの新鮮野菜がいつの季節にもある。
　そういう、かつては当たり前だった発想と行動力が失われている。できなくなっている。これを進歩といってよいのでしょうか。

　ところで「真の国際人の資質とは何か」という問いにはどう答えますか？
　スマートにまとめようとすると、「英語が堪能で、食事マナーが身についていて、服装のセンスが云々」なんていう答えがかえってきそうな気がします。
　それでは、英語が役にたって、食事マナーが要求されるような場所は、地球上のどのくらいを占めているでしょうか。
　地球は、広いです。英語の通じない人も少なくありませんし、食事マナーど

うこういう前に、電気も水道もガスもきていない地域の方が圧倒的に広いんです。ライフラインの完備された地域なんて、じつにせまい。

　真の国際人というのは、電気もガスも水道もないところで、たべて、寝て、ウンチができる人です。このくらいのたくましさがありませんと、およそ地球上のどこでもくらせる真の「国際人」とはいえないでしょう。そして、そういう国際人を目指していれば、たとえ災害に見舞われても、強いはずです。
　くらしを見直そう。くらしの行為にもっとカラダを使うようになってゆこう。くらしのたくましさを身につけてゆこう。そうすれば、クンレンをこえるものに出会えるのではないでしょうか。日本も、かわります。

◦○ クンレンよりも、草むしり（本書のオススメ）。

古典をあらためてみなおしてみる

　走りの目のつけどころはどこにあるでしょうか。
　答えは、再三くりかえしてきましたが、走りが「楽しい」ですか？　走りに「ときめき」ますか？　この視点です。ここにつきてゆくような気がします。
　残り少なくなった人生、それも趣味の走りで、なんで苦労を背おわにゃアカンのでしょう。
　楽しいから走るんです。
　ときめくから走るんです。
　だから、少々つかれていても、雨がふっていても、外にでて走りはじめてしまうんです。

　そんな楽しく、ときめく走りの最中に夢想してたどりついたのが、本書の主題である「飛脚走り」でした。なぜ、そんな昔の走りが気になったのでしょうか。なぜ江戸時代へタイムスリップしてしまったのでしょうか。
　そこに走りの古典を感じたからです。

第五章　そして飛脚走りはつづく

　古典はお好きですか。
　古典というと、昔の産物とか、遺物とか、現代では使われていないもの、というふうにあまりいい印象をもたれていないかもしれません。例をあげれば、『源氏物語』や『枕草子』などがでてきそうです。学校でいやいや付き合わされたもの。なくても困らないもの。ピタゴラスの定理と同じです。
　それにしても、今は古くさくなるのが早い時代です。夏目漱石でさえ、古典としてあつかわれる時代です。古くなったものは、置いてっちゃえばいいのでしょうか。
　もはや戦後ではない、と日本が経済白書でいいきってしまったのも早かったです。昭和31年のことです。戦争はもう過去の遺物である、と。戦争の記憶なんかいらない。戦争から決別した日本は、今、どんな時代を送っているんでしょうか。戦後でないなら、戦前になりますね。それとも、もう戦中に足を踏み入れはじめている、ということでしょうか。実際、そんな感じもします。じつにきな臭い。災害も、同じあつかいをされていませんか。もはや災害は終わった。じゃんじゃん浪費を楽しもうぜ。

　時代の知のレベルは、古典とどう向きあっているかで判断できる、という見方があります。わたしの意見ですけれども。
　古典を軽んじている今の日本、大丈夫か。文系学部を軽視する国に未来はうまれません。
　フランスには"C'est classique"というコトバがあります。
　直訳すれば、「それはクラシック」、つまり古典的という意味です。ところが、クラシックを古典的という字ヅラでとらえようとすると、意味が通じなくなってしまいます。ここは「普遍的」という意味でしょう。
　古い、新しい、昔、今、といった時間軸での評価ではないんです。昔からそうだった、今もそうありつづけている、だから将来もそうであるだろう。そんな一本の芯が通ったものがクラシック、古典の本当の意味です。つまり普遍なんです。
　古典というのは、そういうものです。だからひきつけられるのです。

　何をいいたいのか。
　走ることも、クラシックです。普遍的なんです。

だって、何万年も前から走っているんですよ。もう、想像できないくらい昔から人は２本足で走っていたんです。
　そして自分の歴史を振り返ってみましょう。自分だって物心つく前から走っていたんです。記憶にはないでしょう。そんな幼少期から走っていたんです。
　そして改めて物心つく前の子の走りをみてみましょう。どんな走りをしていますか。
　自然、なめらか、力まない、そしてちょっと不安定っぽい。ひとことで表現しようとすれば、「美しい」です。走りのクラシックがここにあります。
　だれも、みなそんな走りをしていたんです、物心つく前は。
　そのまま育てば、今も走っていることでしょう。そして今を自然体で走れていれば、生涯を走ってくらしてゆけることでしょう。
　テクニックではない、努力ではない、道具ではない。カラダが自然に身につけていたことです。うまれもった感性です。本書で考えたいのは、そういう自然体の走りです。おそらく飛脚は、そのクラシックの原型を内包しているんです。

　なお、江戸時代の走りというと「なんば歩き」「なんば走り」という概念が提唱されています。特徴として、右手と右足をいっしょに前にだしてすすむ、云々という記載もみられます。そのようなポーズの写真も残されていますが、カメラの前でしばらくじっとしていなくては写らない時代、しかもポーズ慣れしていないモデル。
　動作の自然さという点で、わたしは「なんば」には深入りしません。

　走りの秘伝を３つにまとめました。

　　気持ちのいい姿勢（調身）
　　気持ちのいいペース（調息）
　　気持ちのいいイメージ（調心）

　これらが合体したとき、走りは楽しみとなりときめきをうむ。その正体は走るカラダの「自然さ」です。ルソーではありませんが「自然にかえれ」です。キャッキャと笑いながら自然体でかけていた幼いころの走りにかえってゆきた

い。

　ですから、自分が本来もっているもので走る。本来もっているものを一番に利用する。

　ただし、無理をしないということではありません。無理することだって貴重です。獲物を見つけたら何時間も追いかけて走ったこともあった古代人のように、時にはとことん無理を楽しむことがあってもいいでしょう。ときめく無理ならば。

　また、高望みをしないということでもありません。もっとはやく走りたい、と考えて工夫をかさねてゆくのはおもしろいし、素敵なことです。強制や義務や見栄にしてゆかないのであれば。

　自然さというのは、くらしの中にとけ込んでいます。

　たとえば、食事をすることや、オシッコやウンチをすることもそうです。こんなことにいちいち楽しみやときめきなんか覚えないよ、といわれるかもしれません。でも、失ってみればわかるんです。もし、食べたものが食道にはいってゆかずに気管にボロボロすいこまれていくようになってしまったら。もし、オシッコがトイレまでもたないで勝手にチョロチョロ流れだしてしまうようになってしまったら。

　ゴハンがむせないで食べられるって、すばらしいことなんだ。トイレの中で自分の意思でゆっくりウンチができるって、なんて恵まれたことだったんだ。

　食事をするように、オシッコやウンチをするように、走りがくらしの中に入ってきた生活を思いうかべてみてください。人生の深みがきっと増すと信じています。

　走りに乾杯。

　くらしの中に走りをみいだしてゆこう。

第六章　走りとのつきあい方、三題噺

走りと出会い

　もしも、わたしの人生に走りとの出会いがなかったら、ずいぶんちがう生き方になっていたことでしょう。走ることで、走りを語りあえる人たちとの素敵な出会いがありました。考えることも感じることもなかったであろうさまざまなアイディアが生まれました。どれもが大切な宝となっています。

　その中から、とくに３つのテーマを紹介させていただきます。走りで着目される「強さ」、カラダをつかうことで気になる「食」、そして日々の「体調と故障」です。これらをランニング三題噺としてまとめてみました。

三題噺の第１話　走りと強さ

強さからの解放

「強いものは生きのこれない」
　のっけから腰をおるようで申しわけありませんが、わたしの好きなコトバです。同時に衝撃をうけたコトバです。強くないわたしに、染みいってきます。ダーウィンさんの名言ともいわれています。
　ダーウィンさんといえば、『種の起源』をあらわし、ガラパゴス諸島の生態を紹介した生物学者とか進化論学者として知られています。
　ガラパゴス島。まだ行ったことはありませんが、太古からの生き物が悠々と生をつむいでいる孤島というイメージがあります。その中には、たしかに強い生き物はいないようです。少なくともライオンとか、ヒョウとか、ワニとか、大阪のオバちゃんとか、思わず道をよけてしまう、というような生き物には出

会いません。
　じゃあ、どんな生き物がのこっているのでしょうか。

　生きのこり、という表現は適切ではありませんので、コトバをかえて「ご長寿の方」というふうに変換してみましょう。そうすれば、わざわざガラパゴス島まで出かけてゆかなくても、なんらかのヒントがえられるかもしれません。
　近所を見回してみましょう。
　手っ取り早くは、老人施設とよばれるお家です。そこでくらされているのは、ご長寿ぞろいです。はい、若い人は入居資格をみたしません。年代でいうと、大正から昭和のはじめの生まれの方々です。さすがに明治は遠くなりました。江戸時代の方は、おりません。

　その中で、ひときわ元気な方に着目。
　食欲は旺盛、おしゃべりが好き、体型は見事なメタボ、悪いのはヒザだけ、なんていう方々です。ある共通点に気づきます。
　決して強く生きてこなかった、ということです。
　尋常小学校時代は健康優良児で表彰を受けたんでっせ、という経歴はもちあわせません。むしろ昔はヤセっぽちで、医者の世話になってばかりだった、長生きは無理といわれつづけた、結核で死ぬ思いをした、大病をわずらった、なんて経歴が続々とでてくるのです。病気自慢大会や虚弱自慢大会がひらけるんじゃないか、という面々です。

　そうか、体力のなさを自覚して、養生につとめ、無理をせず、規則正しい生活、バランスのよい食事に気をつかってきた結果なのか。
　いやいや、そんなことが許される時代ではありませんでした。
　日々のくらしや子育てに自分の時間なんかない、たべ物だって十分ない、畑とオカイコの世話で寝る時間もない、思い出として語られるのはそんな話ばかりです。昔はガリガリ君だったんですよ。
　それが今では立派なメタボ体型、おやつはペロリとたいらげ、声はでかいわ、よく笑いころげるわ、いいように若いもんを使うわ、でいったい本当に病弱だったんですか、とツッコミをいれたくなる大変身です。
　その一方で、若いころは体力も充実、バリバリやっていた連れ合いは、とう

の昔にあちらの世界へ旅立ってしまっています。

　わたしには不思議でなりませんでした。
　健康イコール長生きではないのか。運動イコール健康ではないのか。
　だからこそダーウィン先生のコトバが重く響いてきたのです。「強いものは生きのこれない」おお、なんてことだ。
　じゃあ、生きのこるものは何なのか。
　ダーウィン先生はつづけました。それは「変化に適応してゆけるもの」であると。

　わたしが日頃おつきあいする、生きのこった、いや失礼、ご長寿をむかえられたジジババさまたち皆様の共通点。それはまさに、自身の変化にみごとに適応しているんです。
　よる年波とともに、カラダは弱くなる、痛みがでる、動きにくくなる。だったら必要以上に無理はしない、道具を使え、若いもんを使え。
　アタマが混線しやすくなる。曜日がわからなくなってきた、サイフがしょっちゅう姿を消す、部屋の中が雑然としてきた。まあ、気にしすぎないことだ。
　同居人が変わってゆく。若い人は外へでる、連れ合いが亡くなる。
　富士山は、登ればのぼるほど傾斜がきつくなってゆきます。人生と同じです。長く生きれば生きるほど、人生の傾斜はきつくなる。
　そして、変化は往々にして痛みや悲しみや失望を伴ってやってきます。決して、楽しいことばかりじゃない。だったら、あらがえないものとして、受けいれるしかない。どうせ受けいれるんだったら笑っちゃえ。

　ご長寿の方は、木にたとえるなら、風がふくたびに揺れうごく柳のようです。カラダの変化、知の変化、関係の変化にいちいち吹きとばされるけれど、無理にさからわない。
　でも柳の根っこはメチャ強い。大きく根をはっている。ですから柳は昔から河原や土手をかためるために好んで植えられていましたね。目にはみえないところでの根っこの強さよ。
　いやいや、おそれいります。

強さから変わったもの

　わたしが走り始めたのは40歳のころからですが、レースというものに本格的に参加させていただくようになったのは50歳をまわってからでした。遅咲きデビュー、と自分では思っていますが、じつはいまだに咲いてはいません。咲くほどの成果がない、のが現実です。咲くまえに散ってしまいそうです。
　それでも若いころからの運動部体験のないわたしにとっては、走りの世界は心おどる出会いの連続となりました。
　最初はハーフマラソンにドキドキしながらの参加。苦しい思いはしましたが、なんとか完走。つづいて2カ月後にはフルマラソンに挑戦。ハーフで感じたのとは別の大変さを後半ずっと味わいながらのゴール。
　やがてレースが楽しくなってゆきます。
　そうなると、レースの目的が変わってゆきます。完走から、自己記録への挑戦です。強さを求める走り。
　走りはじめのハキモノは、家にあったズックです。ランニングの知識も情報も友人も、何もありません。あったものを使う。やがて田舎のスポーツ店にゆきます。ただランニングブームがまだ来ていない時代でもあったため、運動用というくらいの適当な選択。やがてランニングシューズという規格と売り場ができて、正真正銘のランシューで走るようになります。
　とはいえ、当初から「3日つづけて休まない、3日つづけて走らない」という基本方針をたてて、週に3日多くて4日の朝ラン生活です。それでも、大きな故障もなくフルマラソンを4時間をきって走れるようになってゆきます。

　そんな中でのあるハーフマラソンでの中盤、調子がいいのでつい力んでしまったのでしょうか。プチンというはっきりした感覚で左ふくらはぎの激痛にみまわれます。ああ、肉離れだ、自分でもよくわかりました。本当に音がでた感覚がするんです。離れるというより、切れるという感覚でした。
　もう走れません。左足は地面につくだけ。なんとか右足だけで前にすすみ、ゴールまではたどりつきました。残りの10キロが長かった。
　季節は夏にむかっていました。
　青い空が、ますます濃さをましてゆきます。

セミがないてきました。
　でも、走れません。
　不思議なことに、歩くことはできます。しかも、少し小マタにしていると、違和感なく歩けるんです。ですから日常生活はふつうにおくれます。職場でも、わたしが肉離れをおこしているなんてだれも気がつきません。ただ走れないだけです。

　歩けるなら、歩きたい。
　走れなくなったぶん、ハダシにゾーリをつっかけ、近所を歩くようになりました。ゆっくりなら１時間でも２時間でも歩けます。走ろうと力むと痛みがでてくる。その時、歩くのと走るのとでは、つかう筋肉がこうも違うものなのか、と感心したものです。
　半月ほどして、おそるおそるゾーリのまま走ってみます。あ、病院は受診しておらず、整形外科の診察も治療も一切うけていませんでした。全部、自己判断。少しなら走れる。走っては歩く、歩いては走る。くりかえしてゆくと、やがてゆっくりとなら走りつづけても痛みがでなくなってゆきます。
　ハキモノは、ハダシにゾーリのままです。
　おもしろいことに、ハダシにゾーリがとっても気持ちいいんです。楽に感じます。明らかにランシューをはいて肉離れをおこした走りとは違う動きになっているのを感じます。その証拠にランシューにはきかえてみると、肉離れをおこした場所に違和感がうまれ、こわくなります。ゾーリでふくらはぎを使わない走りになっていたのだ、と感じました。
　とにかく気持ちいい。
　はやくはないけど、いいじゃないか。はやさや強さより、快適さを求めるのもわるくはないかな。ココロとカラダが切りかわった瞬間です。

　ゾーリはいい。しかし、ひとつ問題がでてきました。耐久性です。やがて鼻緒の部分がスッポリとぬけてしまいました。500円のゾーリの宿命、でしょうか。
　とはいえ、ゾーリ感覚の走りは格別でした。ならば、ゾーリにかわるもっと丈夫なハキモノはないものか。
　ありました。地下タビです。当時、一足1000円。

都会にくらす方々には思い浮かばないかもしれませんが、田舎では地下タビはいまでも現役のハキモノです。農業用品をあつかっている店ならどこにも地下タビコーナーがあって、実際に売っています。しかも迷うくらいの品揃えで、れっきとした主要商品のひとつです。わたしの地方の田畑を見渡してみても、働いているジジたちの約半分は今も地下タビ姿です。植木屋さんも、地下タビです。もちろん、わたしも一足もっていました。畑があるし、畑では一番動きやすいんです。ただし、これで走ろうという発想はありませんでした。

地下タビで走ってみる。

わたしの中にうまれた「変化」です。

ハキモノ考

なんのためにパンツをはくのでしょうか。

それは、ぬぐためである、では答えになっていませんか。

では、なんのためにクツをはくのでしょうか。

こう考えることから、新しい発想の旅路がはじまります。もとはみなハダシだったわけですし、世界を見渡せば今もハダシでくらす人もいるわけです。なぜ、はくのか。

「なぜ」の種まき、とわたしはよんでいます。まずその存在に疑問をもつこと。

調心編と重複しますが、いくつかの理由を考えてみます。

1. 足がよごれるのを防ぐため。
2. ケガから守るため。
3. 大地の温度から守るため（高温、低温）。
4. 着地衝撃性をえるため（クッション性）。
5. 反発性をえるため。
6. 天候や状況の変化から守るため（雨、雪、荒地）。
7. ファッション性。

これらの中で、現代のランニングシューズの売りは、クッション性や反発性の特徴でしばしば語られ、そして比較されているでしょうか。それに加えて山道などの荒地を走る人もふえた結果、状況の変化から身を守る防護機能も着目されてきているようです。

　しかし、わたしは走るなかで、とくに肉離れの経験によって、クッション性や反発性をハキモノに求めなくなってゆきました。それらは自分のカラダの中にもともとそなわっている機能ですし、それで十分、それ以上の欲はかくまい、と考えるようになったのです。
　特にハキモノにクッション性や反発性を求めてしまうと、それだけ自分本来の機能が低下していってしまう、ということに気づいてきたのも大きな要因です。
　自分にそなわったものを見つけ出し、優先してつかう、というのは本書の基本コンセプトです。お金もかかりませんしね。
　その結果、ウス底のシンプルなハキモノで十分、となったのです。ゾーリや地下タビは、それがかなっています。
　ただし、ことファッション性という視点では、まだ工夫の余地は大きいと考えています。やっぱ、地下タビはちょっとダサっぽくみえてしまいます。

地下タビの世界

　以降、さまざまな地下タビで走ってみて、比較研究をしてきました。というのも、一口に地下タビといってもその世界は思った以上に深いんです。そこでまず、おおまかな分類を紹介させていただきます。趣味の世界に入ってしまいますが。

○長さ分類

　地下タビは、一般には下腿の後ろ側についている「コハゼ」という金具でとめることで足首に密着させます。コハゼは下から順に足の太さにあわせてひっ

かけてゆけるよう、何列かの縫い目がつくられています。

　コハゼの数は、おおきく2つに分類されます。ショートタイプとよばれるコハゼの数が5〜7個くらいのものは、さながら和式ブーツです。走るには、このタイプが使い勝手がよろしいでしょう。

　コハゼの数が12個ほどあるのは、ロングタイプになります。ふくらはぎをスッポリつつんで、ひざ下まであって、はくと長グツのようです。下腿全体への足の密着性が高いものですから、土やジャリも入りにくいという特徴をもっています。

　わたしはロングタイプの地下タビをはいて富士山に登ったことがありますが、特に下山時のジャリジャリジャリのガレ場でも小石などの流入を防いで、それこそ飛ぶようにおりることができました。もちろん登るときの足と岩場との密着性も抜群で、楽しく高度をかせぐことができます。六根清浄をとなえながら登っておられた白装束の巡礼登山者の足元も、白の地下タビでした。

○色の分類

　一般に、農業や土いじり系には黒、大工さんや植木屋さんなどの職人系は紺、神社や祭りなどの宗教系は白、というおおまかな色分けがあるようです。

　そのなかでは紺色系は水分で脱色しやすく、足や靴下に色がうつりやすいです。つまり、濡れると足がよごれやすい。あまりアウトドアの使用にはむいていないようです。

　白は京都マラソンを走ったとき、お寺の街を走るのだから白にしよう、ということで白タビにしました。受けませんでしたが。

　ということで、黒が無難でしょうか。

　ただし今後、もっといろんなカラーバリエーションが登場してくれるとうれしいな、という気持ちもあります。たとえば、赤タビとか。5色くらいあってもいいかも。地下タビゴレンジャーシリーズです。絵がらもいいな。

○目的分類

　作業用と祭り用、で大きく分けられます。

　町の農作業系のお店で売られているのは、一般作業用で、黒か紺がほとんど

です。一足1000円から2000円台。しかし安かろう悪かろう、ではありません。頑丈さは格別です。なにしろ業務用ですから。ふつうに走れます。

　お祭り系の地下タビの特徴は、クツ底です。作業用と比べてやや厚さがましています。つまりクッション性がやや高い。とはいえ、ゴム一枚という基本はかわりません。こちらは、祭り道具専門店においてあります。やや高価となり2000円から4000円台くらいまでとなります。くわえて、ややオシャレ。

　おもしろいのですが、1万円を超えるような、ファッション性を前面にもってきた高価な地下タビは、逆に走りへの耐久性には難があるように感じます。見栄え重視、の結果からなのかもしれません。安いほうが実用性が高い。

　作業用、祭り用どちらにも、共通するところは丈夫さです。走っていても、古臭くはなりますが、ヘタってくるところが出にくいのです。1000キロほど走っても、使えます。色あせて底のゴムがへるくらいです。買い替えの決断がむつかしいほどです。

　わたしはゾーリ感覚のはきやすさと安心感から、地下タビ走りの世界にはいって4〜5年がたとうとしています。ふだんの走りも、レースも、地下タビ。もうランニングシューズでは、何年も走ったことがありません。もちろん、走った後は、そのまま畑で作業ができます。原則、ハダシではきます。

　地下タビ走りの特徴は、あらためてまとめると以下の3点に要約されるでしょうか。

　ひとつめは、ゴム一枚のクツ底ということです。余分な機能はありません。そのため地面の感触を足ウラでそのまま感じとることができます。無茶できないし、無理しなくなります。足本来の走り方に変わってゆく感触をもっています。足ウラが敏感になります。

　ふたつめはハナオ感覚です。ここが分かれているため、親ユビ山と小ユビ山の感覚がとっても敏感になります。地下タビで走っていると、ハナオの部分が痛くなってきませんか、という質問を受けることがあります。地下タビは、後にふれるワラジも同様ですが「カカト」ではくものです。ハナオはつっかけるだけですので、痛みません。

　みっつめは、足首スッポリ感です。足首をつつむようにはける。これは作業時はもとより、ランニング時にも、何よりの安定感がえられます。

いくつかの変遷をへて、今わたしが愛用しているものは、まる和日本橋「祭用地下たび」とよばれるお祭り用の地下タビです。一足3000円台です。
　この特徴は、コハゼ部分がチャック製になっています。
　すっとはけて、すっとぬげる。
　日常生活でも半分くらいは、これですごしています。通勤中も、買い物のときも、おでかけでも、です。ただし仕事中は地下タビのイメージを変にとらえられてしまうか心配なので自粛しています。代わりにファイブフィンガーズです。
　ふだん地下タビでいる利点は、思いたったときにすぐ小走りができることです。50メートルもあれば走れる。
　レースでは、ハーフマラソンからウルトラマラソン（100キロ）までこなせます。万能選手、といってもいいのではないでしょうか。
　ほかに「丸五」や「倉敷屋」の祭り用地下タビも愛用しています。よくできています。ただし、ちょっと重くなります。
　ひとつ注意しておきたいことは、最近地下タビなのに底にエアークッションをいれたものがでていることです。フカフカ靴底では、少なくとも走りのタビのよさが消えてしまいます。目的がちがってきます。

　こういう地下タビ生活を送っていても、ときに革靴をはかなくてはならない、という状況や場面があります。かしこまった席などです。ホテルのロビーで、地下タビは浮いてしまいます。仕方なく革靴をはくと、とたんに足の居場所がうばわれた感覚、別のいいかたをすると、足が地面から隔絶された虚脱感におちいってしまいます。昔は感じなかったものです。足ウラの感覚がこんなにも低下するんだ、という驚きは特筆ものです。足ウラや足ユビたちが、こんなキュークツなもんに押しこむなって主張してくるんです。

そしてまた変なハキモノ

　夏は、ハダシにゾーリというスタイルが好きです。子どものときからです。そんな夏の日、ひょんなことからワラジを手にいれることができました。時

代劇でみることのできるハキモノです。
　本物のワラジは、その名のとおりワラ製です。走るのにつかうと、どのくらいもつでしょうか。
　今や時代もかわりました。ビニル製のワラであんだワラジがあったのです。さすがにまだ自分ではあめませんので、購入してみました。1800円。
　早速、はいてみました。
　ゾーリ感覚のまま、足首までピタッと決まります。なんて自然なんだ。素足感覚のままといっても過言ではありません。ああ、気持ちいい。
　しばらく、ふだんの走りに使ったり、レースにも試してみよう、と決めました。
　最初のレースは、やや不安でした。途中でほぐれてしまったらどうしよう、予備を一足腰にまいてゆくべきか。
　2015年の9月のハーフマラソンを皮切りに、連続して年末まで、ハーフ5つ、フル2つをワラジで走ってみました。そのなかで、課題もみえてきました。
　まず耐久性です。100キロから150キロを走ると、フワッという感じでほつれ始めます。それでも走れますが、だんだんとバラバラになってゆく。そして吸水性です。瞬間的に水を吸い、とたんにゆるむ感触になってしまいます。給水所の水溜まりに足をいれただけでフニュッとなります。そして、やはり冬は寒い。まあ『るろうに剣心』はタビをはいてワラジだったから、そういう手も考えられます。でも、だったら現代は地下タビでいいのか。
　とはいえ、この解放感はやみつきになりそうです。
　今後は手作りワラジへ進化してゆこう、と計画中です。

さらにヘンなハキモノ

　ヘン、といっては語弊がありますね。
　それは「ゲタ」です。
　さすがに日常ではめずらしいハキモノになっています。
　でも、わたしが小さいころまで、だれの家にもあって、だれもがはいていた

ハキモノです。昭和初期から戦後の生活写真集などをひもとけば、日常的にゲタがはかれていたことはすぐに確認できます。

　おばあさんが大きな荷をしょって、ゲタで行商する姿。井戸端にしゃがみこんで洗い物をする主婦も器用にゲタ姿。小さな女の子が赤ちゃんをおぶってネンネコを着込み、足元はゲタで子守。竹の棒でチャンバラをする少年たちは、ゲタかゾーリかハダシ。

　老若男女、だれもがあたりまえにゲタを日常のハキモノとして利用していました。いや日常だけじゃありません。お正月に、着物で着飾ったオネーサンの足元も、おしゃれなゲタです。

　わたしも、小さな子ども用のゲタで遊んだ記憶があります。また父親の大きなゲタで歩いて大人気分を味わったこともあります。

　そして今、ゲタもはいています。

　一度経験してみてはいかがでしょうか。
　初めてなら、まず感じるのは不安定さ、でしょうね。二本の歯で支える構造だからです。
　そして歩く感覚の違和感でしょうか。普通のクツとはかなり異質です。
　でも、ゆっくり歩いてみる。それこそカラーンコロンと鬼太郎になった気分になってゆけます。そして、飛脚走りを経験したあとであれば、別の驚きを感じることになるでしょう。
　前足重心歩きだ。
　そうです。ゲタは自然に前足重心歩きになってしまうハキモノだったのです。だれもがゲタを日常で自然にはきこなせていた、ということはその時代、前足重心歩きがあたりまえだった、というわたしの理論の根拠のひとつです。
　小マタで、前足に体重がのって、しずかにすすむ。
　もちろん足ウラは小ユビ山がいい気持ちでカラダをささえてくれていますし、自然にオシリ押され感覚の歩みになっています。
　特筆すべきは、その気持ちよさです。
　ゲタで散歩にでると、どこまでも歩いていたくなってしまうんです。もちろん慣れていないうちは特にハナオ周辺部の緊張感を感じるかもしれませんが、それすらも気持ちいい。

アスファルト道でも、ゲタで歩けます。土の上ならもっといい。何より、足からカラダ全体の疲れがぬけてくるのです。
　ああ楽しい。ああ気分いい。ああもっと歩きたい。
　こんな気分にさせるハキモノ、ほかにありますか。歩く健康マッサージャー。
　構造は怪奇、作り方も面倒。ゲタをみればそう感じるかもしれません。では、なぜそんなハキモノを、わたしたちの祖先はわざわざ作り、だれもが日常に使っていたんでしょうか。利点があったから、ではないでしょうか。
　そして、その利点を感じられる身体感覚が豊かであったから、ではないでしょうか。
　だまされたと思って、一度ゲタで散歩してみてください。
　カラダの中に、何かが芽生えはじめるかもしれません。
　気持ちのよさに笑いがこみあげてきたら、すごくうれしい、ゲタゲタゲタ。

そして今日も変わってゆく

　時間がとどまることはありません。
　生きていれば、だれもがみな変わってゆきます。変えようとしなくても、変わらないようにガンバってみても、です。アンチエイジング、無理です。タイムマシーンをお持ちの方がいるでしょうか。ですから強さの維持という一点に固執しない。
　うまく変化にあわせてゆく、というのが現実的な生き方のひとつの選択肢ではないでしょうか。変化にのって、あたらしい挑戦。さあ、変わりましょう。
　どんな生き方をめざしてゆきますか。

三題噺の第2話　走りと食

食の多様性

　バランスのよい食事を、3食しっかりとる、というのが推奨されています。
　好き嫌いなくたべましょう、残さずたべましょう、というのは小学校以来の食への定番姿勢です。それではバランスのよい食事って、どんなものでしょうか。残さずたべる意味って、どこにあるんでしょうか。
　というのも、世界各地の日常的な食を調べてゆくと、なんていろんなたべ物やたべ方があるんだろう、と驚嘆せずにはいられないからです。
　南の島の毎日の食事、砂漠地帯でくらす人の食事、富士山頂よりも高い空気のうすい高原地帯の食事、草木もはえない極寒の地にすむ人の食事、うっそうと生い茂るジャングル地帯の中での食事。
　どれもが個性的。てんでバラバラにみえます。でも、その地で代々つづくたべ物であり、たべ方です。
　その中で、共通するものを見つけようとすると、食材の偏りであり、質素さでしょうか。つまりは偏食。山盛り、というのもなかなかみあたりません。わが国のような余ったものをどんどん捨ててゆく光景にも出会いません。

　そんな食事で大丈夫なのだろうか。足りるのだろうか。栄養失調になってしまわないだろうか。でもよくよく考えてみれば、そういう食事で働き、くらし、子育てをし、子供もそれで成長し、おじいさんおばあさんだって生まれたときからずっとたべつづけているもの、です。長い歴史の証明にかなうものはありません。

　さらに広い視野で、たべ物をみてみましょう。
　人間にとらわれずに、動物一般です。すると人間以上に偏食の世界が展開されていました。バランス理論、どこふく風です。肉しかたべない、草しかたべない、草といっても笹しかたべない。なんて偏りなんだ、そんなことじゃカラダこわしちゃうぞ、といっても馬耳東風。

ではなぜ草しかたべない牛が、わたしたちより大きくなるのでしょうか。肉しかたべないライオンが痛風にならないのでしょうか。

栄養学は「参考書」

　3大栄養素は、たんぱく質、糖質、脂質、それにビタミン類、ミネラル類も必須。さらに走る人には、こういう栄養素も必要だよ、ということでカタカナや英文字であらわされるたくさんの栄養剤、サプリメントなどの紹介で市場はにぎわっています。
　それらを1日どれくらいとりましょう、なんて記事をみると、まるでノルマのように感じてしまうことがあります。
　ノルマってコトバ、ご存知でしょうか。
　ロシア語です。太平洋戦争でやぶれたのち、北方にいたたくさんの日本人が極寒のシベリアへ送られ、強制労働を強いられました。今日の仕事はこれだけ、という割り当てた量をかの国では「ノルマ」とよんでいました。ノルマをはたせないまま、衰弱でなくなる人も多かったようですが、かろうじて生きて日本へ帰還できた方が伝えたコトバ、なんだそうです。
　ノルマをはたせないと死ぬのか。いや、脱線してしまいました。

　栄養素というのは参考書みたいなものじゃないかな、というのがわたしの感想です。
　受験生時代を思いおこしてみてください。英語ならこの参考書、数学ならこの参考書、なんていう定番参考書や人気参考書がありました。古文研究法とか漢文法基礎とか。鉄則とかチャート式とか。
　それをマスターすれば、どんな問題もとけるようになる。
　はい、多分そうなるでしょう。
　では、そういう参考書を手にいれて、成績が一気にあがったでしょうか。
　あがりません。
　なぜ、あがらないのか。
　おわかりですね。マスターして、使いこなせるようになって、はじめて血や

第六章　走りとのつきあい方、三題噺

肉となるんです。成績があがるんです。参考書を買ったから成績があがる、わけではありません。

　栄養素も同じ、ではないでしょうか。
　どんな成分がどんな役に立つよ、多分、という情報は買っただけの参考書といっしょです。オナカから吸収して、カラダが利用できて、はじめていきてくる。
　そして現代の栄養学や代謝学は、いまだに「どれだけ吸収されて、どのくらい活用されているか」という次元の評価をきちんと客観的にできるようなレベルまでには至っていないんです。
　この栄養素がいいよ、このサプリが効きまっせ、というのは、この参考書がいいよ、というのと同じ意味合いです。いいといわれる参考書をたくさん手にいれたために成績が急上昇しましたか。むしろ、ひとつひとつが浅くなって、思うような成果にむすびつかない、なんてこともあるんです。別の参考書のほうがあう人もいる。教科書ですむ人もいる。

　南の島のある人たちは、毎日タロイモばかりをたべつづけている。毎日でっかいウンチをして、今日もあきもせずにタロイモをたべ、元気に陽気に働いてくらす。老いも若きも。
　そうか、タロイモは万能食材なのか。
　というわけで、突然おとずれたわたしたちが同じ食事をして、同じに働けるでしょうか。くらしてゆけるでしょうか。多分、うまくゆかない、つづかない。
　なぜだと思いますか。
　実は、どんな食品、どんな栄養素、どんなサプリ、というような情報よりももっと大切にしなくてはいけないものがあるんじゃないでしょうか。
　答えは、自分の中にあります。自分にきいてみる。
　きくために考えたいことを３点あげさせていただきます。
　ひとつめは「消化・吸収・排泄」のしくみです。
　ふたつめは「カラダのエンジン」についてです。
　みっつめは「カロリー」についてです。
　これらを通して、たべる意味をふりかえってみたいと思います。

自分ヒトリと思うなよ、消化・吸収・排泄考

　消化・吸収・排泄の中心をになう器官といえば、胃から小腸、大腸にいたる一連の消化管が思いうかぶと思います。ホルモン屋さんでも、おなじみの臓器です。
　消化管のはたらきによって、たべたものは消化され、カラダに吸収され、細胞で活用されたあと、排泄で始末をつける。定番の知識です。
　で、よろしいでしょうか。
　実はちがう、と考えています。ちがう、というより、そんなに単純じゃありません。
　自分ヒトリの力では、消化も吸収も排泄も十分にやってゆけません。助けが必要です。それでは、誰の力を必要としているんでしょうか。
　ドラえもんでしょうか。

　いえ、それは「腹のムシ」です。
　腹のムシといえば、この国では以前から腹のムシがおさまらないとか、腹のムシの居所が悪いなんていう表現で、その存在が知られていました。

　だれにでも、腹のムシがいます。
　それも中途半端な数ではありません。
　お母さんからオンギャーと生まれでた直後からすみはじめた腹のムシは、大人になると100兆匹ほどの大集団になっているといわれています。生まれが同じだから、誕生日もいっしょというわけです。ま、腹のムシは代々生まれかわっているので、正確には同じ寿命とはいえませんが。
　まず数に関していえば、自分自身のカラダをつくる細胞の数が60兆個なんていわれていて、いや最近の研究では37兆個くらいなのではないか、と下方修正されてきているので、腹のムシがいかに大集団かということです。自分のカラダをつくっている細胞の数より圧倒的多数です。
　民主主義政権下であれば、自分の全細胞の意向より、腹のムシの意向を尊重しなくてはならないのです。多数決で採決するならそうなります。どっちが主役なのか。腹のムシが生きるためにヒトをやしなっている、なんてことではな

いでしょうが。
　なお、腹のムシのことを、教科書的には腸内細菌群とかフローラなんてよぶこともあります。

　消化・吸収・排泄は、腹のムシとの共同作業であるということがわかってきました。自分の消化管もけなげでマジメですが、消化には腹のムシの協力が不可欠、吸収にあっても腹のムシは大活躍、排泄だって腹のムシあってのウンチです。ウンチの3分の1は、腹のムシなんですから。
　つまり腹のムシは、人体にとっての「土壌」です。
　農作業の基本は、土づくりです。いい土壌があれば、あとはお天道様と雨の力で、作物はグングンと育ってゆきます。逆に土を軽視するものは、いい作物にめぐまれません。

偏食をささえるもの

　世界各地の伝統郷土食をみてみると、素材も調理法も栄養分布もバラバラです。だって、土地や環境がちがえば、えられる食材がちがうのはあたりまえのことですから。
　でもそこには、おどろくべき共通点があったのです。
　それは自分の腹のムシと調和しているたべ物である、ということです。食材によっておこりうる栄養素の偏在は、腹のムシの分泌なども加わって、必要なものが補われてゆく。結果として、生きてゆくのに問題は生じてこない。
　これが各地の「伝統食」のすばらしさ、だったのです。
　伝統食は、その地にくらす人の腹のムシとの共存と共同作業が前提にあったのです。その地で、その地のたべ物を、その地の人のようにたべ、その地にみあった腹のムシをはぐくんでゆければ、くらしてゆける。ですから、はじめて訪れた土地で、いきなり現地の人とおなじ食事をとってもしっくりゆかないことがある、のは当然のことでしょう。自分の腹のムシが、その地の食事と同化して、はじめてその地の人間になれるのです。

ウシはなぜ草をはむだけであれほど大きくなれるのか。ウシの中にすむ腹のムシが草だけでは得られない他の必要な栄養素をつくりだしてくれているからです。腹のムシがいてくれてこその命だったのです。
　肉しかたべないライオン、笹しかたべないパンダ。
　偏食のウラには、固有の腹のムシの活躍があったのです。

　いい土がいい作物をはぐくむように、人もいい土壌を必要としています。その土壌の正体が腹のムシだったのです。ですから、いい土壌をはぐくむように、いい腹のムシを育てましょう。腹のムシが尋常じゃなく、そのために体調をこわしている方もいます。その治療法に、いい腹のムシとくらしている人のウンチをいただくという「便移植」も実用化されてきているのには驚かされますが。

　日本の伝統食は、和食です。といっても、寿司、天ぷらではありません。
　本来の和食というのは、田舎のバアちゃんがせっせとこしらえて、毎日たべさせてくれたものです。ミソ、醤油、漬け物、干物、納豆、どれも伝統ある発酵食品です。腹のムシそのものじゃないですか。そして腹のムシの好きな食物繊維群。それらが、わたしたちのお腹にいい土壌をつくってくれていたんです。
　腹のムシを育てるものをいただいていますか。
　腹のムシがよろこぶたべ方をしていますか。

　たとえば、オニギリを考えてみましょう。
　家でつくれば、ゴハンを塩でまぶして中にウメボシを入れ、ノリでつつんでできあがりです。形のセンスを問わなければ、簡単です。
　では、コンビニやスーパーで売られているオニギリはどうでしょうか。成分表をみてみましょう。カタカナで書かれた、実にさまざまな成分がてんこ盛り、ということに気がつくはずです。これらは、法律で表示が義務付けられた添加物です。表示義務のないものは記載されていません。お弁当やお惣菜も同様です。
　さらにここにいたる前につかわれた消毒剤、抗生剤、遺伝子組みかえ素材、などの情報は不明です。

欧米では、小麦（グルテン）によるアレルギーや体調不良をうったえる人が
ふえた結果、グルテン含有の有無の表示がふえています。小麦は、遺伝子組み
かえ操作がもっともすすんでいる作物のひとつです。遺伝子操作の目的のひと
つが、生育過程で攻撃される菌やウイルスをやっつけてやれ、という機能で
す。そして、腹のムシの正体も「菌」です。

添加物表示にたいしては、気にしすぎという人もいます。たしかに、少々の
毒物がカラダに入ったとしても、人間は簡単に障害されないでしょう。でも、
腹のムシたちにとってはどうなんでしょうか。腹のムシへの毒性、なんてこ
れっぽっちも考えられていません。

現代人の腹のムシの数が減っています。半分以下の子供もいるようです。オ
ナカのはたらきだけでなく、健康状態そのものが心配です。

くわえて、消化管は３大奉行のひとつである免疫本部のおかれている場所で
す。免疫の異常をうったえる人が増えていませんか。アレルギーも、アトピー
も花粉症も免疫の不調です。これらが、腹のムシの悲鳴、というのは考えすぎ
でしょうか。

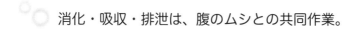 消化・吸収・排泄は、腹のムシとの共同作業。

活動のエンジン考

川をながめるのが好きです。

上流部の白くくだける激流、町をうるおす中流、海へとそそぎこむ広大な下
流、どこにも味わいがあります。

まだ若かった30代、道東の屈斜路湖畔に車をおくと、そこからはじまる釧
路川の流れにひとりカヌーでこぎ入り、河原にテントをはりながら、のんび
り５日かけて太平洋まで下っていったことがあります。５回ほどの沈没、夜の
真っ暗な闇やヒグマの恐怖、と死ぬような思いもしましたが、なつかしい思い
出です。

四国の四万十川では中流部の中村橋から３日かけて海まで流れつきました。

透明な水に浮かぶカヌーが、あまりにすんでいるものですから宙に浮かんでいるような錯覚におちいった瞬間の感動、広い河原にねころんで満点の星空をながめた夜、とこちらも最高でした。

　静かそうにみえて、川の流れは強力です。そんな流れをつくる原動力は重力エンジンです。重力が川の流れをつくる。
　車のエンジンは多彩です。ガソリンエンジンだけではなく、軽油エンジン、電気エンジン（モーター）、天然ガスエンジン、そして水素エンジン。人智が集約されています。

　それでは、わたしたちの「命の流れ」をにない、日々の活動をうみだすエンジンは何でしょうか。現在わかっていることでは、２つのエンジンがあげられます。
「脂質系エンジン」と「糖質系エンジン」です。そう、人は元祖ハイブリッド車です。
　基盤をになっているのは、脂質系エンジンです。うまれたときからの主役エンジンであり、生涯にわたって「命の流れ」をつかさどる主要エンジンです。眠っているときも心臓や肺がちゃんと休むことなく活動してくれているのは、主にこのエンジンによるものです。
　一方、糖質系エンジンは成長とともに、とくに生殖能力とともに活躍をまし、日常活動をささえ、やがて歳とともに出力をゆるめてゆきます。

　現代人の多くは、糖質系エンジンへの依存度が高まっています。糖質系エンジンの燃料が豊富にとれる時代の結果でしょう。
　自分の中で、どんなエンジンの使いわけがなされているのか、どっちのエンジンをメインに活用しているのか、なんて考えるのも楽しいものです。

　今のランニング界の主流は、時代を反映して「糖質系エンジン」でガンガン走ろう、でしょうか。
　糖質燃料、たくさんすすめられていますものね。
　とくにレースの際は、本番数日前からお米やパスタなどの炭水化物をたくさんとろう、レース直前はおモチやゴハン、ウドンなどの白物燃料の補給にいそしもう、走っているあいだも糖質かかすべからず、なんて指導をよく耳にしま

す。
　たしかに、大きな糖質系エンジンでバリバリ走る、かつてのアメ車みたいな馬力ある若手モリモリランナーには有効な方法なんでしょうね。わたしのような、かれつつある中高年ランナーは、糖質系エンジンは低下の一方なので、よくわかりません。

　話はかわりますが、野生動物のメインエンジンは、原則として脂質系エンジンです。
　だって、どんなときに活動しますか。
　オナカがすいてきたら、です。これはエンジンがガス欠をおこしはじめましたよ、というカラダからの声です。そこで、獲物をさがしにゆくか、とエンジンに火がつくのです。
　このとき、パスタやおモチをたべることができれば、計画中止。エネルギーが充満したのですから。オナカいっぱいなので一休みです。
　しかも野生の世界には、食料の安定供給制度はありません。場合によっては、何日もたべられないこともある。でも、脂質系エンジンなら動きつづけることができます。
　はい、脂質系エンジンなら、供給なしに月の単位まで活動できます。糖質系エンジンだと、これが１日もたないこともあります。そのくらいの燃費の差があります。
　野生動物は脂質系エンジンをもとに活動しているから、野生で生きてゆけるのです。
　武士は、２種類いました。
　ハラがへってはイクサはできぬ、といったのは糖質系エンジン武士です。
　武士はくわねど高ヨウジ、といったのは脂質系エンジン武士です。

　だれだって、オナカがすいてきたから活動するという生活をつづけていれば、脂質系エンジンが主体にきりかわってゆきます。もともと生まれたころは脂質系エンジン主体で育ち、エンジン停止、つまり命の最後まで基盤をしめるエンジンなのですから当然のことです。
　それが、依存性のある糖質にばかりたよりすぎていると、脂質系エンジンの力は相対的にへってゆきます。両者が競って巨大化しよう、とはなりません。

ボディーはひとつですから。

　メキシコの山岳地帯にすむ山の民、タラウマラ族は脂質系エンジンを主体にくらしていると思われます。なんでそんなことがいえるのか。高原の豆類などの糖質リッチではない植物を主体とするシンプルな食事をみてもわかります。
　そして乾いた畑をたがやしつづける、水場までおりて毎日水をくみ、マキを背負って山道を歩く。ある意味、根気のいる持久系の仕事です。それらは、脂質系エンジンが得意とする分野です。
　かつて、その名声をきいてメキシコ政府はタラウマラ族の人を、オリンピックのマラソン選手に選出したそうです。
　結果は、思ったほど、かんばしくありませんでした。
　走ったあと、ランナーがポツリとつぶやいたそうです。「あと100キロ走らせてもらえれば勝てる」と。
　うーん、奥がふかい世界の話になってしまいます。
　実はケニアで走っているランナーたちの食事も、どうやら脂質系エンジン向きのようなんです。カラダのちがいとか、住んでいる標高の高さなどに注目が集まりやすいですが、たべ物やたべ方にもっと着目してもらえると興味がふかまります。
　それにつけても、マラソンで1等賞をねらうか、そのあとの100キロを走れるカラダをめざすか。自分でえらびましょ。わたしには、どっちも無理な世界ですが。

エンジンのしくみ

　人の活動をエンジンにたとえてみましたが、クルマのエンジンとは決定的にことなるところがあります。人のエンジンは、直接にタイヤをまわすものではない、ということです。タイヤ、ついてないし。
　そういう具体的なしくみではないんですね。カラダの細胞が活動するためのエネルギー源をつくる、という仕事です。ちょっと抽象的です。人のエネルギー源は、ATP（アデノシン三リン酸）です。これを使って、細胞は活動する

ことができます。うーむ、そういうものか、と納得しておいてください。くわしいことは生物学の本にでています。
　ですから、どのようにしてATPがつくられてくるのか、というのが着眼点となります。
　そこで、糖質を例にあげてATPがつくられる行程をみてゆきましょう。

　糖質は消化の過程で分解されて、最終的には「ブドウ糖」になって吸収されます。吸収されたブドウ糖は血流にのって全身をめぐり、膵臓から分泌されるインスリンのはたらきによって、細胞内へ入ってゆきます。
　細胞内へ入ったブドウ糖は、細胞質で代謝されて「ピルビン酸」にかわります。この過程を「解糖系」とよび、ここで2つのATPがつくられます。
　ピルビン酸は、このあと「酸素」と結合して、ミトコンドリア内へとりこまれてゆきます。ミトコンドリアに入ったピルビン酸は、ピルビン酸脱水素酵素のはたらきによって「アセチルCoA」というものにかたちをかえることで、次のクエン酸回路（TCAサイクル）に入り、ここでも2つのATPを産生します。すると次に電子伝達系に組みこまれ、ジャラジャラと34個のATPがつくられてゆきます。
　つまり合計すると、ブドウ糖1分子は、2＋2＋34＝38個のATPをつくる、ということです。

　この過程で着目していただきたいのは、細胞質内にとりこまれたブドウ糖がミトコンドリア内に入ってゆく手形として「酸素」が必要だという点です。
　つまり、酸素があれば一連のATP生産ラインにのって、ひとつのブドウ糖から38個ものATPをつくれるのです。酸素が必要なので、この生産ラインを「好気性解糖」とよびます。
　じゃあ、酸素がたりなかったらどうするのか。
　当然、ミトコンドリアに入ってゆくことはできません。
　細胞質で2つのATPをつくったブドウ糖はピルビン酸にかわると、その後は乳酸へと姿をかえ、肝臓へともどされてゆきます。肝臓では、このつくられた乳酸を再びブドウ糖に作りなおしてゆきますが、このやり直しに6つのATPを必要とするんです。この機序を「コリサイクル」といいますが、2つ作って、6つ使う、都合マイナス4個の赤字経営となります。こっちの流れは

酸素に関係しないことから「嫌気性解糖」とよばれています。

　ごぞんじ、有酸素運動、無酸素運動の本質にふれてくる「糖質系エンジン」の２つの顔です。効率の差、わかりますね。

　無酸素運動がつづかない理由、アナコンダに追われて全力疾走してもすぐに走れなくなる理由はここから導きだせます。

　糖質を目一杯つめこんだとしても、無酸素運動をしていたんじゃ、ガソリンタンクに穴があいたまま走っているのと同じようなものだ、なんていっちゃ失礼ですかね。

がんの栄養

　がん細胞は、すべて「嫌気性解糖」系をつかってエネルギーを得ています。がんになるとやせてゆく、というのはカラダの中にできたがん細胞集団が嫌気性解糖というマイナス収支でガシガシ活動してゆく結果が大きいのです。税収がマイナスなのに、じゃんじゃん公共工事や投資などに金をばらまいているある国のようです。

　なぜ、がん細胞は効率のよくない嫌気性解糖をしているのでしょうか。

　その理由は、まだよくわかっていません。

　ひとつの仮説として、「アポトーシス回避説」があります。「アポトーシス」というのは、プログラムされた細胞死、といわれています。細胞は、自身の遺伝子が傷つくと修復につとめますが、修復できないとさとると自らに組みこまれたプログラムを起動させて自身をこわしてゆくしくみを内在させています。ほかの細胞との調和を保つための大切なはたらきです。このしくみをアポトーシスといいます。

　このアポトーシスには、ミトコンドリア内でATPをつくるときにつかわれる物質が重要なはたらきをしています。がん細胞は、そこに触れたくない。触れたら、「おい、オマエの遺伝子おっかしいじゃないか」と判断されてアポトーシスされてしまいかねないからです。ですから君子危うきに近よらず精神で、ミトコンドリアに入る好気性解糖をさけている、という説です。そして、

だからがん細胞は生き残ってゆく。

　ずるがしこいです。しかし、それゆえに、カラダの中でのさばれるのです。たくみだなあ。

　こんな身勝手ながん細胞のあおりをくっているのが、ふつうの善良な細胞群です。がん細胞が栄養を勝手に大量消費するので、自分たちの分までまわってこない。十分な活動ができない。結果としての、だるさ、つらさ、きつさ、やせです。

　がんになるとやつれてゆくけれど、だからといって栄養をふやしてもがん細胞が元気に育つだけでかえって逆効果、なんていう誤解があります。

　いえいえ、ふつうの細胞たちがしっかりと好気性解糖ができれば、元気はとりもどせてゆけます。だって、がんの一番の死因は、栄養失調によるもの、といわれているのです。じゃあ、どうしたら好気性解糖をうながすことができるでしょうか。

　ひとつの方法が、好気性解糖へとみちびく栄養素の補給です。これらががん細胞の大量消費によって不足してくるので、ますます好気性解糖への道がせばまってくるからです。

　まずはビタミンB_1。これがピルビン酸脱水素酵素をはたらかせ、ピルビン酸を好気性解糖へといざないます。つぎにクエン酸回路から電子伝達系への橋渡しにはコエンザイムQ_{10}という補酵素が必須になります。さらにL-カルニチンが加わると、脂質エネルギーもクエン酸回路に導かれてゆきます。

　一方、がん細胞がおこなう嫌気性解糖系からつくられる乳酸をもとのピルビン酸にもどすためにはBCAA（バリン、ロイシン、イソロイシン）やクエン酸の力が必要になります。

　この「好気性解糖」へのみちびきと、「嫌気性解糖」からの回復に必要な栄養素をどちらもうまく配合したものが、大塚製薬の「インナーパワー」というゼリー状の飲みものです。

　がん患者さんにとっていただくと、活動性や予後の改善に効果がみとめられている、という報告は学会でも報告されています。

　いえ、対象はがん患者さんだけではありません。慢性呼吸不全となって酸素療法が必要な患者さんたちにも、いい結果がみられています。息苦しさがへっ

てくる。

　はい、医学の話が長くなってしまいました。
　進行がんや慢性呼吸不全では、嫌気性解糖がエネルギー代謝の主役になってしまうことで体力の消耗をきたしてゆきます。ですから好気性解糖をいざなう栄養素をおぎなうと元気がでてくる、という話でした。
　わたしのいいたいことは伝わってくれましたか。

　オーバーペースのランニング、長い距離のランニング、などではカラダの中で、かなりの嫌気性解糖が生じています。つまりがん患者さんや慢性呼吸不全患者さんの代謝にかぶさる部分がみられている。一時的ではあっても、がん細胞がカラダの中で活動したり、呼吸不全で栄養が枯れていったりしているのと同じような変化がおこっている、ということです。
　だったら、がんや呼吸不全時の栄養対策が利用できるかもしれない。病気とランニングとの接点がみえてきませんか。
　学問の世界は、興味がつきませんね。ああ、楽しい。

カロリーって、いったい。カロリーどんぶり勘定論

　理科や生物で学んだことですが、モノをもやすと熱がでます。つまりエネルギーが発生します。これを「熱量」といいました。基準が必要となりますが、水1ミリリットルを1℃上昇させるエネルギー量を1カロリーとしました。
　するとタンパク質1グラムを燃焼させると4キロカロリー、糖質なら4キロカロリー、脂質1グラムは9キロカロリーの熱量をもっているということがわかってきました。
　ここまで、よろしいでしょうか。たしかに、アブラが一番よくもえそうな気がします。

　こういう知識が身につくと、いろんなことがいえるようになります。気持ちいいですね。

第六章　走りとのつきあい方、三題噺

　たべ物のなかでは、脂質がもっともカロリーが高い。
　今日のお昼の外食は、850キロカロリーという表示のあった定食をたべた。
　糖尿病だから、1日1600キロカロリーの食事にしなさいと制限されているんですよ。
　マラソンを1回走りおえると、約2500キロカロリー以上を消費します。
　1キログラムをやせるためには、脂肪を7000キロカロリー以上消費しなくてはならない。

　すばらしいと思いませんか。
　カロリーという指標をつかうと、いろんなことがいえるようになります。
　でも、ちょっとまってください。
　カロリーというのは、もやすことで水の温度を何度あげることができるか、という約束です。モノをもやした「熱量」であり、「温度」です。わたしたちは、オナカの中にストーブをもっていて、たべたものを本当にもやして生きているわけではありません。蒸気機関車じゃないんですから。実際にもやしてしまったら、ヤケドです。
　「命の流れ」のなかで、個々の細胞内でおこなわれている栄養分の「活用」という代謝過程は、ものをもやすというような単純なしくみでなりたっているわけではありません。もっともっと、複雑、巧妙、精密、緻密です。
　どのくらいの複雑さなのか、といえば、そう簡単には示せないし、語れないし、評価しがたいといっていい、むつかしさです。実際、今の科学や医学や栄養学をもってしても、いまだに、正確には記述できません。当然、数値でポンとは示せません。
　たしかに油を1グラムもやせば9キロカロリーの熱を発生させることはできるでしょうが、カラダの中、細胞の中では、そんな単純に活用しているわけではないかもしれない、ということです。つまり、カロリー数だけでカラダの代謝は語りつくせないのです。

　くわえて、たべ物のカロリー換算法の多様性です。
　たとえばトマトのカロリー。太陽のもといい土壌で育った天然のトマトと、大量の人工肥料、消毒薬、防腐剤などにまみれてつくられたトマトのカロリーが同じになることはありません。直販所の季節の露地栽培モノと、日もあ

たらないハウス栽培モノは同じにはなりません。バラバラだよ、ということです。

　人間のオナカに入ってからも、多様性があります。まずは、吸収の差。体調のいいとき、悪いとき、調理法、たべ方、などで吸収の差は日常茶飯事です。
　吸収してからも、細胞内でどのような効率で栄養を利用できているか、このあたりになりますともうついてゆけません。甲状腺ホルモンや副腎皮質ホルモンの分泌量の差なども関係してくる世界です。

　考えてみますと、カロリーの世界ってなんてどんぶり勘定なんでしょう。
　いえ、だからカロリー計算は無意味、といっているわけではありません。大切な指標であることに間違いはありません。ただ、数値に振りまわされすぎないでゆきましょうね、といいたいのです。栄養は、たべ物、たべ方、たべる人、たべる状況、たべる体調、などさまざまな因子で多様性をもつものである、というくらいの認識で謙虚になろうよ、という姿勢でいかがでしょうか。

　安易にわかったつもりにならない、ということは本書のコンセプトでした。ここでも、わからんものは、わかったつもりにはならない、という立場ですすみます。

　これは、糖尿病や高脂血症などで、マジメにカロリー制限を実行しているのに、なかなか成果が思わしくない、という方には実感していただきやすいと思います。うまくいかないからといって、思いつめる必要はなかったんです。方法論がまだ追いついていないのが原因なのですから。

　カロリー神話にふりまわされすぎない。
　だからといって、カロリー理論は切りすてよう、ではありません。ふりまわされないで、ということです。
　食事で大切なことは、ちゃんとたべているか、動けているか、です。カラダは、きちんと答えてくれます。そして、何よりたべ方です。ありがたくいただきましょう。

たべ物は、カラダとエネルギーをつくる。
たべ方は、ココロをつくる。

　たべ物は、理屈よりも自分の感性を。

食 あっての毎日

　ほんの少し前まで、わが国で一番多くを占めていた職業は「百姓」でした。
　今は百姓の高齢化どころか、その存在自体がレッドリストにのるのじゃないかと心配されるような絶滅危惧種にまでなりかかっていますし、その前に百姓というコトバそのものが使われなくなってきてしまいました。
　百姓の本来の意味は「百の姓」つまり「百のワザ」をもつもの、というところにあるようです。身につけているワザの数をあらわしていました。
　米をつくる、麦をつくる、ダイコンをつくる、ネギをつくるワザ。
　それらを利用して、ミソをつくる、醤油をつくる、漬け物をつくる、ドブロクをつくるワザ。
　家をつくる、納屋をつくる、水の流れを管理するワザ。
　着るものをつくる、薬草をみつけて保存する、カマを使いこなすワザ。
　くらしのあらゆるこまごまとしたものをこなしてゆける「ワザ」。
　つまりくらし全般をまかなってゆける能力をもったくらしの達人に冠せられる称号でした。

　今のわたしたちは、そのうちの「一姓」も名のれません。多少は畑もやる田舎くらしのわたしだって、どのワザをとってもまだまだ未熟です。
　災害がおこったとき、ライフラインの確保が重要視されます。実際に、電気、水道、ガスなどが停止してしまうと、なすすべがない。
　くりかえしになりますが、わたしたちは、いったいいつから、こんなに弱くなってしまったんでしょうか。誤解されるかもしれませんが、ライフラインが止まったくらいで生活が立ちゆかない、なんて社会は尋常じゃありません。生

きてゆくための力がなさすぎです。
　生きてゆく、あるいは食べてゆくワザが伝承されていない、身についていない。教育の欠陥をわたしはここに見ています。
　だって、世界に目をむければ、ライフラインなんか何もない土地でたくましくくらしている人たちは大勢いるんです。
　この国のゆき方、あるいは教育や政治は、どこかで道をまちがえてはいませんか。

　くわえて、食の軽視です。
　食材の要件として、安ければいい、ただし新鮮でなければいけない、形が整っていなければいけない、きれいでなければいけない。そしてどこぞはうまいが、あそこはダメ。いいたい放題です。
　そんな市場に、苦労して育てたたべ物をだせますか。そんな消費者を相手に、働きたいと思いますか。結果として、食料自給率の低下に歯止めがかかりません。
　国が滅びるのは、人口がへってゆくことにあるわけじゃありません。ゼロになるわけじゃないんです。くらしの土台となる「食」をないがしろにする社会が、自分たちの首をしめるんです。食がしっかりしていれば、どんな小さな国だって成りたちます。「食」がくらしや社会の土台なのですから。
　食にまじめにとり組んでおかないと、ノンキに走っているどころじゃなくなってしまうかもしれません。

三題噺の第3話　走りと体調と故障

　カラダをこわすために走る、なんていう方はおりません。逆です。
　走れば元気もわくし、体力もつく。ココロにもカラダにもいいから走るんです。
　ところが、走ることで故障をおこすことがあります。もったいないことです。特に故障によって日常生活に支障がでるようなことになってしまったら本

末転倒です。
　とはいえ、故障というのも貴重な体験であり、学びの場です。決してマイナスとか失敗ととらえる必要はないと思います。
「私は失敗したことは一度もない。ただうまくゆかない方法を1万回学んだ」
といったのは発明家エジソンです。わたしも、うまくゆかない方法の経験数においては人後に落ちないつもりですが、それを学ぶことで、次のステップへゆけるような気がします。エジソンさん、最高です。
　走りと故障、となるとその内容は多岐にわたって、つかみどころがなくなってしまいそうです。そこで、「ふだんの走りの中での故障」と「レース中の故障」とにわけて考えてみます。

ふだんの走りの中での故障

　家のまわりを、あいた時間に走る、というような日常のラン生活の中で生じる故障は、多くは筋肉や関節などの痛みをともなう整形外科的なものではないでしょうか。
　足のウラが痛い、足クビが痛い、スネが痛い、ヒザが痛い、太モモが痛い、足の付け根が痛い、腰が痛い、とさまざまです。
　痛みのおこり方は、走っているうちにだんだんと痛みが発生して強まってきたというような内因的な痛みと、コケたりくじいたりといった外因的な痛みにわけられるでしょう。
　内因的な痛みをおこす原因となると、走り方に「不自然さ」があって、それにカラダがたえきれなくなってきたものと、「走りすぎ」による痛みにわけられると思います。カラダにみあわない走りすぎは、立派な故障要因です。
　これらが、ひとつ、あるいは複数の組み合わせによって、簡単にはなおらない痛みへと進化してしまうことがあります。

　ですから対応の基本は、どんな原因でおこった故障なのかをよく考え、原因に応じた方法をとることが賢明ではないでしょうか。不自然さに気づかずに無理していたのなら自然さを求めてみる、走りすぎなら少し自重する。ここを振

りかえらずして、痛みをわすれる薬や手技にはしっても解決にはむすびつきにくいでしょう。

そして大切なことは、よくなってきたから一件落着、さあおくれをとりもどすために前以上にガンバルゾ、ではないということです。
痛みや故障は、カラダからの大切なメッセージです。
そのメッセージにちゃんと耳をかたむけていましたか。そのメッセージに答えられる工夫を考えましたか。

大病をかかえて長い入院生活をおくり、ようやく回復して退院日をむかえられる方が、こんなことをいうことがあります。「やっとよくなりました。これで再びもとの生活へもどってゆけます」
若いころはスナオに聞けてお互い喜んだり、多少は自分も誇らしげになったこんなコトバも、今は、おいおいちょっと待ってください、とそのまま受けとれなくなってきました。
大病のどこかに、今までの生活の中でたまっていた無理が関わっていたかもしれません。だから同じくらしにもどれば、同じ負担がまたおこり始めてしまいます。病気をキッカケとして、生き方とか考え方も少しかえてみる、というのも大切ではないでしょうか。

走りの中の故障も、同じです。
故障には原因がある。そこをかえてゆかないと、なおってもまた同じことを繰りかえすことになりませんか。経験を学びの場にしてゆきたいものです。

レース中の故障

レースの中でも、おこる故障の多くは日常で経験しうる痛みをともなう整形外科的アクシデントが多くをしめるでしょう。いつもより力が入るぶん、また、いつもより長く走るぶん、そういう事態に遭遇する確率はたかまります。
一方、レースならではの故障となると、しばしば内科的障害が顔をのぞかせ

てきます。代表選手が、「脱水とツレ」に「胃腸障害」です。これから、この2点について考えます。
　まずこの両者の共通点ですが、それはどちらも「予防しうるもの」ということです。
　こういうことがおこりうるんだ、だからあらかじめおこる事態を想定して対策を考えておく。あるいは、おこりにくい工夫を考えておく。まず予防、次に予防、そして予防、が対策のキモになります。
　でもおきちゃったら、そのときはそのときで、まあジックリつきあうしかありません。おきちゃったら、速攻なおしてください、といわれても無理です。だって無理がかさなっておこった事態なんですから、解決だって時間もかかるんです。

走りと脱水とツレ

　生きている、ということはつねに「命の流れ」がつづいているということです。流れなくなったときが、死です。調息編でふれてきました。
　流れている、という表現からもわかるかもしれませんが、流れをになう主役は「水分」です。全身をめぐる血液のめぐりもそうですが、血管をでた生命活動そのものをになう細胞内の代謝も水分の流れがあってこその活動です。
　水分、水分、水分。水を制するものが代謝を制する。ちなみに水分オタクの世界では、カラダの中の水分を細胞内と、それ以外の細胞外にいつもわけて考えようとしています。水分といっても、細胞内と細胞外で組成や働きがまったくちがうからです。そして、このちがいが浸透圧の差をうんでモノの移動をになっているんです。

　走りの世界では、「脱水」というコトバをしばしば耳にします。
　脱水というのは、細胞内の水分不足のことをさします。細胞の中が水分不足でこまっていない場合は脱水とはいいません。ケガでジャージャー出血していても、細胞外の水分のひとつである血液がたりなくなるだけでしたら脱水ではありません。

走りつづけていますと、汗はかくし、水分をとるチャンスは多くはないし、で往々にして細胞外の水分がへり、結果として細胞内の水分までへってゆきます。どのくらいの水分がなくなるのかは、走る前と直後の体重の差を計ってみればおおよその消費量がわかります。
　約1キログラムの体重減少がみられていたら、1リットルの水分がマイナスになった、と考えられます。一回走ったくらいで、体脂肪はほとんど減りません。つまり、やせて体重が軽くなったというわけではありません。

　水分は「命の流れ」をになう主役ですから、水分の不足はそのまま命の活動に影響をおよぼします。命の流れは、生命活動そのものでもあるので、あらゆる活動に影響がおよぶということです。アタマもちゃんと働かない、胃腸もちゃんと働けない、筋肉だって動かない、もちろん心臓だって、腎臓だって、ということです。全身がスルメ化してゆくのは、当然のことです。進めば、命の流れの停止です。
　ということは、脱水になるとアタマがボンヤリしてきますか。
　はい、当然なるでしょう。
　では、はじめからボンヤリしている人は、慢性脱水なんでしょうか。
　多分、ちがいます。
　じゃあ、そういう人は走って脱水になっても、わからないじゃあないですか。
　いいえ、はじめからボンヤリしている人は、多分走りません。

　ランニング中の細胞内の水分不足で目立ちやすいのが、足の筋肉細胞の活動変化でしょう。
　本来、供給されつづけなくてはならない水分の絶対量がたりない、くわえて走りつづけたことで組織の微小断裂もおきていますから壊れた痛みと細血管の流れの障害という循環障害がくわわってきます。すなわち、人体のなかで、代謝障害、断裂障害、循環障害という3大障害が同時にもっとも強くあらわれる場所が足です。
　その結果、ちぢむ、ゆるむという本来の筋肉細胞のはたらきがうまくゆかなくなって多くはちぢみっぱなしになってしまう。これが、足のツレですね。ふくらはぎにおこると、こむらがえりといわれます。ひどくなると、足全体ある

いはオナカまでつることもあります。モーレツに痛い。大声をあげてしまうほど痛い。
　あ、わたしは大声はあげません。痛がりません。ツッているランナーの横にいるときは、ですが。

　このとき肝要なのは、水分不足による代謝障害や微小循環障害が足でくりひろげられているわけですが、それは足だけに限られていないということです。全身にも水分不足はちゃんとおこっている。
　くわえて、それから水分を飲んでも、点滴で水分を補給しても、最初に補給される場所は細胞外です。そこから、ジワジワと細胞内に移動してゆきます。
　さらにくわえて、足の筋肉細胞には微小断裂もくわわっているため循環障害がおこっている。とった水分が流れてゆきにくい。水分の流れに一番のりにくい場所が足です。
　ですから脱水になりました、足がガンガンにつっています、となってからじゃ速攻よくはなりません。時間がかかるんです。いっぱい足りていないからです。流れの道がこわれているので、細胞内に直接補えないからです。しばらくガマンしていただくよりほかありません。はやくなおしてください、それは無理な注文です。ゆえに、予防なんです。

　脱水と足のツレ「予防」には漢方の「芍薬甘草湯」がいい、という知識がいきわたってきました。
　この漢方薬は、芍薬と甘草という２つの生薬からなります。構成生薬そのマンマの名前のつけ方なので、わかりやすいです。漫才の「やすしきよし」みたいなものです。ちょっと古いですか。
　芍薬は、立てば芍薬、すわれば牡丹、歩く姿は百合の花、とうたわれるアノ芍薬です。リンと背すじをのばして先に一輪の花をつけることから、立ち姿が美しい。そう、立っているんです。ただし薬として使うのは根っこです。

　芍薬は筋肉の収縮をやわらげる、というはたらきをもっています。
　筋肉のツレをなおす、ゆるめる。
　ですから、足のツレ、まさにドンピシャです。それにしても、筋肉は全身に600個ほどあります。いがいと、わけへだてなくゆるめてくれます。

オナカの筋肉ががギュッとしめつけられるような痛みにもいい。冷えたり生理痛のとき、ギュッとくる人いませんか。

首まわりも、ギュッときやすいところです。首まわりは、あたためると楽になります。あたためやわらげてくれる生薬として、クズがあります。クズを漢方用語でいうと葛根です。ゾクゾクして首がはってきたカゼの初期には葛根湯。葛根湯の主成分は、クズと芍薬です。五十肩のハリにもいい。

一方、甘草は痛みには関係しません。

きかないのに、なんでいっしょにいるんだ。こういう人が、まわりにもいませんか。なんでこんな人がこの集団や職場やサークルにいるんだろう、って。はい、わたしもその一人です。

なんてバカにしてはいけません。甘草は漢方薬の多くに配合されているチョー引っぱりだこの人気選手です。甘草なくして漢方薬の世界はなりたちません。

甘草のはたらきは、細胞内に水分をたくわえること、です。

わたしの発見ではありません。

大昔から、知られ、活用されてきました。

アレクサンダー大王は、兵士に甘草入りの水をのませていました。砂漠地帯をふくむ広大な土地を支配してゆくためには、兵士の脱水対策は必須要件です。でなきゃ、戦えません。砂漠を旅するなら甘草。忘れないでください。

日本では、製鉄所の人が甘草入りの水をのみながら働いた、というのも有名です。汗だらだらのきびしい職場にいかされたアイディアです。かしこいですね。

多くの漢方薬には、甘草がふくまれている。

ということは、それらの薬を必要とする人の多くが、水分不足におちいりやすい状況にあった、ということです。水道もペットボトルもない時代に成立した処方なんですから。

ところが、現代は状況が一変しています。水をとる状況はどこにもある。たりない、と思われればすぐ点滴。そして心不全や腎不全といった水分をさばけない病態の蔓延化。

そんななかで、水分があまってダボダボ気味の人に、甘草入りの漢方を連日のませて、むくんだとか副作用がでたなんてさわがれることがあります。これ

は副作用ではないですよね、「誤用」です。甘草さんが、かわいそう。

　という知識が整理できると、芍薬甘草湯の「のみ所」がわかります。
　はい、「脱水」になるかもしれない、筋肉がつるかもしれない、という状況「前」です。深夜に足のつるお年寄りは寝る前、血液透析中や直後に足がつりやすい患者さんは透析に入る前の予防的内服などが典型例です。お年寄りの中には夜間にオシッコにおきるのがつらいので夕方から水分をひかえる方がいます。血液透析はそのものズバリ水分除去の治療です。つまり脱水状態が先に予想されるとき、です。

　そして走るんだったら、走る前。
　夏のレース前、長距離レースの前や途中、などでしょうか。場面を考えて頓服でつかう。走っているとフラフラしやすい、疲れやすい、足がツリやすい、というような自覚症状をおもちのランナーはためされてみてはいかがでしょうか。

　また、かるい脱水症状やツレの場合でしたら、口の中にふくむようにして飲む、という方法で即効性を期待できる場面もあります。腸の粘膜までいっての吸収より、入り口である口の粘膜の吸収力に期待する、という理由です。

　とはいえ、強い脱水やツレが発生してしまったら、どんな方法をもってしても、なかなか即効性のある対応は困難です。じっくり回復をまつ、という姿勢への切りかえが必要になります。脱水の回復には時間がかかるんです。それでも、芍薬甘草等はいくらかの症状をやわらげてくれる可能性はもっている、と思ってはいます。

走りとオナカの急な不調

　走っていて、とくにレース中などの日常よりはちょっとキツイ状況、ガンバっちゃう状況でオナカに異変をおこしたことはありませんか。

具体的な症状でいえば「痛み」「吐き気」「嘔吐」「ゴロゴロ感」などです。これらが、ふだんの生活ではみられないのに走っていて出現してきた、という意味です。
　その主な原因は胃が中心となった障害、と考えられます。
　走りつづけていると、想像以上に胃は酷使されるんですね。

　本来であれば、本格的な身体活動をはじめるのは、胃が空っぽになったときです。オナカがすいた、さあてエモノををさがしにゆかなくっちゃな、という段取りです。
　野生動物では常識です。
　これは「胃腸」からみても、合理的な行動です。
　身体の活動性が高まるときは、「命の流れ」は四肢・体幹の筋肉を中心としたカラダの活動部分を優先します。だって、働く主役だからです。そこに血流をまし、栄養を優先させるんです。
　当然、胃腸系では「命の流れ」が低下しています。それでも、本来は空っぽだからかまわないのです。
　そしてたべ物が手にはいったら、たべたものは胃腸へ入ってゆきます。ここからは胃腸が主役に切りかわります。「命の流れ」は胃腸のほうへ優先順位を変更してゆきます。手足は、おやすみ状態へと入ってゆきます。いわゆる食休みです。
　野生動物をみれば、すなおにそうしています。

　ところがレースのときはどうでしょうか。
　走る、という行為のために「命の流れ」が四肢・体幹の方にかたむいているときに、本来は休んでしかるべき胃腸に「飲み物」や「たべ物」が一気に流れこんでくるのです。しかも、入ったあとも走りつづける。くわえて、走る前からしっかり食べよう運動がさかんにいわれているご時世です。
　自然の生理に反した行為である、というのがおわかりになるでしょうか。本当なら、胃にモノが入ったらカラダは休ませたいのです。
　わかっちゃいるけど、やめられない。植木等です。スーダラ節の世界です。
　当然、胃腸は酷使される状況下におかれます。でもあんまり無理はしないでね、限界だから、というカラダの声が痛みや吐き気や嘔吐となってあらわれる

のです。

　ですから、オナカの不調があらわれたら走るのをやめる。今日はココまで、が良い子の正しい判断だと思います。それがいいんです。望ましいのです。
　でも、まだ走りたい。ゴールを目指したい。途中でやめたくない。
　まあ、困ったちゃんの状況ですが、人生ではこんなことはいくらでもあります。正論だけが正しいわけじゃありません。調子わるくてもガンバってみる。だから、もう少しよくなってくれないか。

　この予防策、として「安中散」という漢方薬を紹介させていただきます。アンチュウサンと読みます。べつに、わたしが安中市に住んでいるから推薦というわけではありません。
　中（チュウ）というのは、上中下の中、まん中です。つまり「オナカ」です。オナカを安んじてくれるお薬、というこれも名は体をあらわす薬です。
　安中散は7つの生薬からなる漢方薬です。7人の侍です。多いです。たくさんいます。でも、「えーい、もうひとつオマケだ、もってけドロボー」とさけんでいるアメ横のオニーサンのノリではありません。みな意味がある。昔の人はえらかった。

　7人の侍の1番手は「良姜（りょうきょう）」です。いい香りのするショウガです。カレーのスパイスとしても活躍します。いい香りは胃の興奮をやわらげ、吐き気や消化不良をやわらげ、痛みをも安んじてくれる働きがあります。
　2番手は「縮砂（しゅくしゃ）」です。これもショウガの仲間です。いい香り。その結果、胃酸の出過ぎをおさえ、消化をゆったりとさせ、胃を休ませてくれます。
　3番手は「茴香（ういきょう）」です。これはセリの仲間で、セリも独特のいい香りをはなちます。いい香りはオナカも気分も休ませてくれます。口臭にもいい。関係ありませんが、古代マラトンの丘には一面に茴香が咲いていたそうです。茴香の丘なんですね。マラソンの故事になったところです。そして古代ギリシャ人は茴香のことを「マラトン」とよんでいたんだそうです。伝令を伝えて息絶えたエウクレスさんが、もしこの茴香をかじりつつアテナイに向かっていたら、マラソンの歴史がかわっていたかもしれません。
　4番手は「桂皮（けいひ）」です。八ツ橋やアップルパイにもはいっているシナモンで

あり、これもいい香りです。胃を休める。そして胃の痛みを止め、血流をよくする働きもあります。あたたまるので、カゼのときにもいい。桂皮の葉っぱをたばねた月桂冠はマラソンで一等賞をとると頭にのせてもらえます。のせるのは頭ですが、実は、オナカにいいんです。腐りにくくする働きもあるのでミイラ制作にも使われていました。

　5番手は「延胡索（えんごさく）」です。高山植物の女王ともいわれるコマクサの仲間で、アルカロイドの成分をふくんでいて痛みやケイレンをやわらげてくれます。ケシの親戚、でもあります。なんだか効きそうですよね。麻薬じゃありません。

　6番手は「牡蛎（ぼれい）」です。カキの貝ガラをくだいたものです。カキは貝も役にたつんです。炭酸カルシウムを多くふくみ、胃酸をうすめて胸焼けやむかつきや胃痛をやわらげてくれます。ひいては、ココロまで落ち着かせてくれます。不安や不眠の人にも効果があるといわれています。

　7番手は、「甘草（かんぞう）」です。芍薬甘草等ででてきた生薬です。水分、ひいては血流もうるおわせてくれます。ここでも活躍。

　これら、個性ゆたかな生薬軍団チームが安中散の正体です。

　走りながらの飲み食いというのは、オナカを冷やす、無理強い、の連続です。その結果、必要な消化液をだしながらじっくりこなしてゆくという本来の働きがむつかしくなっています。すすめば、胃の粘膜はただれ、痛みを生じ、てっとり早く胃の内容物を処分しようと吐きだす指令となるんですね。

　こういう、走っていてオナカがさし込む、さわると冷たい、ムカムカゲー、なんていう「ランニング途中の急性胃腸障害」にどうしたらいいか。

　すなおに考えれば、あたためて、リラックスさせて、血流を保たせて、痛みをやわらげる集団の一致団結力に期待する。その一助としての安中散です。

　言い方をかえれば、ランニング中の胃腸症状は「休めない強いストレス状態下の胃腸障害」の一種です。こういう状況ってふだんの生活のなかでも少なくありません。複雑な人間関係は、いつの時代もどこにでもあるものです。

　だから、昔から、安中散は愛用されてきたのです。社会の基本は、昔も今もそうかわっていない、ということなのでしょう。

　ですから、今も残っている。愛用されている。

　たとえば、漢方薬局にゆかなくても、タケダのストレージタイプⅠ（胃腸）は、安中散そのものです。太田漢方胃腸薬の骨格は安中散です。粒にしたのも

第六章　走りとのつきあい方、三題噺

ありますから、携帯に便利です。大正漢方胃腸薬にいたっては、安中散と芍薬甘草湯をまぜたものです。

　オナカが心配なときは、走る前に2〜3回分くらいを飲んでおく。おかしくなりかけたら、早めに追加して飲む、です。ひどくなってしまったら、どんなテを使っても、時間と手間がかかるんです。予防が大切、早めが大切。

なぜに漢方なのか

　古い人間だから、古い処方が好き、というわけではありません。
　古いやつほど新しいモノを欲しがるもんでございます、って鶴田浩二さんじゃありませんが、古い、新しいではないんです。
　西洋薬と漢方薬のちがいに着目してみましょう。
　両者の概念は、パソコンやスマホのOS（オペレーティングシステム）のちがいのようなもの、と表現されることがあります。パソコンにはウィンドウズやマックとかがあって、同じ目的で使用していますがソフトは別です。ウィンドウズのソフトはそのままマックのパソコンでは使えません。スマホも、アンドロイドとiOSとでちがいます。でも、目的は同じです。
　西洋薬と漢方薬の関係も、同様にまったく別次元のシロモノというわけではありません。人間をみる、のは同じです。ちがうのはOSだけです。
　たとえば、「命の流れ」の3大奉行として、西洋医学的見地から自律神経、免疫、内分泌の役割を紹介させていただきましたが、これって漢方でいう「気血水」という3つの概念とじつに重なっているんです。逆にいうと、何千年も前から3大奉行のはたらきを見抜いていた達人が漢方の世界にいた、ということにビックリです。

　西洋薬は、基本的に「代謝を分子レベルでかえる」発想をもっています。とくにお得意なのは、「代謝を断ち切る」です。薬の内容をみてみると、阻害剤、ブロッカー、拮抗剤なんて名前でいっぱいです。補充材はごくかぎられたものだけ。
　断ち切るわけですから、結果はスッキリあらわれやすい。

痛みに「ロキソニン」という薬が有名です。最近じゃ、コンビニでも手に入ります。
　かつてのナイキサン、ボルタレンを凌駕し、ご愛用者がたくさんいらっしゃいます。しかも、その次の世代の新人薬もでていますが、いまだにその人気のかげりはみられません。芸能界をいまだ第一線で生きぬくベテラン演歌歌手の風貌さえ感じられます。
　愛される理由は、効き方にあるようです。のむと、グーッときて、痛みがすーっとひいてゆくんだそうです（すみません、わたしはのんだことがありません）。潮が引いてゆくように痛みが薄れてゆくという感覚はロキソニンが一番、といってファンが多いんです。二日酔いにもきく、という愛用者もいます。その後、理論的には胃もあらさず効果も強い新しい薬もでていますが、なかなかのびてゆきません。歌がうまくて、ルックスも抜群な新人なんだけど人気がでない歌手、みたいな感じでしょうか。
　痛みの代謝の仕方として、アラキドン酸代謝経路が明らかになっています。ここが活性化されると、プロスタグランディンなどのイタイイタイ物質がいっぱいつくられて痛みを感じるようになります。だから、この代謝経路のどこかの過程をブロックする薬があれば痛み物質がつくられなくなるので、痛みを感じなくなってゆきます。ロキソニンでいうと、この代謝経路のうちのシクロオキシゲナーゼの活性を阻止することで目的がかなえられます。
　理論的です。
　そして学問的です。
　そして、効果は受けいれられています。

　ただし、ひとつだけ留意していただきたいことがあります。
　生体内の代謝は、どんなものであろうとも、「必要」だから流れている、ということです。たとえば痛みをうむ流れだとしても、痛みをうんで訴えるべきことがカラダのなかでおこっているんです。意味のない流れはありません。
　火災報知器が異常高温を感知してアラームをならしたとします。その理由は、設定されている温度より高いことに気がついたからです。それなのに「うるさいからスイッチを切る」だけですませてよいでしょうか。なんでなっているの？　と理由は考えませんか。
　ですから、つらいことであっても、まずその声に耳をかたむける。どうして

第六章　走りとのつきあい方、三題噺

そんな流れが必要なのだろうか？　うまれてきたのだろうか？

　それから痛み止めを服用するなら意味のある結果にむすびつくでしょう。だって、いまの薬は代謝の流れを切る力が、すこぶる秀面だからです。

　ところが、そういう声をきかずに、単にうざいから「断ち切る」だけだったらどうでしょうか。それこそカラダは悲鳴をあげてしまいます。もっとカラダの声をたいせつに聴きましょう。わたしは歳とともに、そう思うようになってきました。

　一方、漢方は「生薬」というナマミの物質を利用します。分子レベルどうこう、という発想はありません。ですから、見方がちがうのは当然です。これがOSの切り替えということです。

　漢方は、分子ではなく「状態」でみます。

　この生薬は、こういう「状態」をそういう「状態」に変えてゆくはたらきがある。そういった経験則を長い年月をかけて築いてきました。それらを整理していったものが漢方です。

　カラダから水分がなくなってゆくのを補ってくれる生薬、筋肉がギューッと縮こまってしまうのをやわらげてくれる生薬、オナカがギューッとさしこむ状況をほぐしてくれる生薬。

　ある状態をある状態へと導くために、生薬は利用されるのです。ですから、西洋医学的病名で使えないのも当然です。このOSのちがいを押さえておかないと、ポイントをずらしかねません。

　ということで、「状態」を想定しての利用、が漢方です。

　そしてあまりにひどい「状態」におちいってしまったら、OSの切り替えをして、「病態」でながめてみて「脱水」「電解質異常」「急性炎症」といった視点の西洋医療の利用。ふたつのOSをうまく使いこなせるのが、わが国の利点です。

　で、しつこいですが、自分のカラダからの声、どのくらい聴いていますか？

カゼとカラダの声

　カゼをひいたことがない、という方にお会いしたことはありません。だれでもかかる感染症です。ですので、カゼのときのカラダからの声を思いだしてみてください。
　カゼは、ハナ、ノド、気管にいたる広い範囲にカゼウイルスが侵入してきたためにおこる感染症、という話をさせていただきました。
　当然、カラダは反応をはじめます。受けてたつ担当部署は「命の流れ」で活躍している監視3大奉行のうちの「免疫」クンです。免疫クンの活躍をうしろで支えるのが自律神経と内分泌系、という協力体制は健在です。

　免疫クンはカゼウイルスの侵入を察知するや「よっしゃ出番や」と颯爽と活動しはじめます。免疫クンの特徴は、活動の場が他の部署とちがって、高体温であるということです。ほかは一様に36℃くらいを働きやすい場と認識していますが、免疫クンだけはもっと高い体温で活躍しやすいようになっているんですね。
　なぜ免疫クンだけが、活動の体温がちがうのでしょうか。
　それは、働く内容のため、かもしれません。
　免疫クンのはたらきの一つに、自分とちがう侵入者への対応があります。カゼウイルスへの対応もそのひとつです。この場合、対応というのは、カゼウイルスを攻撃して、やっつけ、カラダから追い出すまで、です。つまり「戦い」です。このような大きな戦いは、常におこっているわけではありません。テキの侵入時です。
　ふだんは、平穏な生活。しかしいざ、テキの侵入時は「緊急事態体制」をとって、テキの侵入阻止を優先する。だって、テキが勝ってしまったら、命にかかわってしまうのです。緊急事態体制への切り替え、というのが、具体的には体温の設定の切り替え、ということになります。ほかの生命現象の活動をいったんおさえ、免疫活動を優先する。
　世の中だって、大きなテロや災害などがおこると政府が非常事態宣言を発布して日常生活を制限する一方で事態解決を優先させますが、同じことです。
　原因のつかめない熱がつづく、という場合、しばしば免疫クンの活動する状

況になっている、と考えることで事態究明にむすびつくことがあります。がんでもリウマチなどの膠原病でも、免疫クンがいつもより活動しているから熱がでるんです。

　ではいったいどの程度の体温が必要になるのでしょうか。

　これは免疫クンの仕事内容次第です。

　大きな仕事のときほど、高体温での職場環境が必要、というのが免疫クンの主張です。一般のカゼウイルス相手の仕事より、インフルエンザウイルス相手の方が大仕事。だから体温もより高くあげる必要があるのです。

　さあ、免疫クンがカゼウイルスの侵入を察知しました。

　オレの出番がきたから、他は休んで体温をあげさせてくれ、という伝令を全身につたえます。免疫クン優先の法則があるんです。具体的な伝令は「さむけ」です。ゾクゾクする、まだ体温上昇がたりないよ、もっとあたたかくしてね、です。このとき体温計をみて38℃であっても、さむけがあるならまだ体温上昇はたりていない、ということです。カラダをさわればあついですが、顔は青白い。ここは、体温計の数値より、免疫クンの要求するカラダの感覚を大切にしなくてはいけません。

　やがて免疫クンの希望する体温まで達すると、免疫クンは「よっしゃ舞台はそろった、全力で仕事しまっせ」と活動を本格化させます。このとき、カラダはポッポしてさむけは去り、顔も赤みをおびてきます。節々の痛みも軽くなっています。ただ、平熱ではありませんので、一般活動はだるくなります。当然です。

　そして免疫クンがカゼウイルスを撃退して無事に勝利をおさめると、免疫クンは全身に「いつもの体温にもどってもいいよ」と再度の伝令をだしてきます。同時に、後方で援護していた自律神経が汗腺をひらいて熱の放散をはじめます。そのため肌はジットリと汗ばんできます。

　そして平熱にもどり、カゼウイルスに侵略されたハナ、ノド、気管の粘膜ももとに修復されると一件落着宣言となります。

　以上、免疫クンの活躍には、3つの時期をへてきたことがおわかりになるでしょうか。

　免疫クンの活躍できる設定体温まであがる時期、高熱を維持する時期、熱を

放散してもとにもどる時期。この３つの時期をわたしは「ゾクゾク期」「ポッポ期」「ジットリ期」とわけています。文字通り、ゾクゾクしている時期、ポッポしている時期、ジットリ汗ばんでくる時期、です。

　それでは、いままでのカゼで、この３つの時期を区別していましたか。

　そして、おのおのの時期に応じた対応をしてきたでしょうか。

　ゾクゾク期は、とにかくあたたまる。カラダが熱を要求しているんです。あたたかくなるものをとってカラダの中からあたためる。カラダをさわって冷たいところやあたためると気持ちいい場所に貼るカイロなどを使って外からあたためる。オナカ、背中、首根っこ、などでしょうか。つまり内から外から、両方からあたためる。

　ポッポ期は免疫クンが大活躍している時期です。でも高体温で一般活動はしんどくなっていますから無理はしない。暴飲暴食、働きすぎなど。この時期は消化器も活動をおとしていますから、たべることにも執着しない。

　ジットリ期は、カラダも疲れています。熱をうばわれすぎないよう注意しつつ修繕のお手伝い。まだ元にもどったわけじゃないんですから。

　逆にいえば、ゾクゾク期から解熱剤のはいったカゼ薬を飲むのがカラダや免疫クンの要求に反していることがおわかりいただけるでしょうか。寒いなら、あたためましょうよ、冷やしてどうするの。くず湯はあたたまります。「くず」を漢語でいうと「葛根」でした。

　ポッポ期を、さむけがひいたから栄養剤を飲んでのりきろう、って心意気は買いますが、カラダも免疫クンも喜びません。そんな生活に誰がした。

　ジットリ期に無理をすると、修復が遅れます。カゼが長引く一番の原因です。体温がさがったといっても、ウイルスがいなくなったといっても、カラダはまだ元にもどったわけじゃありませんから。修復作業がまっているのです。

　カラダの声、免疫クンの声にすなおになってくると、カゼの養生法の一番の勘所がみえてまいります。

　そうです「ゾクゾク期」です。それも、ごく初期。

　ゾクゾク期は、カゼウイルスが侵入してきたぞ、という免疫クンからの声です。このとき、一気にカラダを内と外からあたためて免疫クンのバックアップ

をおこないましょう。だって、ゾクゾクというのは、はやくあたためてね、というカラダの声にほかならないからです。

　願いがかなうと免疫クンはただちにポッポ期の臨戦態勢にはいり、侵入したてで増殖もわずかなカゼウイルスをたちどころに蹴散らかしてしまいます。戦場もまだ荒れていませんから修復も不要です。

　俗に「30分で片がつく」カゼ治療法です。はい、それで完治です。

　そのために必要なことは、ゾクゾクというカラダの声に敏感でいることと、すぐにあたたまるための準備をおこたらないことです。

　ときどき、「何年もカゼをひいたことがない」という方にお会いすることがありますが、それは「ゾクゾク」体験のない生活をしている、ということにほかなりません。

　わたしは、いろんなところにゾクゾク対応グッズと称して、チューブ式生姜、インスタント味噌汁、貼るカイロなどをおいておき、やばいかなと思ったらイザ出陣とばかりに一式を熱い湯でのみカイロをはりつけます。どのくらい飲めばいいか。それはゾクゾクしなくなるまで、です。量じゃなくて、カラダの感覚です。1回でまだゾクゾク感がひかないのなら、30分後でも、1時間後でも、しつこくあたたまる工夫です。とにかくカゼウイルスがふえる前の短期決戦。

　自宅でしたら、ミソにどっさりの生姜、きざんだ長ネギだけで十分あたたまります。とにかく、充分にあっつくなるまで飲む。そして可能なら休む。ネギは畑で1年中育てています。

　だって、年に何度もカゼかな、ということはあるからです。そういう患者さんがくるから。よろしいでしょうか。ゾクゾクはカゼウイルス侵入の合図かもしれないのです。

　バカはカゼひかないとか、夏カゼはバカがひくとか、いわれのわからないことわざがありますが、要は「長びかせない」ことが大事じゃないでしょうか。カゼって、長びくのがつらいですから。30分で治しましょ。

修復というもうひとつの柱

　修復とは、文字どおり「つくろいなおす」ことです。
　ちゃんと、つくろいなおしていますか。
　ふたたび、感染症を例にとって考えてみます。
　カラダの中にバイ菌が入ってきた。カラダは免疫クンが中心となって戦った結果、無事カラダの勝利となってバイ菌はいなくなった。熱もさがった。
　さあ、勝利を祝って乾杯、ではいけません。
　実際の戦場をみてみましょう。戦いが大きければ大きいほど、戦場は破壊しつくされています。芭蕉の「夏草や兵どもが夢の跡」そのものです。建物は姿形をとどめず、夏草がはえているばかり。
　カラダだって同じです。
　バイ菌がいなくなった、熱もさがった。さあ、元どおり、ではないんです。バイ菌がいなくなったあとで、戦いがすんだあとで、戦場の修復がまっています。つまり、障害された組織の修復です。肺炎の経過が長いのは、修復に時間を要するからです。
　ここを押さえずに、熱がさがったから元のくらしへ。でも、なかなか本調子になれないなあ、長引いているなあ、という方がおられます。
　これって、なおった、なおってない、という話とちょっとちがうぞ、というのがおわかりいただけるでしょうか。荒れた部分の修復の問題、なんです。
　修復を軽んじるところに復帰なし。

　カゼをひいたまま、長引いていつまでもよくなりません、と憔悴されてる方が外来にみえます。なおりきらないから、ずっと感冒薬をつづけている。でも、はかばかしくない。
　そもそも一般の感冒薬には組織の修復成分はふくまれていません。逆に傷つける成分と冷やす成分はたくさんふくまれています。カゼ菌はもうとっくにいないのに、クスリでカラダを痛めつづける。でも不安から薬からはなれられない。なおりきらない理由はおわかりでしょうか。
　わたしは、本当にながい間、総合感冒薬を口にしたことはありません。

ケガだって、同じですね。
　だって、ケガは受傷した時点から、修復過程にはいっているんです。
　カラダは、自分からなおりはじめます。すばらしいしくみです。
　どうしたら、それを援助できるか。援助まで考えなくても、修復をさまたげないでゆけるか。修復過程を大切にすごせれば、なおってゆきます。でも、逆のことしている人も少なくないように感じています。無理しちゃうんですね。
　走ることはたのしいことですが、不自然さや無理がかさなると故障にむすびついてしまいます。
　自分のカラダからの声をきいてゆくこと、修復過程を大切にすること。
　走るって、奥の深い世界ですね。

わたしの処方箋

　歳を重ねる。
　経験を重ねる。
　すばらしいことです。若者にはマネのできないことで、いろんなものがたまってゆきます。貴重なものも多いのですが、そうではないものも混ざってきます。
　ところが容量がイッパイになって身動きがとれなくなってしまっては元も子もないでしょう。ときには、そんな自分を振りかえってみる。重荷をすこしおろしてみる。
　とはいえ、自分を振りかえるのって案外とむつかしいものです。そこで長田弘さんの詩を処方箋として紹介させていただきます。どちらも『深呼吸の必要』（晶文社）に収められています。わたしにとって、大切な常備薬です。

散歩

　　ただ歩く。手に何ももたない。急がない。気に入った曲り角がきたら、すっと曲がる。曲り角を曲ると、道のさきの風景がくるりと変わる。くねくねとつづいてゆく細い道もあれば、おもいがけない下り坂で膝がわらい

だすこともある。広い道にでると、空が遠くからゆっくりとこちらにひろがってくる。どの道も、一つ一つの道が、それぞれにちがう。街にかくされた、みえないあみだ籤の折り目をするするとひろげてゆくように、曲り角をいくつも曲がって、どこかへゆくためにではなく、歩くことをたのしむために街を歩く。とても簡単なことだ。とても簡単なようなのだが、そうだろうか。どこかへ何かをしにゆくことはできても、歩くことをたのしむために歩くこと。それがなかなかにできない。この世でいちばん難しいのは、いちばん簡単なこと。

この「散歩」のように走ってゆくこと、がわたしの理想です。

原っぱ

原っぱには、何もなかった。ブランコも、遊動円木もなかった。ベンチもなかった。一本の木もなかったから、木蔭もなかった。激しい雨がふると、そこにもここにも、おおきな水溜まりができた。原っぱのへりは、いつもぼうぼうの草むらだった。

きみがはじめてトカゲをみたのは、原っぱの草むらだ。はじめてカミキリムシをつかまえたのも。きみは原っぱで、自転車に乗ることをおぼえた。野球をおぼえた。はじめて口惜し泣きした。春に、タンポポがいっせいに空飛ぶのをみたのも、夏に、はじめてアンタレスという名の星をおぼえたのも、原っぱだ。冬の風にはじめて大凧を揚げたのも。原っぱは、いまはもうなくなってしまった。

原っぱには、何もなかったのだ。けれども、誰のものでもなかった何もない原っぱには、ほかのどこにもないものがあった。きみの自由が。

走るという行為は、よくよく考えてみれば、走るだけです。
なんて単純なくりかえしでしょう。なんて簡単なことでしょう。
でも走っていると、単純なくりかえしの中から、じつは人生のいろんなものを考えられるようになってくる。走ることって、何もなかった原っぱのようで

す。
　なにもないところだからこそ、いろんなものを見つけることができる。感じられる。たのしめる。おもしろがれる。出あえる。
　いま、走る自由をもっていますか？

　さらにすてきな走りの世界へと、とびこんでゆきましょう。

第七章　レース参戦日誌（2016年版）

　はじめてのマラソン大会出場は、不安と緊張と感動で幕をあけました。
　陸上部経験などまったくなく、ラン仲間もおりませんでしたから、マラソン大会ってどうすりゃ出られるのか、からしてわかりません。そこからのスタートです。そもそも、わたくしごときのシロートが出ていいものかどうか。
　学生時代の陸上競技大会のイメージをひっぱっていたんです。それくらい、エンのない世界でした。ということで、最初に参加させていただいたハーフマラソン（新潟県越後湯沢、秋桜ハーフマラソン大会）はおそるおそるの参加となりました。
　どんな人がくるんだろう。すごいランナーばかりだったら足手まとい。
　どんな格好で走ればいいんだろう。ふだんは野良着姿。
　ゴールまで、たどりつけるだろうか。20キロを走ったことはありません。
　まわりに迷惑をかけやしないか。だって立派な中高年。
　だれもが一度は味わう初めての経験です。
　走りおえてみますと、お祭り要素もくわわって楽しいもんだな、けどしんどさもぐっときたよ、という感想でした。また給水所の設置とおもてなしに感動もおぼえました。そして、なによりの充実感。
　それから、たくさんの大会に参加させていただくようになりました。
　大会にゆくたびに、感謝でいっぱいになります。
　わたしも、小さな研究会などを運営させていただいたことがありますが、何かを開催するということは人集めからはじまり、事前準備、企画広報、当日のおもいがけない出来事への対応、後片づけ、事後報告にいたるまで本当に大変です。
　ですから、大会の運営には頭がさがります。
　特別なことができるわけではありませんが、レースに参加させていただく中で、徐々にふたつの基本スタイルができあがってきました。

　　1つ．マイカップの持参
　　2つ．こまった人への声かけ

第七章　レース参戦日誌（2016年版）

　まずひとつは、マイカップの用意です。レースのときは、マイカップを腰につけて走ります。
　ウエストポーチのベルト部分に100円ショップで売っている携帯ケースを通します。このケースのフタの部分をちょん切って小さなプラスチックカップをさしこんでおけば完成です。すばやく取りだせますし、スムーズにさしこめます。走りの支障にもなりません。
　これを給水所でつかいます。

　ただし毎回ではありません。
　大きなバケツに紙コップをザッとさしこんで水をくんではテーブルにならべてゆく給水所では使えません。わたしのコップをそのままバケツの中にいれていただくわけにはいきません。
　ペットボトルを手に、わき目もふらずに紙コップへ次々に注水している給水コーナーも、ちょっと躊躇です。作業の流れに水をさすわけにはまいりません。
　ある程度の余裕のある給水コーナーで、マイカップをさし出し、水をいただきます。こうすると、目もあうし、一言お礼もいえますし、元気ももらえる気がします。場合によっては、ちょっとした会話もはずみます。

　マイカップをもつようになった理由は簡単です。
　単純に、使われる紙コップの量におどろいたからです。しかも、ちょっと口につけただけでポイ、というのがもったいなかったからです。貧乏性なんです。
　東京マラソンは、過去3回当選して走らさせていただきました。あれだけの大都会を、大勢の人を前にして走れるチャンスなんてめったにありません。思いっきり自分は楽しみたい、くわえて沿道の方も楽しませたい。というわけで、3回とも仮装です。マキを背負って本を読みながら走る二宮金次郎、両肩に犬と猿、頭にキジをのせて白衣でつくったチャンチャンコ姿の桃太郎、大きな真っ赤な日の丸を背中にしょっての万歳姿のグリコおじさん、です。
　当然、はやく走るのはもったいない。いえ、すいません、もともとはやくは走れません。
　そして給水所ではすべてマイカップ使用。給水所にさしかかるといくつも並

んだテーブルの脇にすいと入りこんで、ランナーの流れをさえぎらない位置でマイカップに水をいただく。そこで会話ももり上がりますし、うけるとこちらも楽しい。なんとも充実した給水タイムの連続。終わってしまうのがもったいなくなるような夢の5時間でした。

　結局、東京マラソンでは3回の参加で、使った紙コップはゼロです。

　ま、3万分の1の変テコランナーのたわごとですが、ひとり1レースで10個の紙コップを使ったとしたら、そりゃ驚くほどの消費量です。

　ゆくゆくは給水所でも「マイカップコーナー」というのができて、さし出したマイカップに水をそそいでいただく、あるいはペットボトルがポンと置いてあって自分で飲む分だけ給水、というシステムができてもいいんじゃないでしょうか。そんなコーナーの隅っこにはビールサーバーが置いてあって、ササーっと泡立った飲み物がでてくる。いや、冗談です。

　もうひとつは、こまっているランナーに声かけをさせていただく。

　具体的には、コース上に倒れこんでしまっているランナーに出会ったら、ということです。オマエが一番あぶなそうだ、といわれそうですが、なんとか実践しています。

　日ごろ、殺生ばかりしていることへの、せめてものツグナイの気持ちです。

　というのも倒れこんでいるランナー、けっこういるんです。そういうところに目がいってしまうという習性なのかもしれませんが。

　で、どうするか。

　実はこれだけのランニングブームになっているわけですから、ランニング中の事故などへのおおまかな対応指針みたいなのがあれば便利なのですが、わたしの知る限りまだないようです。というので、いつもの発想で、ないなら作る。わたしは、いま現在、独自に4つの場面をランク別に頭の中にもって走っています。つまり「緊急事態」「救急車」「収容車」「現地」です。

`ランク1`　　緊急事態：「その場で救命処置。人あつめ。AEDと救急車コール」

　これは「命の流れ」の危機に直面している人、つまり心肺停止か、それに準じている人を想定しての対応です。

多くの報告から、ハーフ以上のレースでは、5万人に1人くらいの割合で、心肺停止事故がおこっているようです（3万人に1人という説もあります）。おこる年代は30歳台以上がほとんど、おこる距離はスタート直後からゴール後まで、つまりあらゆる場面で想定されうるということです。

心肺停止をきたす原因はたくさんありますが、本来元気なランナーが走っている最中に生じる心肺停止となると、最大原因は外傷をのぞけば心臓のトラブル、そしてそれによって生じた心臓の伝導障害でしょう。心臓は規則的な電気の流れがあってこその拍動なので、この電気伝導がみだれるとうまく動かなくなるのです。

ですから、なにはともあれ心拍の援助である胸骨圧迫（心臓マッサージ）です。これで、少なくとも最低限の命の流れは維持できます。

そして可及的すばやくAEDの装着、施行。足なみのみだれてしまった心伝導にガツンと一発電気ショックをかけることで電気の流れのリセットをしなおす作業です。伝導障害が原因であれば、効果が期待できます。はやい装着、施行ほど救命率があがります。

とにかく一瞬たりとも胸骨圧迫で血液循環を欠かさないこと。AEDで伝導障害にカツをいれること。そして、すばやく救急車で病院へ、です。周囲の多くの人の協力も必要です。

ランク2　救急車：「病院直送。体温調整。救急車コール」

ひとことでいえば「反応がよくない人」です。名前がいえない、となるとふつうじゃありません。つまり「重篤感をかんじさせる人」であり、測定可能ならば、体温や呼吸や脈拍などのバイタルサインに大きな異常をみせている人ということです。

名前を名のってもらえない、会話ができない、というのは思った以上に重症です。

基盤には、体液の異常（脱水や水のとりすぎ）や体温調節機能の破綻がひそんでいることが多い印象をもっています。脱水も水が飲めないほどグッタリしていたり、カラダが異常に冷たいかあつい人は、病院での対応がよろしいのではないかと考えています。救護所のテント内で点滴しながら休んでいただいて

も、なかなかよくなりません。

　倒れている現場でできることは、そしてしたいことは、「命の流れ」に支障をきたしていないことを確かめたあとで、体温調節。つめたくなっていたら保温、あつくなっていたら冷やす。そして救急車を待つ。あまり甘くみないほうがいいと感じています。

ランク3　　収容車：「現場で対応。本部からの救護車要請」

　名前はいえるけど、ゴールまで自力でもどるのは無理だろうなあ、という人です。

　典型的なのは、両足や全身が周期的につって大声をあげている人とか、ゲーゲー吐いていてうずくまったままの人などです。足かオナカ。

　あまりに「ツレ」が強くなってしまっていると、水をのんでも、足をさすってもなかなか改善は期待できません。ここまでくる前に、なんとかしておかなくてはいけません。よくなったようでも、ぶり返す。当然、自力での移動はしばらくは困難です。

　本人の了解をえて、救護本部などに相談、依頼してお迎えをお願いすることになります。救護テントの中でしばらく休んでいれば、じきによくなりますが、カラダへのダメージはもう少しつづくようです。レースはいさぎよくリタイアでしょう。

　もう疲れて歩くのも大変だから救護がほしい、というのは自己責任で対処していただきましょう。オトナのレースです。

ランク4　　現地：「その場で対応、おちついたらレース復帰」

　足がつる、オナカがシクシク痛む、気持ち悪い、足が痛い、でも少し休めば歩けるでしょ、がんばれば走れるかも、という状態で立ち往生している人です。

　無理をしすぎた、暑さや寒さや雨をあまくみていた、水分のとりかたを誤っ

た、走る前から体調がすぐれなかったのに強引に出場しちゃった、足をくじいたみたい、なんていうパターンです。

　まだガンバってみます、という意思表示がしっかりしていれば、あとはおまかせです。

　また、ときに立ち止まっていなくても、半分モウロウとしているような走り方をされているランナーに出会うこともあります。近いうちにコケて転倒、を予感させる走り。ただし、声をかけさせていただいていいものか、大いに迷います。あまりのお節介はつつしまなくちゃいけません。

　これまで、すべての場面に遭遇してきましたが、単純にわけたぶん、現場での判断の参考になればうれしいです。また、優秀な方々がもっとちゃんとした対応指針などを検討していただけるとありがたいと感じています。

　というようなノリで参加させていただいた１年間のレース記録です。

　なお、ハキモノはふだんの走りはすべて地下タビです。ワラジのときは「ワラジ」といれてあります。

勝田全国マラソン

茨城県　1月31日　フル

　医療支援走という形で参加させていただく大会となりました。
　これは、わたしが入会させていただいている日医ジョガーズ（日本医師ジョガーズ連盟）に要請をいただき、ランナーとして参加させていただきますが、いざ周辺に緊急事態が発生した場合にはレースを中断して救護等に協力する、という約束で走るレースという意味です。
　この年から、この大会も医療支援走に依頼をいただくことになったのです。
　じつは前年も38キロ地点で、倒れこんで全身の筋肉のツレと低体温におちいっていたランナーに遭遇したのですが、一般参加であったこと、近くにいたボランティア学生さんが救護車を要請していたことから、救急車レベルと判断しましたが救護担当者をまってから協議のうえでの救急車要請なんて事例もあったのです。

　君よ、勝田の風になれ、とうたわれる勝田マラソン。歌まで作っちゃうほど、地元全体の歓迎ムードいっぱいの大会です。わたしにとっての新年初レース。たくさんのランナーが出場されるので、勝田のとなりの水戸にて前泊。
　天候にめぐまれることが多い大会ですが、この日もすんだ冬晴れのいい天気でした。

　ランナーの大集団は、商店街通りの平坦なコースをスタートします。前半が広い道路なので、大勢でもゆったりと走れるのが特徴でしょうか。直接には海を望むことはできませんが、やがてどこからともなく太平洋の潮のかおりを感じさせる長い直線道路。どこまでつづくか。
　後半に入ると道は小さく、曲がり角や小さなアップダウンがふえてきますが、それが気分転換にもなって走りを後押ししてくれます。
　といいたいところですが、本当は、ちょっとしんどくなります。30キロ地点を2時間50分をわる自分なりのいいペースで進んでいたのですが、そのすぐ先。人のかたまりに目がいきます。中心に倒れこんでいる男性ランナー。そのかたわらに日医ジョガーズの走りも仕事もバリバリのO先生がAEDの操作

をはじめたところです。心肺停止事例。

　倒れてすぐの胸骨圧迫、5分後にとどいたAEDは「ショック適応」の指示で2度目のスイッチオンとともに見事に自発呼吸と意識が回復してきました。心伝導の偉大さをあらためて感じます。そのあとに救急車の到着。わたしと、あとに来たY先生は、ほかの方といっしょに保温や周辺整備。沿道の方をふくめて、たくさんの方が協力してくださっています。
　O先生は、レースを中断して救急車に同乗。そのランナーはあとで植込み型除細動器をいれるまでになったそうですが、無事に退院されました。

　くりかえしになりますが、マラソンレースでは、約5万人に1人の割合で心肺停止事例がおこっています。どの距離でも発生します。実際にスタート直後からゴール後までさまざまな報告がみられています。年齢は30歳台から上、男性が圧倒的に多いのはガンバリすぎるからでしょうか。若手では肥大型心筋症、上になるにつれて心筋虚血が原因になることが多いようです。

　救急車を見送ったあと、Y先生と「さあレースに復帰しましょう」といいあいましたが、カラダはひえきっています。うーん、中断後の残りの12キロは長い。もう、ゆっくりすすみます。
　大通りにもどって、39キロ地点。ふたたび男性ランナーが倒れています。うなっています。両足の強いけいれんと低体温。さわらせてもらうと、とっても冷たい。まわりに声かけをして、さまざまな保温具をもってきてもらいます。返事はできます。すこし温めて改善にむかうようなら、ゴールまでもう少し。あとは、いっしょに付き添ってもいいのですが、どうやら無理のようです。救護車要請、を本部にお願いしました。
　午後になって日差しは弱まり、長そで、手袋、ももひき姿のわたしにしても、コース上でじっとしていると寒さが身にしみてきます。まだうなっているランナーを収容車にあずけると、トボトボと最後の気力をゴールにむけます。とはいっても、ずっとしゃがみこんでいたので、いよいよ走れなくなってきました。歩くように走る。
　この大会は、4時間をすぎるとコースは歩道に切りかわり、ランナーは信号機の指示にしたがって走ることになっています。こういうときは、赤信号ばかりに出合います。それでもゴールはまっている。大歓声の中へ最後は気持ちの

よいフィニッシュとなりました。

地下タビ、4時間48分

 ふかやシティハーフマラソン　埼玉県 ｜ 2月28日 ｜ ハーフ

　湘南新宿ライン、という名前だけを聞けば海と都会をイメージさせる路線も、群馬の高崎駅からレース会場の深谷駅までだと田んぼと畑の中を走るローカル線にすぎません。それでも降りたった深谷駅はレンガ造りのしゃれたたたずまいです。駅前からはシャトルバスで会場へ。
　はやい人がでる大会。
　はやい人をまぢかに見ることのできる大会。
　田舎にくらしていると体験できないこんなことがふかやハーフでは実現します。箱根駅伝出場大学の選手も見られる。女子ランナーも名前は存じませんが、みるからにはやそうな方々がいます。
　こんな光景、めったに出会えない。田舎っぺ、丸出しです。
　そうです、まずは有名選手達のスタートダッシュの見学です。歩道から先陣をきるランナーたちの観察。さすがに近くからだと迫力がちがいます。100メートル走ですか、っていうほどの号砲からの勢いです。みな、必死。異次元の世界を見ているようです。
　いそいで沿道をもどると、後ろから今度は自分自身のスタート。一転して後半部のランナーのスタートはゆるいです。いつものペース。
　このレースの特徴は、平らなコース設定でしょうか。ハーフマラソンというと、多少の差はあれのぼり下りが定番ですが、実に平ら、そして道幅の余裕。

ちょいと進むと、コース周辺は畑、畑、畑、そう深谷ネギの里だもんなあ。
　青空がはえて、今日は風もおだやかです。さわやかな冬晴れ。
　草もはえてきて、そうだ畑仕事もまた本格化するなあ、まずはジャガイモの準備だなあ、来週あたり種イモ植えかな。そして草むしりの季節だなあ、ああ、などという雑念をいだきつつも快調なラン。前半はゆっくり、後半はメイッパイという作戦通りのゴール。
　おわったところでいただける深谷ネギ入りの煮ぼうとうがまた、おいしい。あたたまります。
　走りやすさ抜群の大会です。

 地下タビ、1時間50分

 古河はなももマラソン　　茨城県 ｜ 3月13日 ｜ フル

　マラソン大会がエンとなってはじめておりたつ土地。
　古河もそのひとつでした。そもそも、これまで「こが」ではなく「ふるかわ」とずっと思っていたのです。スミマセン。
　東北本線、古河駅は思ったよりも田舎のたたずまい。親近感がわいてきます。しばらく長く歩くとシャトルバスのまつ姿が目にはいり、あとは一路会場となる広大な運動場へ。
　ひとことでいうと、ここも広く平坦な土地にゆったりとつくられている町。さすがに利根川のうるおす関東平野のど真ん中です。
　コースのどこも広々で、ランナーの渋滞もありません。
　ハアハア息をはずませてのぼる坂道区間、というのがありません。

しかも、おもしろいというか、ももいろクローバー状のコース設定。いって、もどって、次はとなりの道をいって、また同じ地点にもどって、さらに次の道をいって同じところにもどってと、四つ角をフルに活用した斬新なアイディア。はなももマラソンでもいいけど、四葉のクローバーマラソンともよびたくなります。

　ということで、目立つランナーを何度もみることができますし、自分のペースもはかれます。ランナー同士の一体感をうむんじゃないでしょうか。

　しかも、葉の一本ごとに道の光景は微妙にかわってあきさせるものではありません。

　そしてクローバーコースをぬけて後半の林の中にはいってゆくと、またガラッと変わった雰囲気を楽しめます。ま、木の根っこ部分にドッカリとへたっているランナーにも2名出会いましたが、声をかけてみればちゃんと話もできます。そのままスルー。

　なんとか気持ちよくゴールをふむことができました。

　もう少しで、ハナモモがさきみだれてくるのだそうです。梅の開花もすぎて、わたしはハダシにワラジで走ってみました。でも、ちょっとまだ寒い。

ワラジ、3時間59分

チャレンジ富士五湖ウルトラマラソン

山梨県　4月24日　100キロ

　はじめて参加させていただいた100キロウルトラマラソンが富士五湖です。今回で5回目。うち3回は、ほぼ土砂降り。しかも1回はみぞれまじり、1

回はコース脇のいたるところ残雪、ということでせっかく富士五湖湖畔を走りながら富士山をまともに眺められることの少ない大会です。気候も４月とは思えない寒さ。標高は軽井沢とほぼ同じだもんなあ。

　今回も、朝もやの中、富士山はなかなか顔をだしてくれません。のちに、ちょっと見られましたが。

　ウルトラマラソンの作戦は簡単です。目標、完走。はやさをもとめません。って、どのレースも同じなんですが。だって、はやくは走れません。

　制限時間は14時間ですが、要所要所で関門時間がもうけられていて、そこを一定の時間内に通過してゆかなくてはなりません。

　前年から、前半のコースが少し変更となり、坂道がふえ、そのぶん前半の関門時間がきびしくなっています。いつもより前半をとばさないと間にあわなくなる可能性があります。

　わたしのようなものにとって、100キロマラソンは、まったくの非日常です。

　ふだんでも練習で30キロをこえて走るなんてことは一度もありません。月間にしても200キロをこえて走ったなんてことは一度もありません。軟弱です。ぶっつけ本番みたいなものです。

　午前５時、うっすらと明るくなりかけた富士北嶺公園をゆっくりとスタート。この大会は参加者がふえ、３つの集団にわけての時差スタートとなった最後尾組です。つまり、一番走るのが遅い組。さあ、制限時間内にもどってこられるか。オナカの底からわきあがるワクワク感。こんなドキドキする興奮をこんな歳になって味わえるなんて走っていてよかったなあ、と思う瞬間です。

　のぼって下って、またのぼって、さらに走りつづけて最初の湖である山中湖にたどり着きます。ここまでおよそ14キロ。まずはこの湖を１周します。湖畔の道路脇の温度計は１℃を表示しています。防寒が大事です。湖をグルリと周回してくると、湖面の先にドーンと富士山がたたずんでいます。もちろん湖面には逆さ富士。うーん、これを見ながら走りたかったんだよね。うれしい。

　湧き水で有名な忍野八海をぬけ、ふたたび長めののぼり坂。のぼりきったところで第二の関門が待っています。この関門がけっこうきびしいのです。関門を前にしてのぼりつづけなくてはならない山道。歩いたら間に合わない。わかっちゃいてもペースをあげられないあせり。コース設定者の「M」度がわか

るってもんです。

　と、この関門給水所で水がなくなってしまった、というアクシデントが発生していました。給水所は約5キロおきにあるのですが、そうなると10キロは給水なしとなってしまいます。ここは大木にかこまれた林の中のコースですので、沿道には家も店も自販機も何もありません。湧き水もない。静寂しかない。こういう不自由さを乗りこえてゆくのがウルトラなんでしょうか。気をとりなおしてすすみます。

　しばらく下り基調の林のコースをぬけると、次は河口湖が姿をあらわしてきます。ここですでにフルマラソンの42キロをこえているはずですが、まだ半分も満たないので特別なマークもなくそっけない。そんなことよりも、下りつづける方が重要です。最後は、ここをのぼって帰ってゆかなくてはなりません。

　名残の桜をたのしむ観光客の中を、河口湖北岸をたどり、湖をぬけると坂の途中の公民館へ。次の関門です。ここは57キロ地点の給水所になっていて、自分の荷物もおいておける中間地点にもなっています。その先の小学校から場所が移動しています。はじめての参加のときは、この中間点で着替えもふくめジックリくつろいでしまいましたが、そんな余裕あんのか、とあとで自問してから比較的さっぱりと過ごして出発。

　後半は西湖、精進湖をめぐる、のぼり下りがせわしくなる道にはいってゆきます。その中でも特に好きなのは青木ヶ原わきを走ってゆく光景です。この中に迷い込んだら出てこられなくなる、という伝説の森の端なんだ、と思うだけで気分が異様に高揚してきます。

　70キロを走りおえると、コースはUターンしてゴールに向かいはじめます。と同時に、のぼり道がふえてくる。スピードがおちる。身も心もボロボロになってくる。いや、失礼。もとからボロボロなんですが、ちょっと格好つけてしまいました。

　帰りコースとなった西湖野鳥の森公園の給水所。名物の吉田うどんをふるまっていただけるすてきな所なんですが、帰路はオナカが受けつけません。お汁だけいただく。しょっぱさが、うまい。

　この給水所は、出るとすぐにのぼり坂がまっています。給水所で一度止まった足が、なかなか先へゆかない。歩くのもぎこちない。いよいよ限界かもしれ

ない。アタマはそう判断しますし、カラダも同調します。ところが足だけは動き出す。トボトボ歩く。やがて走りに変わってゆく。どこからこんな力が湧いてくるんだろう、と毎回不思議に思うこの坂をわたしは「不思議坂」と命名しています。あと23キロ。

不思議坂をのぼりおえると、カラダはふたたび走りモードに入り、大きな西湖南岸をまわり、河口湖南岸をぬけると河口湖町の広い歩道にはいってゆきます。だらだらとしたのぼり坂がつづき、交差点では信号機が多い。赤は休めてうれしい、けど時間はすぎる。複雑な思い。

いろんなことを考えます。いろんな疲れがカラダにたまっています。もう何を考えてもいいし、どう感じてもいいけど、足だけは止めない。そういう心境ですすむ。

95キロ地点の元気いっぱいおもてなし給水所をでると、最後の急な3キロののぼり坂がまっています。過去、走りきれたことがありません。今回も3分の1は走り、残りはトボトボ。そして下りの2キロで最速スピードに切りかえて、体力をつかいはたしてゴール。完走メダルがうれしい。

途中、前後するランナーから力をいただきました。おたがい、はげまし合いながら走れるのがウルトラマラソンの魅力のひとつです。

給水所の方からは、水やたべ物以上に、元気をいただきました。

一人じゃ走りきれない100キロ。人の情けに感激の119,455歩でした。

 地下タビ、12時間46分

安政遠足侍マラソン

群馬県 ／ 5月8日 ／ 約20キロ

　わが地元、安中市でおこなわれているマラソン大会です。
　別名、侍マラソンともいわれています。といっても、わたしは未だにマラソン大会とは思っておりません。「お祭り」です。なぜなら、仮装が標準装備だからです。
　今回で18回目の参戦。ということは、過去に17種類の仮装を考えたことになります。毎回ちがう趣向で、という思いがあったからです。ただ、最近はネタがつきてきてしまいました。振り返ってみますと、浦島太郎、桃太郎、二宮金次郎をやりました。「au」よりもずっと前です。ウルトラマンもいじわるばあさんも、渋谷の女子高生も本官さんもマキバオーもやりました。バカ殿様も忍者も飛脚も自由の女神もやりました。桜の大木もやりました。あとは、もう忘れました。あ、荒川静香のイナバウアーもやりました。
　その中で、仮装アイディア賞3回、仮装大賞1回の受賞歴があります。トロフィー、自性寺焼の賞状、木刀、といろいろなものをいただきました。走っていただいた賞は、ほかに小布施見にマラソンで金哲彦さんからいただいた「金ちゃんの仮装大賞2位」だけです。はい、着順での賞は皆無です。
　今回は、手抜きとなりました。
　ネタがつきてきてしまった、というところでしょうか。
　初音ミクです。
　前回は、メタボ感いっぱいのジバニャン、その前は着膨れしたお相撲さん、ととにかく満足に走るどころではなかったので、走りやすさ優先。
　いつも、仮装で走る練習はしません。はずかしくて、できません。近所を走っていたら、まずいことになってしまうからです。いままで、それで一番苦労したのは、マキバオーでした。おおきな発泡スチロールで手作りした馬を両手にかかえて走りだしてみると、とても走るどころではありません。でも、根性でゴールしました。
　一昨年は、綿入れお相撲さんとなって走り、ゴール後はしばらくコメカミがズキズキしてしまいました。暑い日差しのなかで、たぶん軽い熱中症です。
　ことしは、軽いじゃん。

しかし、そうは問屋がおろさないのが人生です。歩いているときは平気でしたが、走りはじめるとみどり色の長髪がズリズリ落ちていってしまうのです。ミク、なんでそんなに長い髪なんだ。走ったり、止まったりして、強引に工夫してゆきます。

　わたしは、この祭り、いやもとい、レースでおこなってきたことがあります。
　地元のお祭りなので、沿道には老人施設のお年寄りたちも車椅子で並んで声援を送ってくださっています。車椅子のお年寄りには、一人ひとり握手して話しかけてゆくこと、です。知っている方もまじっています。
　しばらくは２つの施設が、いつもの決まった場所に車椅子の列をつくって応援してくださいました。ここに高齢化社会という時代の流れが加わってきました。施設が毎年ふえてきたのです。
　今回は、なんと11の施設が車椅子の列をつくって沿道をかざっていました。車椅子の集団をみつけると、順番に手をにぎり「アリガトー」「コンチハ〜」とさけんでゆきます。中にはイネムリしているお年寄りもいますが、強引に手を握って目をさまさせます。興奮して手を離してくれないバアちゃんジイちゃんもいます。大きな施設、小さな施設。その人数は110人をこえてきました。これだけの手と握手。だんだん関門の制限時間が危なくなってきました。うーむ。
　くわえて、私設給水所の多さにビックリです。
　いろんな方が家の前にちいさなお店をひらいてくださっています。
　自家製の梅干し、レモン、キュウリさまざまです。
　ありがたいです。ありがたさに、つい走りが止まってしまいます。おしゃべりもします。こうなると給水所ではなく、ここは日本のローレライか、という感じです。吸い寄せられてしまう。やはり、これはレースじゃありません。
　それにしてもあつい日でした。気候も暑い。人も熱い。
　思いっきりの充実感でゴールです。楽しい楽しい１日。さあ、次の仮装は、そう手抜きはできないぞ。

白い地下タビ、2時間35分

 軽井沢ハーフマラソン　　　長野県 | 5月22日 | ハーフ

　翌々週は、となり町、軽井沢のハーフマラソンです。
　軽井沢の有名アウトレットわきの冬場はスキー場となる広場がスタート・ゴール会場です。
　そうです、わたしは軽井沢のとなり町に住んでいます。となり、ということはご近所です。車でもすぐです。それなのに、わたしの住む土地の地価がぜんぜんちがうのはどうしてなんでしょうか。空き家がふえているのは、どうしてなんでしょうか。東軽井沢っていってもいいんですよ。
　ほんのとなり、だけなのに雰囲気は一変します。田舎くささは、みじんも感じさせません。洗練されています。女性ランナーも大勢です。ウエアがキレイです。
　皇居ランナーがそのまま走りにきている、と形容してみてもよろしいでしょうか。ただし、わたしは皇居の光景は知りません。そんな方が、新幹線ホームからも、ランニングスタイルのまま続々とおりてきます。
　空気もすんでいます。さわやかさ、というのはこういうことなんだよ、というお手本です。さすが由緒ある高原避暑地のレースです。
　もちろん、わたしは場ちがい感満載です。足元はワラジです。ハダシにワラジは、この季節になるとさわやかです。これは仮装じゃありません。正装です。
　たのしめればいいじゃん。歳とったら、まわりに合わせよう、という気はうすれてきます。昔からそうだったのかもしれませんが。

軽井沢といったら堀辰雄。

　だれがなんといおうと、10代から愛読する作家です。学校をさぼって、堀辰雄の住んだ別荘をさがしたり、小説にかかれた地形をみつけたりもしてきました。筑摩書房版『堀辰雄全集』全8巻は大切な宝物です。やがて軽井沢文学へと関心もひろがり、さらには『風立ちぬ』に引用されたポール・ヴァレリーの詩からフランス文学まで興味をもち、フランス語も勉強して『星の王子さま』や『田園交響楽』を原語で暗唱するほど読みこんできました。特にカミュに心酔しました。そののめりこみようは大学入試の外国語をフランス語で受験するにいたったほどですから。だから、英語できません。

　それほど愛した軽井沢の中をかけぬけるマラソン大会です。うれしい限りです。

　最初は、夏休みともなると歩くのも大変なほどの人ごみになる大通りをすすみ、やがて、から松林の別荘地帯へとコースは移ってゆきます。そして中軽井沢までいってもどってくる、平坦なコース。

　日差しはあっても、木洩れ日としてさしこんでくるだけなので実に爽快です。

　そして乾いた空気が、汗を肌にとどめません。高原特有の気持ちいい呼吸。

　でも15キロをまわったところで、事態は一変します。男性ランナーが、ちょうど道筋によろめいたと思ったら倒れこんでゆきました。別荘地の林道の中です。ちょうどお母さんと小さなお子さんが声援をくださっていて、第一発見者のようです。

　名前は言えません。意識がもうろうとしています。つまづいてころんだ、のではなく、走りながら意識がとおのいて倒れたのでしょう。肌は、熱い。木陰で休ませて、沿道のお母さんがすぐ先の別荘だというので、水をもってきてもらえないかお願いしました。ナースだというランナーの方も止まって介抱してくださいます。あらいですが、心拍、呼吸は大丈夫です。

　しばらく、その場でみていましたが、意識がよくなるきざしがみえません。水もとれません。このまま救護所へ送っても、大変でしょう。救急車レベル、と思われました。熱中症に脱水症でしょうか。ただ、わたしは一般参加のランナーです。そこへ救護の方がみえました。事情をはなし、救急車要請に同意していただけました。やがて、サイレンの音。

救急隊員へ、簡単な申し送りをすませると救急車は走りだしました。
わたしも、レースに復帰。

　空はあくまですんでいます。最後は、やっぱりキツかったですけれど、気持ちよくゴールしました。そのあとは、ちょこっとアウトレットの散策です。

 ワラジ、1時間57分

 いわて銀河100kmチャレンジウルトラマラソン

岩手県　6月14日　100キロ

　岩手です。
　となると、まず頭にうかぶのは『遠野物語』です。座敷童に山の怪。ちょっと山道がこわくなるくだりも満載です。一編が1ページにも満たない聞き書き集ですが、おもしろさは抜群です。電車のおともにいかがでしょうか。
　そして宮沢賢治です。その生き方、考え方には魅了されます。やはり所有する筑摩書房版『新校本　宮澤賢治全集』全17巻も、大切な宝物です。その地を走るのです。
　レースでその地を訪れるとき、ひとつの大きな楽しみは地元の本屋さんに入ることです。独自の棚ぞろえ、特にご当地本コーナーはそこでしか手にすることのできない本にめぐりあえる貴重な場所です。
　今回の北上では『走れ、健次郎』（菊池幸見、祥伝社）をみつけました。東京の出版社で新刊ではありませんが、作者は岩手、場面も岩手です。地元盛岡で開催されることになった初の国際マラソン大会の物語。レース中、突っ走る先頭集団にぴったりとよりそって沿道を走る謎のランナーの出現。もちろん、

ゼッケンはありません。

　正体はだれなのか。なぜ走るのか。そしてどこまで走れるのか。

　読みすすむうちに、胸がジーンと熱くなってくる秀作です。走り関係の本では森絵都の『ラン』（講談社）なども好きですが、この本も素敵です。こういう出会いがある。

　さあ、早朝4時。北上総合運動公園ではスタートの合図です。これからのスリリングな14時間。今年は何がまっているでしょうか。

　コースは北上をでると北に花巻に入り、銀河なめとこラインをのぼりつづけ峠越えから西和賀町を縦断してさらに北へ北へ、そして雫石町の総合運動公園までのワンウェイ100キロです。北へかえる人の群れは誰も無口、が定番ですが、ここではおたがいにぎやかです。

　ここの特徴は坂。わたしの個人的感想ですが、コースの6割が坂道、そのうちの6割がのぼり、という印象をもつ、まあ平坦ではない、人生のような道のりです。

　最初の大きな坂は20キロをこえたあたりからはじまる30キロほどつづくのぼりです。銀河なめとこラインに入ると、勾配もクネクネ度もさらに増します。なめとこライン、そうです、これこそ賢治の名作『なめとこ山の熊』から拝借した坂道。熊うちの苦悩、そして最後はその気にかけている熊に命をうばわれてしまう猟師の物語は、こういう山道のなかでうまれたんだなあ、と感傷的になるのに十分な景色の連続です。楽しい、でも本音はキツイ。やがて長い長い3つのトンネルをぬけると峠はひと段落となり、中間点をこえることになります。

　のぼったのだから、次はくだり。という調子で進むと、後半は山道で、もうのぼったり、くだったりの連続です。急なくだり道で足をつかいはたすと、さあ、といわんばかりののぼりがまっています。人生のくだり一直線をあゆむわたしにはキツイ。距離感覚も位置感覚も麻痺してしまいます。

　そんなものですから、とにかくゆったり。いや、ゆっくりしか走れません。

　各関門を制限時間をみつつ通過するしんがり集団。

　暑さのなか、水場のない山中のコース途中には大きなポリ容器に水をみたし、ヒシャクが放りこまれている「かぶり水」コーナーがもうけられています。そこでヒシャクの水を頭からザブーンとかけるとスッキリ、体調がリセッ

トされます。人家も水道もない日照りの山道での楽しみ。文字通りの年寄りの冷や水。

　ああ、あそこにかぶり水が待っている。心境は砂漠でオアシスをみつけた旅人です。ところが昨年は、近づくと中身はカラッポ。あややぁ、残念でしたあ。オアシスは蜃気楼へと変わってゆきます。ヘナヘナのパー、という箇所がいくつもありました。

　地元名物をいただけるスペシャルエイド給水所の特産品コーナーも場所によっては「すみませーん、もう終わりです」のひと声でここもヘナヘナのパー。

　それが、今年は解消されているようです。庶民の声が届いたのでしょうか。

　それにしても、頭上からつきさす初夏の日差しは容赦ありません。

　脳裏にうかぶのは「堪ヘ難キヲ堪ヘ忍ヒ難キヲ忍ヒ以テ萬世ノ爲ニ太平ヲ開カムト欲ス」という玉音放送の御言葉、あああの日も朝から暑かった、ってそういう世代じゃありません。いかん、正常な思考回路がなくなってきてしまっている。ホントいえば、もとから正常とは思っていません。

　そうです、しんがりをゆくということは、こういう世の無常を味わうということです。ううん、人生だなあ。

　くわえて、山の中、およそ8キロメートル弱ほど給水所があく区間が2つあります。山の中で、ほかに飲みものは手にはいりません。そんな中間点に、わざわざ私設エイドをもうけてくださる方がいるんです。命のエイド、といってもいいです。後光がさしています。ありがたいです。

　山並みがたいらな光景にかわってゆくと、最後のド〜んという直線のぼりがまっていて、その先にはようやく人家の集団がはじまります。するとにぎやかな歓声も耳にはいってきます。雫石町ゴールはもうすぐ。時計をみるとカウントダウンがせまってはいますが、十分完走できます。沿道に人がでてくる。千里の道も一歩からですが、123,291歩目のゴールラインでした。

　今晩は盛岡でひとりしみじみと祝盃だ。

地下タビ、13時間37分

 嬬恋高原キャベツマラソン　　　群馬県 | 7月3日 | ハーフ

　高原、丘陵地帯、一面のキャベツ畑、7月、梅雨のあいまの晴天、ときどきシャワーのような時雨。
　こういったコトバから、さぞや涼しいさわやかレース、なんて思ったら甘い。人生、そんなもんじゃありません。
　坂ばかり、夏の日差しをさえぎるものなし、沿道には人影なし、汗ダラダラ、が正解です。それなのに毎年参加させていただきたくなる魅力のあるレースです。
　ハーフマラソンのなかでも、コース途中に人家もお店も自販機もまったくない、というのもめずらしいのではないでしょうか。一面キャベツ畑の中の道がコースですか。
　そのかわり、給水所では「キャベツの千切り」がでます。もちろん、ドレッシングも選べます。走りながらたべたらアブないかもしれません。わたしは立ちどまって、おいしくいただきます。
　スタートとともに、とにかくくだります。まだ、くだります。こんなにくだってどうすんの、というくらいくだります。疫痢になっちゃったみたいです。つい自分の人生を重ねちゃって、感傷的にさせられる始まりです。もちろんゴール会場はスタート会場ですから、最後はここをのぼらなくてはなりません。積んではくずされ、積んではくずされ、と賽の河原に放りこまれた気分です。
　くだりのコース上に最初にあらわれるのはバラギ湖畔の光景。「わー、きれ

い」なんて後半を知らない初参加者はいい気なものです。くだりだからね。はじまったばかりだからね。後半を考えてないね。

やがてキャベツ畑に入ってゆくと、さえぎるものは何もなくなり、頭上からは夏の日差しが容赦なく降りそそいできます。そうなるとコースはのぼって、くだって、の連続となってゆきます。

さらに走ると「愛妻の丘」がひかえています。丘の上にたつ「愛をさけぶ」舞台です。ここで愛をさけぶと、愛がとどくといわれています。

浅間山まで遠望のきく絶景もまっています。

その上までのぼり、せいいっぱいの声で「愛をさけぶ」のがこのレースの特徴です。声量がたりないと愛がたりないと判定され、そこから先へは進ませてもらえません。かわった関門です（ウソです）。

本当は、そのわきを走るだけです。

それでも、何人かのランナーは愛妻の丘にのぼり、大声で何かをさけんでいます。おそらく暑さと疲れで正常な判断ができなくなってきているのでしょう。聞こえてくる内容も、愛というより、やぶれかぶれをさけんでいるようです。

おり返しのコース設定ですから、だんだんと後半のしんどさは身にしみてわかってきます。もくもくと走る。コースのわきには「熊出没注意」とかかれた看板もありますが、もう熊なんかかまってられません。熊より坂の方がこわい。

やがて最後ののぼりに入ります。

走ります。今年は歩かない、というのが目標でした。歩きません。走っています。客観的にみれば、歩いているのより遅いのですが、走っています。歩いてのぼるランナーにぬかれます。でも走っているんです。しつこい、ですか。

そして天上のゴール会場。声援より先にいい匂いがただよってきています。すてきなお店がたくさん待っていてくれます。完走したあとは、あさ採りのキャベツ丸々一個がいただけます。電車でかえる人の都合なんか、いっさい考えられていません。キャベツとおもてなしづくしの大会です。

第七章　レース参戦日誌（2016年版）

ワラジ、2時間14分

 草木湖一周マラソン　　　群馬県｜9月11日｜約19キロ

　渡良瀬渓谷沿いの草木ダムのふもと会場を出発して草木ダムを反時計まわりに一周してくるレースです。
　思いおこせば、はじめてレースで「ワラジ」をはいて参加したのが、この大会でした。
　もちろん、本当の稲わらであんだものではありません。それでは耐久性に不安が残ります。現代版ワラジ、ということでビニル製の稲わらであんだワラジです。さすがに自分ではまだワラジはあめませんので、既製品です。見た目は、ふつうのワラジです。1800円しました。
　素足にワラジは気持ちいいです。特に走ったときにはゾーリより足へのフィット感がバツグンです。そして軽い。ワラジをはいていると、あるいは走っているとハナオの部分が痛くなりませんか、という質問をうけることがあります。痛くはなりません。ワラジは足首ではくもんです。ハナオは足先にひっかけているだけなんで痛みません。
　草木ダム一周というのは、けっこうなのぼり、そしてくだりのあるコースです。昨年は、ワラジが途中でバラけてしまわないか、もう一足予備をたずさえていったほうがいいか、という不安をかかえてのレースでした。今は、100キロはばらけない、と自信をもっています。つまり自分より強い。

　レースはスタートするとダムまで一気にのぼりつめてゆきます。息はあがりますが、走りやすい。さらにダム湖をながめながら、北へ北へとすすみます。

途中にわたらせ渓谷鐵道を2カ所横断してゆきますが、最初の踏切で信号待ち。それ以外は、すいすい進みます。
　ところどころで沿道のお年寄りの声援もいただけます。
　ワラジに気づくと、「アンれまあ」と笑われます。
　のぼり道、くだり道、そして平地をいつものレースペースで走ってもワラジは平気です。
　スタート地点では大勢いたように感じたランナーも、レース途中になるとばらけて、時々視界に一人のランナーも入らなくなることがあります。田舎のクネクネ道のレースの特徴でしょうか。それでも、走る。
　やがてダム本体を横切り一気にくだるとゴール地点。
　気持ちいい終着、そしてワラジはびくともしませんでした。これは使える。

ワラジ、1時間40分

 越後湯沢秋桜ハーフマラソン　　新潟県｜9月25日｜ハーフ

　コスモスのさく道をさっそうと走りぬけてゆくマラソン大会。
　ただし気をつけていないと、コスモスは見過ごしてしまいます。はい、そんなに群生はありません。
　今年もいい陽気です。雲ひとつない。走るのにはもってこい。
　このレースの特徴は、前半は山手をのぼってのぼって、おり返してくだってくだります。その間に稲穂の実った田園風景がひろがります。たれる頭は、もちろん自慢のコシヒカリです。今年は秋の長雨の影響がでているのか、刈り入れがすこし遅れているようです。それでコース半分です。

そんな11キロ地点、倒れこんでいる男性ランナーに遭遇です。すでに沿道の方が歩道に寝かせて様子をみていました。熱くはなっていませんが、両眼はやや上転していて、手足をピクピクとふるわせています。脈は強く、呼吸はしています。とうぜん、意識はみられません。救急車での収容が妥当と判断しました。やがて救護の方がかけつけてくださいました。わたしは一般ランナーなので、救護の方が救急車を要請し、「あとは大丈夫です」といっていただいたので、ふたたびレースにもどりました。

さあ、これから後半です。後半は、新幹線の越後湯沢駅前や温泉商店街へとはいるため、はなやかさと声援のおおいコースへと模様をかえてゆきます。

観光客の人も歩みをとめて声援をおくってくれます。山里の温泉宿に投宿。いいなあ。冬はスキー客でにぎわうようですが、ゲレンデスキーは一度もやったことのないわたしとしては、晩秋を温泉と観光でたのしむ中高年や若いカップルにあこがれます。そして足元を指されて笑われる。

ビミョーなアップダウンのつづく後半も、まずまず快調。

そして、いつも大声で声援してくださるオッサンも、いつもの所で健在です。

いつもの人が、いつもの場所で、いつものスタイルで応援、というのは実にありがたいし、なつかしさを覚えます。これからもつづけてください。

川端康成の『雪国』の舞台。その縁から主人公駒子をとった「ミス駒子」もまつ会場へゴール。そういえば、新潮社版『川端康成全集』全34巻もわたしの宝です。半分ほどは未読なんですが、川端康成って読めば読むほど味がでてくるんです。年とともに熟成してくる、という感じでしょうか。いい日でした。

ワラジ、1時間58分

タートルマラソン国際大会　　東京｜10月16日｜ハーフ

　医療支援走という形で参加させていただく大会です。
　名前のとおりでしたら、ゆっくり走るカメさんマラソンです。ウサギには勝っても、欲はかきません。
　でも、いざ出陣ともなればメイッパイがんばってしまうのも人のサガです。
　勉強させていただく大会。個人的な感想ですが、そういう印象の強い大会がこのタートルマラソンです。
　伝説の2011年大会がありました。その日は10月下旬にもかかわらず気圧の関係で暑く、そして蒸した日となっていました。コース上は30℃をこえていたと思われます。まさかの熱中症大会となってしまいました。
　それはおり返して、14キロ地点からはじまりました。
　最初は、失調。もうろうとして、ふらついて、起き上がろうとしてフラフラ倒れこむランナーに出会います。話が通じず制止するのが大変です。500メートルほどいって今度は全身性のケイレン。まったく反応がなく、ピクピクふるえを繰りかえします。さらに500メートルほどいくと次は健忘。座りこんでいて、会話はできるのですが、家をでてからのことが何もわからないという。しゃべれるのに動けない。会話がなりたたない。そう、みな「救急車」レベルです。順次、救急車の要請です。しかし、こんな事態が各所に同時発生していたのです。救急車の音が聞こえてほっとしたら、別の方へいってしまった、のくり返し。結果として、この年のレースで24名のランナーが救急搬送されたと、翌日の新聞全国紙に報道されていました。その後もほぼ500メートルにひとりが動けなくなってコース脇に倒れこんでいる。一人ひとりに立ちどまる。ゴールの遠いレースとなりました。一度にこんなに多彩な熱中症のタイプに出会ったのははじめてです。以後、給水所はハーフマラソンでは異例の2.5キロごとの設置となっています。
　その前年は、8キロ地点で、左手のピクピクだけがおさまらないわたしより若いケイレンランナーに立ちあいました。ちゃんと会話はできるし、脱水症ではないだろう、おかしい、おかしい、と思って病院精査が必要と判断して救護を要請しましたが、話はできるので最初は救護所に運ばれました。しかし救護

所でもよくならず、結局は救命センター依頼。そこで脳梗塞と判明しました。脳梗塞といったら麻痺だろ、こんなこともあるんだ。ここは「収容車」ではなく「救急車」の判断をすべきだったのです。反省。

　昨年は、18キロ地点で、心肺停止ランナーの発生。都心にもかかわらず、逆に人ごみでAEDや救急車の手配にてまどり、30歳台の若い命が失われました。レース中にできることは、心肺停止→胸骨圧迫→AED→救急車のすばやい連携が一番と感じています。そんなこともあり、今年は1キロおきにAED隊の配置です。

　そんないろんな過去がよみがえっての今年。

　雲が太陽をさえぎっています。川風が肌を流れてゆきます。なんとか、気温的にはおだやかになりそうです。

　道順は比較的単調です。荒川河川敷をのぼって、Uターンして帰ってくる。迷子になりません。時々まわりのランナーを見回しながら、流れにのって走ります。参加者が多いので、そうしないと支障がでてしまいます。

　川原なのに、熱い応援をいただきます。

　河川敷でバーベキューをしている集団もいます。いい匂いが流れてきます。

　単純に走るだけなら、静かで、視界をさえぎるものもなくて、まこと開放感に満ち満ちた空間です。川風もやさしい。

　ふう、何人かのランナーへの声かけはありましたが、今年は特別なこともなくゴールしました。よかった。

ワラジ、1時間53分

| 2016 Record | 軽井沢リゾートマラソン | 長野県 | 10月23日 | ハーフ |

　秋の軽井沢。
　春の軽井沢のレースとは主催者がちがいますが、発着地点は同じです。
　芽吹きの勢いでいっぱいだった春にくらべて、ここ軽井沢はすでに晩秋です。マラソン会場裏のスキー場では、はやくも人工降雪機が稼働しています。シャーベットをつみ重ねています。
　群馬の自宅をでるときは、まっさらの快晴。青空がひろがっていました。きょうは、いい天気になるぞ。ところが、旧碓氷峠をのぼりつめた瞬間、乳白色のモヤの中に突入です。あわてて車のテールランプを点燈させます。まったくの別世界です。峠道には、こういう情景はよくみられます。空が、まったくみえない。視界がきゅうにせばまる。峠のはたにあるのが軽井沢です。
　それでも、レース会場は、スタート前からやけにもり上がっています。そして、はなやいでいます。軽井沢特有のゴージャス感を改めて感じます。やがて、ガスが流れると、青空がチラチラと顔をのぞかせるようになってきました。やや寒い。

　号砲とともに一斉に走りはじめると、やはり気持ちいい。空気がちがいます。やわらかい。避暑地特有の景色もウキウキ感を高揚させてくれます。春のコースどりとは若干のちがいはありますが、おおかたは同じ道筋です。紅葉がきっぱりと始まっています。路面におちたカラマツの葉が足にやさしい。いい流れですすみます。
　5月に救急車を依頼した地点に、きょうはあのときの母子はいませんでした。すっかり秋も深まっていて、林の中の別荘街は静寂です。
　何事もなく、無事ゴールまでゆきました。
　無事がなにより。

第七章　レース参戦日誌（2016年版）

ワラジ、1時間54分

 ぐんまマラソン　　　　　群馬県 ｜ 11月3日 ｜ フル

　晴れの特異日である文化の日。
　きょうも晴れました。ただし、晴れるということは、この季節、群馬ではかわいた北風、いわゆる「空っ風」が吹きまくるということでもあります。西高東低の気圧配置の定番です。
　スタート時、なんとなく空気が動きはじめています。ときどき、おおきなねりがきます。いやあ、きょうは吹くぞ。
　フルマラソン化して、今回が2回目となり、昨年はせまかったコースを車の通行を規制していただいて、ゆるりと走れるような工夫が随所にみられます。一般の方には、いろいろ不自由をおかけします。
　このレースの特徴は、たくさんの御当地名物給水ポイントという点でしょうか。とにかく、すこし走ると次の給水所。いたれり、つくせりです。
　しかも観光もかねたサービス、ということで、湯の花まんじゅう、よもぎまんじゅうなどの郷土の名物や、から揚げまで実に多士済々の一品が提供されています。水はヤカン給水が中心なので、余裕のある給水所ではマイカップを差しだして一杯いただきながら、会話もはずみます。
　前半は、下り基調で、風はあまり感じません。というのは、南に向かっているからです。風が背中をあと押ししてくれています。この総決算が、後半、とくに30キロ地点をこえたあたりから実感してきます。
　30キロをこえてコースが反対方向にむいてゆくと、ただでさえ登り気味の地形に、真っ向から強い風が、どうだ、という感じでいどんできます。ときど

き、あおられるほどです。給水所では、水をいれた紙コップが一気にとばされる場面を目にしました。

その中を、淡々と小マタで進んでゆきます。いどんでゆく、という感じです。40キロの県庁前地点で地元TV局のインタビューをうけます。後日放映された画像は、わたしの顔より足元のワラジの方がズームアップされていました。

利根川の川沿いに入ると、コースのアップダウンがはげしくなり、歩くランナーがめだってゆきます。立ちどまって、足をのばすランナーがいます。そんななかを、最後の気力をしぼってゴールに向かいます。ワラジで小マタだと、なんとか進みます。

ゴール後は、会場わきの風をよけられる場所をみつけて着がえをしますが、風がつめたい。おまけに気をゆるすと、突風で記録証などが飛んでいってしまってあわてて追いかける。いやあ、1日風の中でした。

そのあとは、ラン仲間と近くのお店でうちあげ会。窓の下には、まだ走っているランナーをながめられます。話題はつきぬ乾杯と移行してゆきました。

ワラジ、3時間58分

 つくばマラソン　　　　　茨城県 ¦ 11月20日 ¦ フル

はじめて参加させていただいた思い出深いフルマラソン大会がつくばマラソンです。はじめてのフルマラソン体験は、強烈で新鮮でした。30キロから先は、歩かないことだけを考えての遠い遠いゴールでした。

それよりも思い出深いのは、不安と期待をかかえてパソコンから大会申し込みをしたのが、受付開始から1カ月半ほどたった夏の終わりだったということ

です。当時は、募集期間内なら、みんな受理されていたようです。そんな時代がありました。

　やがて１週間で募集定員到達。翌年は、１日で満杯。さらにその翌年になると、たちまちのうちに定員に達してしまったようで、仕事を終えて申しこもうと思いましたら無理でした。そこで河口湖（現富士山）、大田原と転戦してみましたが、医療支援走というかたちで協力させていただけるようになり、つくばに戻ってきました。

　医療支援でつくばマラソンに参加させていただいて知ったことは、救護体制の見事さです。各地点の救護チーム、モバイル隊の機動性、それらをつなぐ連携システム。もう見事というほかはなく、マラソン救護体制のひとつのお手本、といっていいと思います。ここまで作りあげてきた責任者の方の手腕と努力に脱帽です。

　その末端として参加させていただくわけですから、責任も重大です。

　まず、レース前にスマホが手渡されます。そこには「救護ナビ」という独自のソフトがインストールされていて、救護所、各スタッフなどの連絡先や位置情報が表示されています。しかもGPS機能つき。自分が今どこを走っているのか、までもが中央でチェックできるのだそうです。近くで事故があれば、連絡が入るというのです。

　たぶん、そのときは「至急現場に急行せよ」と表示されるのでしょうか。でも、至急にはかけつけられません、というのがわたしのような遅いランナーの残念なところです。サンダーバード隊との決定的なちがいです。

　わたしがふだん持つのは「簡単ケータイ」です。しかもLINEって何？ Facebookって何？　という時代遅れのオッサンですが、あっさり使えるんです。昨年のつくばマラソンでは２名の倒れて走れなくなったランナーの救護にあたりましたが、そのうちの１名は、わたし自身が支給されたスマホを使っての救護本部との連絡で救護車要請をお願いするケースとなりました。実にスムーズにスマホが通じて、自分でも感動してしまいました。はい、そのときが、はじめてのスマホ体験です。

　欠点は、バッテリーのもちです。３時間ほどしか使えないというので、本体よりも重い予備バッテリーも装着しておかなくてはなりません。

　とはいえ、コース上では、ひとりのランナーです。まじめに走ります。路面が深夜の雨をまだたくわえているんですが、足もとはワラジにしてみました。

落ち葉を踏みしめると、ジュワッと決して気持ちのいいもんじゃない感覚がします。
　コースは、昨年から折りかえし式をあらためて、グルリとつくばを一周という周回式になりました。その結果、後半にカーブや小さなアップダウンがふえたようですが、わたしのふだん走っているところからみたら信じられないくらいの平坦さです。
　スタートは、4つのグループにわけられての時間差式です。わたしは第3グループの後ろのほう、ということで相当にゆっくりペースの流れにのってのスタートとなりました。
　紅葉に彩られた大学構内をあとにすると、青空にうかぶ筑波山の遠景が見事です。
　かつて藤原新さんが「30キロまで寝て走る」というような意味の名言をおっしゃられていましたが、まったく次元のちがう走りのわたしにも、30キロまでいかに余裕で走れるか、がフルマラソンを楽しめる秘訣のように感じるようになってきました。
　研究所街、ひろい畑のなかの道、ちょっと商店街っぽいところ、林、と光景が次々にかわってゆくのが楽しい。風がない。おだやかな気候。まさにマラソン日和です。
　昨年、一昨年と救護にかかわった場所、というのは鮮明に記憶にのこっています。でも今年は天気にめぐまれていたのもあってか、そういう場面に出会いません。途中、何人かのランナーに声かけをするくらいで、順調に走ります。
　やがて大学構内にもどってくると、最後の力でゴール。ふと見ると、ゲストできておられた増田明美さんが笑顔で立っています。ミーハーなわたしは、握手をしてもらいました。
　家からは車できたので、車の走行距離は往復で合計380キロ。車も、よく走りました。

ワラジ、3時間58分

群馬サファリ富岡マラソン大会

群馬県 ｜ 12月11日 ｜ ハーフ

　なまえに「サファリ」を冠する大会ですが、じつはライオンやトラの間を走ってゆくレースではありません。例年、しんがりをゆくランナーの何名かが、とくに肉付きのよい若手ランナーがライオンの餌食になっている、という噂も事実もありません、多分。
　サファリパークの前の道がコースの一部になっている、だけです。
　わたしの住む町のとなりで開催されるこの大会は、こぢんまりとした小学校の校庭をおかりしてひらかれる家庭的なあつまりです。寒風のなかでいただけるお汁粉は、身も心もあたたまります。
　霜のおりた朝、かわいた空気、すみきった青空のもと、ちいさな集団のスタートです。今日は冷えこんでいるので、ハダシにワラジはさむかろう、というので地下タビです。道はすぐに山里のふもとの雰囲気をのこす静かな畑道へとかわってゆきます。コンニャク畑は芋がほりとられて土だけ、下仁田ネギ畑はいまとり入れの真っ最中です。この大会では、地元のコンニャク、下仁田ネギ、しいたけが「肉なしスキヤキセット」と称され参加記念品としていただけるのです。
　北面につらなる小高い山が空っ風をさえぎって、あたたかさを感じます。
　いつもなら年のおわりの〆レースとして参加させていただいていますが、今年は誘惑にかられて翌週に開催予定の第1回沖縄100Kウルトラマラソンを申しこんでいるので、少し自重しておかなくてはなりません。ま、年とともににぶくなる感覚はレースの疲れを引きずらなくなってきましたし、そもそも疲労をのこすほどの走りもできないので格好つけるほどではありませんけど。
　できるだけ疲れないように走りおえよう、という意識が、歩幅をせばめ、力をぬかせてくれます。すると、とっても気持ちいいんです。ああ、いい感じ。ほんとに走りというのは、奥の深い世界です。
　高速道路の下をくぐり、鏑川をわたると、こんどは街中へと光景がかわってゆきます。空っ風が直接はだをたたくようになってきます。寒い中、はげましていただく沿道の人には、ついこちらも愛想をかえして走ります。

まちの中心街といっても、ここも空き家が目立ちます。世界文化遺産群に登録された富岡製糸場跡の裏地にかかると、あともう少しです。この製糸場跡はまだおとずれたことはないのですが、遺産に登録されるや入場料を倍にした、というので一部では評判はかんばしくないようです。一方、おとなり安中市では同じ機器を使って、まだ現役で生糸をつむいでいる工場があります。こちらはチャキチャキの現役ですので、「遺産」群には入れてもらえなかったということです。遺産になるためには、使わなくする必要があるんだそうです。伝統にたいする価値観の違和感を覚えます。
　畑のひろがる空間に入ってくると、遠くに小学校がみえてきます。あとは風にのって、ゴールまでもう少し。さわやかな終点でした。

 地下タビ、1時間50分

 ## 沖縄100Kウルトラマラソン　沖縄県｜12月18日｜100キロ

　はじめて降りたった那覇空港で感じた違和感は、ホテルにむかうゆいレールというモノレールに乗ってわかりました。冷房がかかっている。
　朝は水たまりに氷がはるようになり、セーターにジャンパーという出で立ちのわたしに、エアコンの冷気が流れてくるんです。やはり沖縄はちがう。景色も、緑がまぶしい。
　さあ、第1回目の沖縄100Kウルトラマラソン。
　寒くはない、という事前の調べはありましたが、こんなにあったかいんだ。
　真っ暗ななか、スタート・ゴール会場となった公園にあつまった100キロコースのランナーは、500人ほどと後で知りました。初回であり、世の中は忘

年会だ、クリスマスだ、でさわぐなか集う変人とみればこのくらいなんでしょうか。こぢんまりとした雰囲気ではありますが、周囲のテントの数やスタッフ数は、申し訳ないくらいに盛大なお迎えをしていただいています。

今回は、場所は南国、天気は上々、ということで、わたしはハダシにワラジと決めていました。これまでのウルトラは、すべて地下タビだったので、初の100キロ通してのワラジ試走です。はい、ワラジは100キロ以上はもちます。STAP細胞はあります、以上に確信があります。しかも念をいれて、自分の荷物をおける中間点の糸満市役所前広場には予備のワラジも用意してあります。

手に小型懐中電灯をもち、くらやみの中をいっせいにスタート、朝の5時ちょうど。これからの14時間が、もち時間です。

少ない人数なので、渋滞なんかぜんぜんありません。つうか、みんなはやすぎないか。

コースは、往きは沖縄本島南部を時計回りに海岸線につかず離れずグルリとまわって50キロ地点にある糸満市役所前広場までゆき、そこをおりかえすと、後半は島の中にコースが移ってきてアップダウンをくりかえしてゴール、というのがわたしのレースイメージです。

なので、前半は10キロ1時間10分前後のペース、後半は、歩かない、というざっくり計画作戦です。

知念岬にかかるころから、東の海があかるくなってきたかと思うと、いきなり真っ赤に輝いた海面と空とのすきまから、ご来光のおでましです。はああ、感動で手をあわせてしまいます、パンパン。

明るくなるにつれ、強い浜風が気になってきます。群馬の空っ風なみの強風です。あるいは、それ以上。地元の人にうかがうと、こんな風いつもと同じ、とあっけない。コースは海岸線なのですが、思った以上に坂が多い。それも急坂。「風と坂の島」。わたしのもった沖縄の印象です。そして坂をのぼった瞬間に目の前に広がる輝いた大海原と白い海岸線には、なんども息を止めさせられます。絶景をカメラにおさめながら、すすみます。

浜から離れると、こんどはザワワザワワのサトウキビ畑がひろがってきます。刈り入れが始まろうとする時期です。

ハブに注意、という看板。

わたしの住む地域には、熊出没注意という看板がよくありますが、どっちが恐いかなあ、でも1番恐いのは人間だっぺ、なんて考えながらも順調に走りつ

づけます。日差しが頭上からてりつけ、温度がグングン上昇しているのがわかります。あつい。

　中間点の50キロ地点、糸満市役所前の広場に予定通りに到着。はじめて腰をおろすと、おにぎりをいただき、足ウラをひっくりかえしてワラジのチェック。きれいじゃないか。ぜんぜん大丈夫。中間点の荷物置き場には予備のワラジを用意していましたが、杞憂におわりました。空があおい。海がまぶしい。

　よし、このままでゆこう。なんだか今日は明るいうちにゴールができるんじゃないか。快晴とあいまって、こんなノー天気な思いが、リゾート気分を増長させます。

　いやはや、レースも人生も甘くみちゃあ、いけません。何度もくり返してきた苦い経験はまったく生かされてこない、のがわたしの学習能力の限界でしょうか。塞翁が馬。

　60キロ地点で、状況が一変します。

　フワッと感。いやあ、きちゃった。

　とつぜん、左のワラジのハナオ感覚が薄れてゆきます。2本の稲わらを結った構造のハナオ部分の1本がヌケてきたのです。バラけはじめる前兆です。これまでの経験では、こうなると20キロもしないうちにワラジはバラバラになってゆきます。ハキモノの役目をはたさなくなってしまうのです。予備のワラジは、中間点に残してきています。いやはや、そうなったら、ハダシか。

　ご存知のように、ウルトラマラソンは原則として歩道を走り、赤信号では止まって、と一般歩行者と同じルールにおかれます。

　沖縄の歩道は、白くかがやき、それはそれはキレイです。というのも、ふつうのアスファルト敷きではなく、花崗岩だか珊瑚だかわかりませんが、白い小豆大の小石をギュッとかためてつくられている部分が多いからです。青空と緑の生垣にはえて、南国情緒たっぷりです。しかしそのため新しい歩道でも小さなツブツブが上にあって、足とワラジの間に入りこんでは痛い思いを何度もしてきました。作られてから時間のたった歩道は、白い小石の粘着性がばらけて砂利道の様相をみせている、そんなところがかなりあります。

　ワラジにかかる摩擦力が、いままでの経験値をこえていました。もともとワラジにはクッション性なんかありませんから、ゆるりと走っているのですが、それでも沖縄のザラザラ歩道の摩擦力は想像できませんでした。

　ワラジをしばりなおし、できるだけもたせるように、さらにゆったりとした

走りにかえてゆきます。ま、もともと体力の限界からゆったりになっている地点ですけど。

　大きな不安がのしかかってきましたが、コース上には、街路樹ばかりでなく、垣根や畑のへりなどで、さまざまな花が咲きほこっています。しかも、はじめて見るものばかりです。さすがに植生がちがいます。ハイビスカスはわかりますが、そのほかは名前の見当もつかない。赤いの、青いの、黄色いの、原色系が多いのが特徴でしょうか。花の展覧会です。

　後半はコースが内陸よりになったぶん、急峻な道がふえてきます。歩きが入るようになります。そんな時は、前後のランナーの方との話がはずみます。このレースでは、ゼッケンに出身県が印刷されていて、しかも背面には思いを書き込むスペースが用意されています。それぞれのランナーのひとコトが楽しい。

　苦しい思いをして高度をかせいだあとは、しかし眼下の青い海、入りくんだ輝く海岸線、という絶景が一瞬の癒やしをもたらしてくれます。こまかく設置していただく給水所では、少年野球の若手集団から老年会主催コーナーまで色とりどりで、さまざまな会話で楽しませていただきます。ジジババには、こわれかけたワラジが笑われ、受けてくれます。

　登りつめた先にまっていたのは太平洋にストンと落ちてゆくニライカナイ橋。一気にくだってゆく橋から見えるのは茜色にかわってゆく空の光景をうつした海面。泣きたくなってしまいました。ひとつは感動、ひとつはまだ15キロあるからね、という現実。

　何度かヒモをしばりなおしてはもたせてきたワラジでしたが、90キロ地点をこえて今度は右のワラジが一気に崩壊しはじめます。いろいろ工夫しても、うまく足に装着できなくなり、一足ごとにペッタンペッタン足から離れた状態です。

　最後の最後まで、ゆったりとした上り坂がつづき、ようやく海岸線に出してもらうころは、すっかり夜の闇につつまれています。風の音と、寄せる波の音のなかを、足元を再び持参のライトでてらしながらすすみます。

　やがて光る広場が視界にはいると、拡声器にのった到着ランナーをたたえる声がとどくようになりました。ああ、もどってきた。奇跡的に、ワラジも大きな穴があいてきましたが、足にへばりついています。うれしい、うれしいゴール、そして完走メダルでした。

走りおえたのち、シャトルバスで那覇市内にもどったわたしは、大きなバッグをかかえたまま、その足でよれよれとデパートの本屋にむかいます。沖縄の草花辞典なしに今日は終われない。レースで出会った花の名前をぜひ知りたい。調べたい。目的の本を２冊、おなじコーナーでみつけた愉快そうな沖縄ウンチク本４冊をかかえてレジにむかいました。ああ、幸せ。

 ワラジ、13時間33分

あ と が き

　話が脱線しすぎ、要点は何ですか、一体何をいいたいのだね。
　いろいろと、ツッコミをいただきそうです。どうもすみません。
　ということで、オマケとして、飛脚走りの本質にふれる一曲を披露させていただきたいと思います。たくす歌は、ちあきなおみさんの『四つのお願い』にのせて、です。ちあきなおみさんといえば、妖艶な歌い方が魅力的で、『喝采』ではレコード大賞も受賞された大家です。一方で、『四つのお願い』は当時にあっては歌詞が過激だというので、放送禁止曲にもなっちゃいました。でも実に名曲だと信じています。
　本書では「4つ」を「3つ」にへらしてあります。
　よりシンプルにしたいという気持ちと、3つ以上は覚えきれなくなってきたわたしのノッピキならない現実との産物です。ぜひ、この名曲を口ずさんでいただきながら、飛脚走りの醍醐味を味わっていただければ本望です。

　　3つのお願い

　　たとえば　走りに恋を　恋をするなら
　　3つのお願いきいて　きいてほしいの
　　ひとつ　姿勢は　かついで
　　ふたつ　ペースは呼吸みて
　　みっつ　キモノのイメージで
　　オシリのホッペ　小マタで進む
　　3つのお願い　きいて　きいてくれたら
　　飛脚の走りで　どこまでも　駆けてゆけるわ

　はい、本文をお読みになっておられない方のためにかいつまんで説明させていただきますと、飛脚走りは「調身」「調息」「調心」という3つの極意を会得することでかなえられてゆく、であろうということを「4つのお願い」ならぬ「3つのお願い」として紹介させていただいたという次第です。

3つといいましたが、それぞれが求めているものは「自然さ」です。自分のカラダに本来そなわってもっているものを具現化してゆく。それを見つけて実践してゆく楽しさを味わおう。だって、人は自然に走れるようにできているからです。そのためには欲をかきすぎない。
　自然さをとりもどしてゆければ、快がうまれます。快を思う存分味わって、シアワセをかみしめましょう。実際の生活にはつらさやきびしさがあったとしても、走ってみればシアワセにひたれる。
　う〜ん、なんて出来すぎた話なんでしょう。走るのが苦しいなんて決めつけないでくださいね。快を味わうことができれば、やみつきになってくれるものです。一生の友だち。
　さあ、外へ飛び出してゆきましょう。ありがとうございました。

田村　雄次（たむら　ゆうじ）

群馬県安中市出身、在住。
群馬大学医学部、同大学院修了、医学博士。
同大学第三内科（現腎臓リウマチ内科）に所属し、膠原病・腎臓病を中心に、内科全般の診療に従事したのち、現在はGMとしての生活。GMといっても、General Medicine（総合内科医）ではなく、Ginger Medicine（生姜内科医）の略号です。人よんで、ドクター爺（苦笑）。
里山、田畑、川にかこまれた田舎くらしのため、今でも山歩きや川遊びもたのしみ、春から夏にかけては草との格闘の日々もあります。この時期、ランニングより草むしりの時間のほうが長くなっているかも。堀辰雄に心酔し、宮沢賢治やカミュも生涯のつきあいとなっている元文学セーネン。日医ジョガーズ（日本医師ジョガーズ連盟）の会員です。
ブログ「飛脚走り」https://hikyaku-bashiri.com/開設しました。

飛脚走り
そうか、こんな走りがあった

2018年3月10日　初版第1刷発行
2019年3月28日　第2刷発行

著　者　田　村　雄　次
発行者　中　田　典　昭
発行所　東京図書出版
発売元　株式会社　リフレ出版
　　　　〒113-0021　東京都文京区本駒込 3-10-4
　　　　電話 (03)3823-9171　FAX 0120-41-8080
印　刷　株式会社　ブレイン

© Yuji Tamura
ISBN978-4-86641-112-5 C0075
Printed in Japan 2019
落丁・乱丁はお取替えいたします。

ご意見、ご感想をお寄せ下さい。

[宛先]　〒113-0021　東京都文京区本駒込 3-10-4
　　　　東京図書出版